LES ACTES

DES DEUX APÔTRES

ÉTUDES BIBLIQUES

(Nouvelle série. N° 12)

LES ACTES

DES DEUX APÔTRES

PAR

M.-É. BOISMARD et A. LAMOUILLE

Préface du fr. Jean-Luc Vesco, O.P.
Directeur de l'École Biblique et Archéologique Française
de Jérusalem

I

INTRODUCTION - TEXTES

PARIS
LIBRAIRIE LECOFFRE
J. GABALDA et Cie ÉDITEURS
RUE PIERRE ET MARIE CURIE, 18
1990

ISBN 2-85021-038-2

PRÉFACE

En 1926, la collection **Études Bibliques** publiait un volumineux commentaire des Actes des Apôtres dû à E. Jacquier. Reconnaître que cet ouvrage a aujourd'hui vieilli serait une banalité. Il a rendu en son temps de grands services à l'exégèse, c'est fort honorable pour un livre.

Soixante ans plus tard exactement sortait dans la même collection *Les deux Actes des Apôtres* de E. Delebecque, consacré essentiellement à la critique textuelle. L'auteur avançait l'hypothèse que les textes Oriental et Occidental des Actes étaient l'œuvre d'un seul et même auteur, Luc, le texte long venant améliorer le texte court.

Après avoir réhabilité eux aussi le texte Occidental des Actes en démontrant par de bons arguments qu'il n'a pu être écrit que par Luc lui-même, M.-É. Boismard et A. Lamouille proposent maintenant un commentaire qui offre au lecteur une hypothèse sur la façon dont le Livre des Actes aurait été composé. À partir d'analyses littéraires serrées qui leur permettent d'identifier des sources différentes, les auteurs élaborent la théologie des sources utilisées et des niveaux rédactionnels.

Ce commentaire présente donc un triple intérêt. Il établit un texte rigoureusement reconstitué et littéralement traduit. Il pratique une critique littéraire minutieuse. Il élabore des synthèses qui permettent de suivre l'évolution de la théologie telle que les premières communautés chrétiennes ont pu progressivement la formuler à propos du Christ, de l'Église, de l'Esprit-Saint, des païens, de l'apostolat et de bien d'autres données essentielles de la foi.

En raison de la qualité du travail accompli, ce commentaire trouve naturellement sa place dans les **Études Bibliques**, mais il ne faudrait pas que le caractère scientifique de la collection nuise à la diffusion du livre. Un large public peut en effet y avoir accès et en tirer profit, habilement conduit par la progression pédagogique des trois premiers tomes. Après le tome I, qui donne une vue d'ensemble des résultats de la recherche et une traduction littérale des textes Alexandrin et Occidental des Actes, et le tome II qui développe le sens des récits aux divers niveaux de rédaction, le lecteur mieux armé peut alors aborder le tome III, plus difficile et plus austère.

Outre les analyses littéraires, certes hypothétiques mais toujours stimulantes, ce commentaire réussit aussi à replacer les Actes des Apôtres dans leur contexte vétéro-testamentaire, aspect primordial mais souvent négligé dans les commentaires classiques. L'influence paulinienne sur la théologie des Actes est aussi maintes fois relevée. Une lecture suivie des documents-sources reconstitués permet de mieux entrevoir le déroulement des événements passés. Leur enchaînement apparaît plus logique, la reconstitution historique en est d'autant plus vraisemblable. Pensons particulièrement au deuxième et au troisième voyage missionnaire de Paul dont les étranges ressemblances trouvent ici une très plausible explication.

Critiques textuelle, littéraire et théologique seront complétées par la critique historique, objet du tome IV.

En la facilitant, ce commentaire invite à une lecture attentive des Actes avec un regard neuf et il permet de mieux connaître une théologie chrétienne en train de naître tout au long de la geste de Pierre et de celle de Paul.

Le 15 novembre 1990, l'École Biblique de Jérusalem fête son centenaire. Cette publication voudrait marquer ce vénérable anniversaire. Elle honore en tout cas cette École Biblique à laquelle appartiennent les auteurs de ce livre.

fr. Jean-Luc Vesco, O.P.
Directeur des **Études Bibliques**

AVANT-PROPOS

Ce commentaire des Actes des apôtres, en trois volumes, n'est pas un commentaire classique, en ce sens que l'on n'y trouvera pas une exégèse suivie des textes, sections par sections, versets par versets, avec l'exposé des difficultés d'interprétation qu'ils présentent et des solutions qui ont été proposées pour les résoudre. Inutile donc d'y chercher une bibliographie de tout ce qui fut écrit sur les Actes; à elle seule, elle aurait d'ailleurs tenu un volume presque entier. Notre commentaire n'a pas la prétention de concurrencer les commentaires classiques, auxquels nous renvoyons pour une étude de tous les points d'exégèse que nous n'aurons pas abordés ici, et pour tous les compléments bibliographiques désirables. - En écrivant ces volumes, nous avons voulu offrir aux lecteurs une hypothèse concernant la façon dont fut composé le livre des Actes. Son auteur a-t-il utilisé des sources différentes? Si oui, est-il possible d'en préciser la teneur et les orientations générales? L'œuvre primitive n'aurait-elle pas subi des remaniements successifs? Si oui, dans quel but? Posées depuis longtemps, ces questions n'ont pas encore reçu de réponses globales qui aient entraîné l'adhésion des exégètes. L'avenir dira si nous aurons plus de succès que nos prédécesseurs. Précisons tout de suite qu'une telle étude impliquait, non seulement des analyses littéraires serrées, mais aussi des synthèses touchant la christologie ou l'ecclésiologie, soit des sources utilisées, soit des divers niveaux rédactionnels.

Pour mener à bien notre travail, nous avons fait appel dans une large mesure au texte Occidental des Actes des apôtres tel que nous avons cru pouvoir le reconstituer dans deux volumes parus précédemment[1]. Pour ceux qui ne possèderaient pas ces volumes, ou qui ne connaîtraient pas suffisamment le grec, nous avons donné, dans la seconde partie du présent tome I, une traduction française des textes grecs que nous avions reconstitués. Cette traduction française

---

[1] M.-É. BOISMARD et A. LAMOUILLE, *Le texte Occidental des Actes des apôtres. Reconstitution et Réhabilitation.* Tome I: Introduction et textes. Tome II: Apparat critique, Index des caractéristiques stylistiques, Index des citations patristiques ("Synthèse" n. 17). Éditions Recherches sur les Civilisations, Paris, 1984.

sera précédée d'une courte introduction dans laquelle nous donnerons quelques précisions sur ce texte Occidental et sur la façon dont nous l'avions reconstitué.

Certains lecteurs pourront s'étonner de la façon dont nous avons disposé la matière de ces trois volumes. En effet, le premier tome, outre la traduction française des textes dont nous venons de parler, contient une Introduction générale qui résume les conclusions des tomes II et III. Quant au deuxième tome, il donne le sens des récits aux divers niveaux de rédaction et suppose donc admises toutes les analyses littéraires qui forment l'essentiel du tome troisième. En bonne logique, nous aurions dû exposer d'abord les analyses littéraires (tome III), puis développer le sens des récits (tome II), enfin donner une vue d'ensemble des résultats de nos recherches (tome I).

En fait, notre intention première était de suivre les Actes des apôtres sections par sections, et, pour chaque section, de procéder d'abord aux analyses littéraires, puis de dégager le sens des divers niveaux rédactionnels, comme nous l'avions fait dans notre commentaire du quatrième évangile[1]. Mais nous avons été frappés par l'unité interne et la richesse christologique ou ecclésiologique des divers niveaux que nous étions amenés à préciser. Nous avons donc décidé de présenter séparément analyses littéraires et sens des récits, de façon à ce que le lecteur puisse suivre d'un bout à l'autre des Actes les idées maîtresses de tel ou tel niveau de rédaction. Mais pourquoi avoir placé les analyses littéraires dans le tome III et le sens des récits dans le tome II puisque la distinction des niveaux de rédaction suppose les analyses littéraires? Pour une raison très simple. Il faut reconnaître que les analyses littéraires sont difficiles à assimiler et austères à suivre. Combien de lecteurs auraient été rebutés par leur lecture et n'auraient pas eu le courage d'aller plus loin? En revanche, nous pensons que, pour chaque niveau rédactionnel, le sens des récits se lit avec beaucoup plus de facilité et surtout d'intérêt. Nous espérons donc que le lecteur, en lisant le tome II, sera déjà en partie convaincu que nos analyses sont justes. S'il en a la patience, il pourra alors se référer au tome III avec déjà un préjugé favorable. Enfin, nous avons pensé que le lecteur pourrait suivre plus facilement, et les développements du tome II, et les analyses du tome III, s'il avait déjà une vue d'ensemble de la façon dont nous concevons la genèse et le développement du livre des Actes. D'où la synthèse que nous donnons dans le tome I.

Ajoutons une dernière remarque. La reconstitution que nous avons faite du texte Occidental des Actes n'est parfois que conjecturale. Par ailleurs, les analyses littéraires auxquelles nous nous sommes livrés restent des hypothèses, comme toutes les analyses de ce genre. Certains ne manqueront pas de penser

---

[1] M.-É. BOISMARD et A. LAMOUILLE, *Synopse des quatre évangiles en français*. Tome III: L'Évangile de Jean. Paris, Cerf, 1977.

que, finalement, tout notre travail n'offre qu'une série d'hypothèses fondées sur des conjectures! Nous sommes cependant persuadés que, indépendamment des analyses littéraires, notre commentaire offre un grand nombre d'aperçus christologiques ou ecclésiologiques nouveaux qui pourront intéresser même ceux qui refusent les résultats de ces analyses. Nous avons conscience d'avoir replacé les Actes des apôtres dans leur contexte vétérotestamentaire plus que ne l'ont fait jusqu'ici les commentaires classiques, comme aussi d'avoir détecté un grand nombre d'échos des lettres de Paul qui jusqu'ici, n'avaient pas été signalés. Nous espérons donc que les critiques que ces trois volumes ne manqueront pas de susciter ne seront pas exclusivement négatives.

Nous n'avons pas insisté sur les problèmes historiques que posent les Actes des apôtres. La raison en est que, "si Dieu le veut" (Act 18,21), ces trois volumes seront suivis d'un quatrième traitant de ces problèmes et qui sera rédigé par le Père Justin Taylor, SM, maintenant professeur en notre École Biblique de Jérusalem. Historien de formation, il était mieux qualifié que nous pour mener à bien la rédaction de ce quatrième volume.

Les volumes qui paraissent maintenant ont été entièrement composés et imprimés par les soins de l'un des auteurs[1]. Il en est résulté, peut-être, quelques erreurs typographiques. Mais cet inconvenient sera compensé par un abaissement du prix de vente qui, autrement, aurait mis ces volumes hors de la portée de bien des bourses.

Jérusalem
S. Pierre et S. Paul
29 juin 1989

---

[1] Ordinateur: Macintosh Plus 1 Mb (Apple). Imprimante: LaserWriter II (Apple).

INTRODUCTION GÉNÉRALE

INTRODUCTION GÉNÉRALE

Nous allons donner tout de suite un aperçu général sur la façon dont nous concevons le problème de la composition des Actes des apôtres. Le lecteur se trouvera ainsi plus à même, et de comprendre la disposition des textes que nous adopterons dans la deuxième partie de ce volume, et de suivre les analyses, parfois complexes, qui formeront l'essentiel des volumes II et III. Bien entendu, il ne s'agit pas ici d'apporter des preuves en faveur de notre théorie, mais seulement d'exposer le résultat de nos analyses ultérieures. Pour plus de clarté, nous allons répartir la matière des Actes en deux grands ensembles: d'une part ce que nous appellerons "la geste de Pierre", allant de 1,6 à 12,25, mais en excluant le récit de la conversion de Paul (9,1-30) que nous rattacherons à "la geste de Paul", laquelle s'étend de 13,1 à 28,31[1].

Selon nous, les Actes des apôtres ont connu trois rédactions successives, que nous appellerons, sans faire preuve de beaucoup d'imagination: Act I, Act II et Act III. Au niveau de Act I, les Actes n'étaient pas encore séparés de l'évangile attribué à Luc, ou plus exactement d'une forme plus ancienne de l'évangile de Lc, position tenue par nombre de commentateurs modernes. C'est Act II qui aurait fait la séparation entre évangile et Actes.

1. L'activité rédactionnelle de Act I

a) Pour rédiger la geste de Pierre, Act I utilisa un Document plus ancien, en relation étroite avec les traditions pétriniennes et que nous appellerons, pour cette raison, Document P. La façon d'utiliser ce Document P varie selon les sections. Tantôt, surtout aux chapitres 1 à 5, Act I s'inspire des récits qu'il lit dans le Document P pour composer lui-même de <u>nouveaux</u> récits plus ou moins parallèles à ceux de sa source. Tantôt au contraire, surtout aux chapitres 6 à 12, il reprend le texte du Document P auquel il se contente de faire subir un certain nombre de modifications secondaires.

---

[1] Le récit de l'assemblée de Jérusalem, en 15,1-34, appartenait à la geste de Pierre dans le Document P et dans Act I. C'est Act II qui l'a incorporé à la geste de Paul.

b) Dans la geste de Paul, spécialement pour composer le deuxième voyage missionnaire de l'apôtre (16,1-18,22) ainsi que son dernier voyage par mer (27,1-28,15), Act I s'inspira d'un "Journal de voyage" rédigé en style "nous". Mais il se contenta de suivre le schéma général de ce Journal, sans en reprendre les détails ni même la formulation en style "nous".

c) Enfin, dans la geste de Pierre comme dans la geste de Paul, pour composer les discours attribués à Pierre (3,19-26), à Étienne (7,2ss) et à Paul (13,17ss), Act I reprit assez littéralement les éléments d'un Document émané de cercles johannites dans lequel le Baptiste était présenté comme un nouvel Élie qui devait revenir sur terre pour effectuer la restauration politique du royaume d'Israël. Ce Document se retrouve donc, coupé en trois tronçons, dans les discours que nous venons d'indiquer. En raison de son origine johannite, nous l'appellerons le Document J.

Act I aurait donc utilisé trois sources différentes: le Document P, le Journal de voyage et le Document J.

2. L'activité rédactionnelle de Act II

a) La source principale de Act II est constituée par les récits de Act I. Mais Act II connaît le Document P utilisé par Act I. En conséquence, il reprend les textes de ce Document que Act I avait, soit abandonnés (spécialement aux chapitres 6 et 8), soit entièrement transformés pour créer des récits nouveaux (spécialement aux chapitres 1 à 5), soit plus ou moins modifiés sans en changer la substance (spécialement chapitres 7 et 10 à 12). Act II connaît aussi de première main le Journal de voyage rédigé en style "nous". Il va donc le reprendre *ad litteram* (sauf rares exceptions) pour l'incorporer à la nouvelle rédaction des Actes qu'il nous propose, mais en l'utilisant de deux façons différentes. De 20,5 à 21,17, le texte de ce Journal constitue l'ossature du retour par mer de Paul, de Philippes à Jérusalem. Aux chapitres 27 et 28, le texte du Journal de voyage est fusionné de façon plus ou moins heureuse avec celui de Act I racontant lui aussi un voyage de Paul par mer de Césarée à Rome.

b) Mais Act II n'est pas un simple compilateur, loin de là. Lorsqu'il reprend le texte de ses sources, spécialement ceux de Act I, il n'hésite pas à les modifier afin de pouvoir introduire ses idées personnelles qui souvent sont à l'opposé de celles de Act I. Par ailleurs, Act II sait aussi composer des récits entièrement nouveaux, par exemple pour étoffer le troisième voyage missionnaire de Paul dont ne parlait pas Act I.

3. L'activité littéraire de Act III

Act III dépend avant tout des récits de Act II, mais il connaît aussi les textes du Document P et de Act I. Lorsque Act II avait remanié assez profondément le texte de Act I, Act III peut réagir de deux façons différentes. Tantôt, il fusionne en un seul récit les deux rédactions plus ou moins parallèles de Act I et de Act II. Tantôt il abandonne le texte de Act II pour revenir à celui de Act I, probablement parce qu'il le juge plus "authentique" puisqu'il provenait du premier véritable auteur des Actes. Il semble aussi que Act III ait connu directement le Journal de voyage et il pourra lui arriver de réutiliser tel ou tel détail négligé par Act II (par exemple en 27,12).

Notons encore que Act III peut, à l'occasion, faire œuvre originale, soit en modifiant le sens de tel récit reçu de ses sources, comme celui de la Pentecôte (2,1ss), soit même en composant des épisodes nouveaux, comme le récit de la mort de Judas (1,18ss).

Les relations entre les divers niveaux rédactionnels des Actes peuvent être illustrées par le schéma suivant:

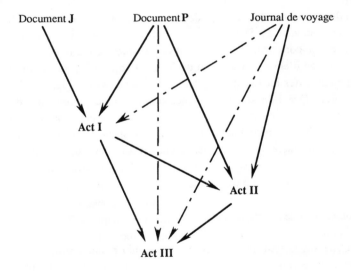

Mais voyons de plus près le comportement de nos différents auteurs.

I. LA GESTE DE PIERRE

Il n'est pas question ici d'analyser toute la geste de Pierre pour y retrouver la façon dont se comportent les divers niveaux rédactionnels. Nous allons seulement expliquer comment nous sommes parvenus à distinguer ces niveaux rédactionnels à partir d'une analyse des 5 premiers chapitres des Actes. Nous donnerons ensuite quelques explications sur le Document P, source principale de Act I dans la geste de Pierre.

A) LES PREMIERS CHAPITRES DES ACTES

(Act 1-5)

1. Une hypothèse de Harnack

Dans une étude parue en 1908, Harnack fit remarquer que les chapitres 2 à 5 des Actes comportaient un certain nombre de doublets. Nous y lisons en effet: deux effusions de l'Esprit sur les disciples de Jésus (2,1ss et 4,31); deux discours de Pierre devant le peuple à Jérusalem (2,14ss et 3,12ss), suivis par la mention du nombre des convertis (2,41 et 4,4); deux comparutions des apôtres, ou de certains d'entre eux, devant le Sanhédrin, sur l'instigation des Sadducéens (4,5ss et 5,17ss), chaque comparution comportant un discours de Pierre et se terminant par une interdiction d'enseigner au nom de Jésus (4,18 et 5,40); deux sommaires sur la communauté des biens dans l'église primitive (2,44s et 4,32.34s). Et Harnack de conclure: «Que l'on soit en présence d'une double présentation des mêmes événements, c'est si manifeste que l'on doit s'étonner que cela n'ait pas encore été communément reconnu.»[1] Dans cette perspective, Harnack séparait les doublets de la façon suivante: les récits et discours des chapitres 3 et 4 provenaient de l'une des sources utilisées par l'auteur des Actes, les récits et discours des chapitres 2 et 5 de l'autre source.

2. Les objections de J. Jeremias

Cette suggestion de Harnack eut un certain retentissement[2] jusqu'au jour où J. Jeremias écrivit un article pour la réfuter[3]. Il nota d'abord rapidement que

---

[1] A. HARNACK, *Die Apostelgeschichte* (Beiträge zur Einleitung in das Neue Testament, Heft III), Leipzig, 1908, pp. 142-145.

[2] Elle fut reprise spécialement par K. LAKE dans le grand commentaire sur les Actes, en 5 volumes, de JACKSON-LAKE: *The Beginnings of Christianity* (vol. V, p. 145).

[3] J. JEREMIAS, "Untersuchungen zum Quellenproblem der Apostelgeschichte", dans ZNW 36 (1937) 205-213.

les deux discours de Pierre, en 2,14ss et en 3,12ss, avaient été prononcés en deux circonstances différentes (Pentecôte et guérison d'un infirme) et que leur contenu était en grande partie différent. Les Actes contiennent d'ailleurs d'autres discours missionnaires de Pierre ou de Paul, en partie analogues, sans que l'on songe à voir en eux des doublets ou des triplets. De même, les communautés primitives connurent d'autres effusions de l'Esprit que celles qui sont mentionnées en 2,4 et 4,31 (cf. 8,17-18; 10,44-47; 19,6). Jeremias s'arrête plus longuement sur le problème constitué par les sommaires de 2,44-45 et de 4,32.34-35, qu'il traite dans la perspective plus vaste des autres sommaires, fort nombreux, contenus dans les Actes. Mais surtout, tout en reconnaissant que c'est une *communis opinio* parmi les exégètes de considérer 4,1-22 et 5,17-42 comme un doublet, il reprend et développe une suggestion de K. Bornhäusers[1] selon laquelle cette double comparution devant le Sanhédrin correspondrait à une règle de la législation juive: des accusés ne pouvaient être condamnés qu'après un avertissement officiel, et en cas de récidive. Nous ne sommes donc pas devant deux façons différentes de raconter le même événement, mais devant deux comparutions successives des apôtres devant le Sanhédrin, que la législation juive rendait nécessaires.

3. Vers une solution de compromis

Les objections faites par Jeremias à la thèse de Harnack ne sont pas toutes de même valeur, tant s'en faut. Il est vrai que les Actes racontent d'autres effusions de l'Esprit que celles qui sont mentionnées en 2,4 et 4,31. Il faut noter toutefois que, dans les deux cas, les bénéficiaires de ce don de l'Esprit sont les mêmes (contrairement à ce que nous lisons en 8,17-18; 10,44-47 et 19,6) et que la formulation littéraire des deux versets est tellement semblable, au moins dans le texte couramment reçu, que l'on pense inévitablement à un doublet. - De même, comme nous le verrons en son temps, les deux discours de Pierre, en 2,14ss et 3,12ss, offrent un schéma commun beaucoup plus accentué que dans les autres discours missionnaires de Pierre ou de Paul. - Il est vrai encore que les Actes contiennent de nombreux sommaires concernant la vie des communautés primitives, mais 2,44-45 et 4,32.34-35 sont les seuls qui concernent les richesses et ils reflètent deux situations très différentes qui supposent un écart de temps de plusieurs décades; c'est ce que nous établirons en en faisant le commentaire. - Jeremias a eu raison de montrer que les deux comparutions devant le Sanhédrin, telles qu'elles sont racontées dans le texte actuel des Actes, pouvaient s'expliquer en référence à des prescriptions de la législation juive de l'époque. Nous verrons toutefois que le récit de 4,1ss ne comportait pas, primitivement, de comparution

[1] Neue Kirchliche Zeitschrift, 33 (1922) 332s et *Studien zur Apostelgeschichte*, Gütersloh, 1934, p. 58.

devant le Sanhédrin: il s'agissait seulement d'une altercation entre prêtres et Sadducéens d'une part, Pierre et Jean d'autre part. On notera d'ailleurs que, par delà les chapitres 3 et 4, les événements racontés en 5,17ss se rattachent normalement à ceux qui sont racontés en 2,14ss: c'est l'ensemble des apôtres qui sont en cause (2,14; 5,18), et non les seuls Pierre et Jean (3-4), et le discours de Pierre en 5,30-32 fait écho au discours qu'il prononçait devant le peuple en 2,32-33. On se trouve proche alors de l'hypothèse formulée par Harnack.

Mais, sous la forme qu'il lui a donnée, l'hypothèse de Harnack ne va pas sans difficulté. L'objection principale est de considérer les discours de 2,14ss et de 3,12ss comme deux versions différentes d'un même discours de Pierre. Tous deux sont trop marqués par les événements qui en sont l'occasion: le don de l'Esprit le jour de la Pentecôte (2,1ss) et la guérison d'un infirme à la Belle Porte du Temple (3,1ss).

La solution que nous allons proposer tient compte, et des remarques de Harnack, et de certaines des objections faites par Jeremias.

4. L'hypothèse que nous proposons

L'hypothèse que nous allons proposer se distingue de celle de Harnack sur un point essentiel. Pour Harnack, les doublets qu'il est possible de repérer en Act 2-5 proviendraient de deux sources différentes, racontant les mêmes événements de façon tout à fait indépendante. Pour nous, ces deux sources sont étroitement liées: Act I a repris les récits qu'il lisait dans le Document P en les réinterprétant si profondément qu'il en a fait des récits nouveaux. Plus tard, Act II a fusionné les deux séquences plus ou moins parallèles.

Avant d'exposer comment nous voyons l'évolution des textes aux chapitres 2 à 5 des Actes, disons que nous avons adopté la position de nombre de commentateurs modernes selon laquelle, primitivement, évangile de Luc (sous une forme plus simple) et Actes ne formaient qu'un seul volume. Nous pouvons alors compléter les remarques de Harnack en tenant compte des deux récits de l'ascension: celui qui se lit en Lc 24,50-53 et celui de Act 1,6ss.

Voici un tableau dans lequel nous donnons la répartition des récits et discours entre le Document P, Act I et Act II. Nous en donnerons l'explication ensuite.

Document P		Act I	
ascension	24,50-51	ascension	1,6-11
retour à Jérusalem	24,52	retour à Jérusalem	1,12-13a
prière dans le Temple	24,53	prière en privé	1,14a
		don de l'Esprit	2,1-13
		discours de Pierre	2,14-36
		conclusion	2,37.41a

Act II

		accroissement	*2,41b*
		vie de prière	*2,42*
mise en commun des biens	2,44-45		
		vie de prière	*2,46-47a*
		accroissement	*2,47b*

Document P		Act I	
guérison de l'infirme	3,1-8.11b	guérison de l'infirme	3,1-10
discours de Pierre	3,12-16		
discussion Sadducéens	4,1-22		
don de l'Esprit	4,23-31.33		
mise en commun des biens	*4,32.34-35*		
Barnabé	*4,36-37*		
Ananie et Saphire	*5,1-11*		
sommaire de transition	5,12b-13		
accroissement	*5,14*		
		sommaire miracles	5,12a.15s
		devant le Sanhédrin	5,17-41

a) Nous trouvons d'abord, dans le Document P et dans Act I, deux séquences parallèles: ascension, retour à Jérusalem, prière. Les deux récits de l'ascension sont de rédaction très différente. Cela provient de ce que Act I a réinterprété celui qu'il lisait dans le Document P pour montrer que Jésus était comme un nouvel Élie (cf. 2 Rois 2,11), montant au ciel (1,9-10) d'où il doit revenir (1,11; cf. Mal 3,23-24) pour effectuer la restauration du royaume d'Israël (1,6; cf. Sir 48,9-10). Par ailleurs, Act I a remplacé le thème de la prière au Temple (Lc 24,53), devenu anachronique, par celui de la prière dans une maison privée (Act 1,14a).

b) Act I a ensuite déplacé le thème du don de l'Esprit aux disciples (cf. 4,23-31.33) pour en faire la suite immédiate du récit de l'ascension. Son intention fut d'accentuer le parallèle entre Jésus et Élie puisque celui-ci, au moment où il était enlevé vers le ciel, avait communiqué son esprit prophétique à son disciple Élisée (2 Rois 2,9-10.13-15). Act I a d'ailleurs profondément remanié le récit du Document P pour montrer, grâce au phénomène du "parler en langues", qu'il s'agissait bien d'un Esprit prophétique que Jésus avait communiqué à ses disciples. Nous verrons aussi que le "parler en langues" était le signe certain que les disciples avaient reçu l'Esprit (cf. Act 10,44-46), comme pour Élisée le fait de séparer les eaux du Jourdain pour pouvoir le traverser (cf. 2 Rois 2,13-15).

Dans la séquence nouvelle obtenue par Act I, le récit du don de l'Esprit (2,1ss) a pris la place du sommaire sur les richesses (Act 2,44-45, du Document P), devenu anachronique. La formule ἦσαν ἐπὶ τὸ αὐτό qui se lit en 2,1 comme en 2,44 (TO)[1], constitue comme un témoin de cette substitution.

c) Act I a également transposé le discours que, selon le Document P, Pierre prononçait devant le peuple après la guérison de l'infirme (cf. 3,12ss); il en a fait un discours prononcé après l'effusion de l'Esprit le jour de la Pentecôte (2,14ss) afin de montrer comment œuvrait l'Esprit prophétique reçu par les disciples de Jésus. C'est donc toujours le thème de Jésus, nouvel Élie, qui commande les remaniements effectués par Act I. Cette solution rend compte des objections faites par Jeremias à l'hypothèse de Harnack: il s'agit bien d'un unique discours de Pierre, donc d'une sorte de doublet, comme le disait Harnack, mais adapté par Act I à son nouveau contexte.

d) Act I reprit ensuite du Document P le récit de la guérison de l'infirme à la Belle Porte du Temple (3,1-11), en le remaniant quelque peu, surtout dans la finale, du fait qu'il n'était plus suivi d'un discours de Pierre. Les deux versions de l'épisode ont été fusionnées en un seul récit par Act II.

e) Au sommaire de transition composé par l'auteur du Document P (5,12b-13) correspond le sommaire sur les miracles placé par Act I en 5,12a.15a.16b.

f) Nous avons dit plus haut que, selon nous, le récit de la comparution de Pierre et de Jean devant le Sanhédrin (4,1-22) ne comportait, au niveau du Document P, qu'une altercation entre les prêtres et les Sadducéens d'une part, Pierre et Jean d'autre part. Act I a repris ce récit et l'a profondément remanié pour en faire une comparution de tous les apôtres devant le Sanhédrin, sur l'instigation du grand prêtre et des Sadducéens (5,17ss). Concédons à Jeremias

---

[1] Nous désignons par ce sigle le texte Occidental des Actes; le texte Alexandrin sera désigné par le sigle TA.

que si Act II a transformé en comparution devant le Sanhédrin le récit de 4,1ss, ce fut pour montrer que les Juifs se sont conformés à la législation juive lorsqu'ils ont arrêté les apôtres et les ont menacés.

Rappelons aussi ce que nous avons dit plus haut. Le discours que, selon Act I, Pierre aurait prononcé devant le Sanhédrin fait écho au discours qu'il avait prononcé devant la foule le jour de la Pentecôte (comparer 5,30-32 et 2,32-33). De même, en 5,17ss comme en 2,14ss, ce sont tous les apôtres qui sont en scène, et non les seuls Pierre et Jean comme en 3,1-4,22. Les événements que Act I raconte en 5,17ss sont donc dans le prolongement de ceux qu'il avait racontés en 2,14ss.

g) Pour décrire l'activité littéraire de Act II, nous nous bornerons à souligner les points essentiels.

- Il a tout d'abord rassemblé les matériaux qu'il lisait dans le Document P et dans Act I pour former une suite de récits beaucoup plus complexe que dans ses sources. Il a laissé ces matériaux à l'état séparés, sauf les deux versions du récit de la guérison de l'infirme qu'il a fusionnées en un seul récit; mais l'analyse littéraire de 3,1-11 montrera les traces de cette fusion.

- Dans la séquence reprise de Act I en 1,6-2,37, Act II a inséré le récit du choix de Matthias (1,15ss), séparant ainsi indûment le récit de l'ascension de celui de la Pentecôte.

- Act II a repris le sommaire sur la communauté des biens (2,44-45), composé par l'auteur du Document P mais que Act I avait laissé tomber, et il l'a placé au centre d'une série de quatre autres sommaires, composés par lui, qui sont disposés en forme de chiasme (2,41b-47). On notera que les deux sommaires sur la prière (2,42 et 2,46-47a) ne font que reprendre et développer ceux qui se lisaient, d'une part dans le Document P (Lc 24,53), d'autre part dans Act I (1,14a).

- Act II a enfin ajouté le sommaire sur la mise en commun des biens qui se lit en 4,32.34-35 en démarquant celui de 2,44-45 et en le complétant par les exemples opposés de Barnabé (4,36-37) et d'Ananie et Saphire (5,1ss).

h) La nécessité d'admettre un ultime niveau rédactionnel (Act III) découle de trois faits littéraires principaux. Nous avons dit plus haut que le récit du choix de Matthias (1,15ss) avait été composé par Act II. Mais dans ce récit, tout ce qui concerne la mort du Judas (1,18ss) est un ajout et cette addition ne peut être que le fait d'une main postérieure, celle de Act III. - Au niveau de Act II comme à celui de Act I, dans le récit de la Pentecôte il était dit que les disciples se mirent à "parler en langues"; c'était un phénomène de glossolalie. C'est Act III qui a modifié le récit pour en faire un phénomène de "parler en langues étrangères". - Enfin, le petit sommaire sur les miracles, en 2,43, détruit l'harmonieuse construction en chiasme composée par Act II; c'est une insertion faite par Act III.

B) LE DOCUMENT P

Il nous faut maintenant donner quelques précisions sur ce Document P, source principale de Act I dans la geste de Pierre.

1. Un Document donnant la primauté à Pierre

a) Voici d'abord la liste des épisodes du Document P, repris en partie par Act I, puis par Act II qui a réinséré ceux que Act I avait écartés:

i.   L'ascension (Lc 24,50-53)

ii.   Sommaire sur la vie commune des disciples (Act 2,44-45)

iii.   Pierre guérit un infirme à la Belle Porte du Temple (3,1ss)

iv.   Discours de Pierre au peuple (3,12ss)

v.   Opposition des prêtres et des Sadducéens (4,1ss)

vi.   Le don de l'Esprit (4,23ss)

vii.   Sommaire de transition (5,12b-13)

viii.   Le choix des Sept: les Hellénistes (6,1ss)

ix.   Le martyre d'Étienne (6,8ss)

x.   Philippe évangélise la Samarie (8,5ss)

xi.   Philippe convertit l'eunuque de la reine Candace (8,26ss)

xii.   Pierre guérit un infirme à Lydda (9,32ss)

xiii.   Pierre convertit des païens à Césarée (10,9ss)

xiv.   L'assemblée de Jérusalem (15,5ss)

xv.   Barnabé et Saul convertissent les païens d'Antioche de Syrie (11,20ss)

xvi.   Pierre est délivré de prison (12,1ss)

b) Il est clair que cette séquence est dominée par la figure de Pierre. C'est lui qui guérit l'infirme à la Belle Porte du Temple (3,1ss). C'est lui qui prononce devant le peuple le premier discours missionnaire dans lequel est donné l'essentiel du kérygme primitif: ce Jésus que vous avez tué, Dieu l'a ressuscité, nous en sommes témoins (3,12ss), discours qu'il renouvelle devant les Sadducéens (4,10-11). C'est lui qui guérit un infirme à Lydda (9,32ss), puis est choisi par l'Esprit pour convertir quelques païens de Césarée (10,9ss), ce qui donne l'occasion de poser et de résoudre le problème de l'admission des païens au sein de l'église naissante (15,5ss). Enfin, cette séquence se termine sur l'épisode de Pierre délivré de prison, épisode qui a, nous le verrons en commentant le récit, une valeur symbolique: Pierre, et tous les disciples de Jésus, seront finalement délivrés de la mort.

Même les épisodes où Pierre n'est pas en scène sont indirectement liés à l'activité missionnaire de l'apôtre. Le récit du martyre d'Étienne (6,8ss) complète celui de la discussion avec les Sadducéens (4,1ss) pour illustrer le refus des habitants de Jérusalem et de leurs chefs de recevoir le message de Pâques. Il faut donc porter l'évangile hors de Jérusalem, ce que fait Philippe (8,5ss) et ce que fera Pierre plus tard (9,32). Il faut surtout porter l'évangile aux païens. C'est, nous l'avons dit plus haut, par l'intermédiaire de Pierre que les problèmes posés par cette ouverture aux païens seront résolus, et la voie est ainsi préparée pour l'évangélisation des païens de la ville d'Antioche (11,20ss). Le lien entre tous ces épisodes sera mieux souligné dans le commentaire, mais il était bon de le noter dès maintenant de façon succincte.

De toute façon, il est certain que les récits de Act 1-12 que nous pouvons faire remonter au Document P sont dominés par la figure de Pierre. Les événements qui constituent la vie de l'église primitive se déroulent en grande partie en référence à la personne de Pierre. Cela serait déjà une raison de considérer ce Document comme un Document pétrinien.

2. Document P et évangile de Pierre

En Act 4,27, dans la prière qu'ils adressent à Dieu, les disciples interprètent les événements qui ont provoqué la mort du Christ en référence à la prophétie contenue dans Ps 2,1-2. Pour eux, les "rois de la terre" et les "chefs" qui se sont rassemblés contre le Christ de Dieu sont représentés par Hérode et par Pilate. Mais, d'après la tradition synoptique, Hérode ne joua aucun rôle actif dans la condamnation et la mort de Jésus. S'il intervient selon Lc 23,6-12, c'est au contraire pour reconnaître l'innocence de Jésus (23,15). L'auteur du Document P aurait-il pu parler ainsi d'Hérode s'il n'avait pas connu une tradition lui attribuant un rôle actif dans la mort de Jésus? Or une telle tradition est attestée dans l'évangile de Pierre (1-2.5c)[1]: c'est Hérode qui aurait condamné Jésus et l'aurait livré au peuple pour être crucifié. N'y aurait-il pas une tradition commune derrière l'évangile de Pierre sous sa forme actuelle et notre Document P?

3. Document P et tradition évangélique[2]

Le premier épisode que nous avons attribué à la geste de Pierre est le récit de l'ascension, qui se lit maintenant en Lc 24,50-52[3]. En prenant pour fil directeur l'évangile de Luc, relevons un certain nombre d'épisodes dans lesquels Pierre joue le rôle principal, comme dans les chapitres 1-12 des Actes.

[1] Ed. L. VAGANAY (Études Bibliques), Paris, 1930, pp. 202-205 et 212-217.

[2] Dans les paragraphes qui vont suivre, nous reprenons les explications données dans : P. BENOIT - M.-É. BOISMARD, *Synopse des quatre Évangiles en français*, tome II (Paris, 1972), pp. 52-53.

[3] Rappelons ce que nous avons dit plus haut: avec nombre de commentateurs, nous avons admis que, primitivement, évangile de Luc (sous une forme plus simple) et Actes des apôtres ne formaient qu'un seul ouvrage.

a) Dans l'évangile actuel de Luc, l'ascension forme la conclusion d'un récit racontant l'apparition du Christ ressuscité à ses disciples rassemblés à Jérusalem (24,36ss). Au cours de cette apparition, Jésus dit aux disciples qui s'imaginent voir un esprit (v. 37): «Palpez-moi et voyez qu'un esprit n'a pas de chair et d'os, comme vous voyez que j'en ai» (v. 39). Rappelant cet épisode, Ignace d'Antioche précise qu'il eut lieu "lorsque (Jésus) vint vers ceux qui étaient auprès de Pierre"[1], c'est-à-dire, en bon grec, "vers Pierre et ceux qui étaient auprès de lui"[2]. C'est donc Pierre qui est le personnage principal. Ceci nous est confirmé par Origène; il écrit que cet épisode proviendrait "du livre qui est appelé Doctrine de Pierre"[3]. Selon Ignace et Origène, Jésus aurait dit qu'il n'était pas un "démon incorporel"; ils font donc allusion à un ouvrage qui n'était pas l'évangile actuel de Luc, mais que Luc, qui parle d'un "esprit", aurait repris et quelque peu remanié. On peut donc conclure que le récit de l'ascension, en Lc 24,50-52, formait la conclusion d'une apparition du Christ ressuscité à ses disciples qui proviendrait d'un Document pétrinien.

b) Le récit lucanien de l'apparition de Jésus aux disciples a son parallèle en Jn 20,19-20. Ce texte johannique n'a pas le détail de Jésus qui se fait toucher pour prouver qu'il n'est pas un "démon incorporel". Traditions lucaniennes et johanniques se rejoignent cependant sur d'autres points. Selon Lc 24,50-52, Jésus serait monté au ciel le jour même de sa résurrection, ce que suppose aussi Jn 20,17. Par ailleurs, Jn 20,22 montre le Christ ressuscité soufflant sur ses disciples pour leur communiquer l'Esprit. De même, selon le Document P (4,31, repris par Act I en 2,4), les disciples reçoivent l'Esprit peu de temps après la résurrection de Jésus. Même si les circonstances sont différentes, traditions lucaniennes et traditions johanniques sont les seules à mentionner l'ascension de Jésus et le don de l'Esprit aux disciples. Ne dépendent-ils pas d'une tradition commune?

c) Ceci nous serait confirmé par d'autres textes évangéliques. Lc 24,12 et Jn 20,2-10 sont d'accord pour montrer Pierre se rendant au tombeau pour constater qu'il est vide. Malgré les amplifications johanniques, c'est encore Pierre qui est en scène dans un récit commun à Lc et à Jn. Ces deux évangiles sont les seuls à mentionner la pêche miraculeuse (Lc 5,3ss et Jn 21,1ss), épisode qui, sous sa forme primitive, ne nommait explicitement que Pierre. On notera la formule

---

[1] *Smyrn.* 3,1-2.

[2] Cf. une expression analogue en Act 13,13. En grec classique, elle implique la présence de celui qui est nommé.

[3] *De Princ.*, Prooem. 8. On trouvera ces différents textes rassemblés dans l'ouvrage de M.-É. BOISMARD et A. LAMOUILLE, *Synopsis Graeca Quattuor Evangeliorum*, Leuven-Paris, 1986, p. 402.

qui se lit en Lc 5,9: "... lui (Pierre) et tous ceux qui étaient avec lui"; elle rejoint celle qu'employait Ignace parlant de l'apparition de Jésus: «(Jésus) vint vers ceux qui étaient avec Pierre.»

d) Tous ces textes nous orientent vers la même conclusion: les traditions communes à Luc et à Jean semblent remonter à un Document archaïque dont Pierre était la figure principale, dans lequel Pierre jouait un rôle prépondérant, et qu'Origène a connu sous le nom de "Mémoires de Pierre". Jadis, nous avions désigné ce Document sous le nom de Document C[1]. Ne serait-il pas plus ou moins identique au Document P dont nous avons reconnu l'existence dans les 12 premiers chapitres des Actes? Ce Document C présentait Jésus comme le nouveau Moïse annoncé par Deut 18,15.18[2]. Ce texte est également appliqué à Jésus en Act 3,22-23 (cf. 7,37), dans un passage toutefois qui ne remonte sûrement pas au Document P. Mais il faut tenir compte d'autres textes que nous avons attribués au Document P et qui évoquent l'Exode. Le premier discours de Pierre, après la guérison de l'infirme de la Belle Porte du Temple, commence par ces mots: «Le Dieu d'Abraham, d'Isaac et de Jacob, le Dieu de nos pères a glorifié son Serviteur Jésus...» (3,13). C'est par ces mots que Dieu s'était révélé à Moïse au moment où il lui donnait la lourde mission de délivrer le peuple hébreu de la servitude d'Égypte (Ex 3,13.15). De même, le dernier récit contenu dans le Document P, la délivrance miraculeuse de Pierre (12,1ss), sera présenté comme un nouvel Exode. Pour l'auteur du Document P, Jésus est avant tout le Serviteur de Dieu annoncé par un lointain disciple d'Isaïe (3,13); mais l'œuvre de libération que doit effectuer ce Serviteur n'est-elle pas conçue comme un nouvel Exode (Is 43,16-21; cf. 35,1-10 dont s'inspire la rédaction de Act 3,1ss)? Pour l'auteur du Document P comme pour celui du Document C dont nous parlions jadis, Jésus est bien le nouveau Moïse dont l'œuvre de libération se continue à travers les péripéties de la geste de Pierre.

4. Date de composition et milieu d'origine

a) Il est toujours difficile d'attribuer une date de composition à un ouvrage dont nous ne possédons plus l'original. Si vraiment le Document P est à l'origine des traditions communes à Luc et à Jean, son antiquité ne saurait faire de doute. On constate d'ailleurs que la description qu'il nous donne de la vie des premiers disciples de Jésus reste conforme à ce qu'elle devait être en réalité: les disciples vivent dans le même lieu et ont bourse commune (2,44-45; cf. 3,6). Ils continuent à fréquenter le Temple et ne semblent pas avoir de lieu de culte propre (Lc 24,53;

---

[1] M.-É. BOISMARD et A. LAMOUILLE, L'Évangile de Jean (Synopse III), Paris, 1977, pp. 16-25.

[2] Cf. M.-É. BOISMARD, Moïse ou Jésus. Essai de christologie johannique (BETL lxxxiv), Leuven, 1988.

Act 3,1ss). Quelle différence avec les descriptions anachroniques que nous donnera Act II! Par ailleurs, l'eschatologie reste très primitive; dans la geste de Pierre, il n'est jamais question d'un "retour" de Jésus et l'auteur du Document P n'envisage que le salut individuel des disciples: leur victoire sur la mort. En commentant l'évangile de Jean, nous avions proposé de placer la composition du Document C aux environs de l'an 50[1]. Une telle date conviendrait bien à celui que nous appelons ici le Document P.

b) Son origine est sûrement palestinienne. Par ailleurs, il est remarquable que toutes les allusions à l'AT sont faites d'après le texte de la Septante. Bien mieux, l'allusion à Is 52,13 qui se lit en 3,13 ne se comprend qu'en référence à cette traduction de l'AT. Ainsi, le Document P émanerait de cercles fortement influencés par la culture grecque. Il ne s'agirait pas de païens convertis au christianisme, mais plus probablement de Juifs convertis qui étaient déjà de culture grecque. On comprendrait alors l'importance donnée par l'auteur du Document P au choix des sept "Hellénistes" dont il est parlé en Act 6,1ss, ainsi qu'à deux d'entre eux: Étienne (6,8ss) et Philippe (8,5ss).

II. LA GESTE DE PAUL

Nous avons dit plus haut que, pour composer la geste de Paul, Act I avait démarqué un autre Document qui était en fait un Journal de voyage. Nous allons d'abord présenter ce Journal de voyage, puis nous verrons de quelle façon il fut utilisé par Act I.

A) LE JOURNAL DE VOYAGE

Les voyages de Paul sont rédigés le plus souvent en style impersonnel, que nous appellerons le style "ils". Dans un certain nombre de sections, toutefois, l'auteur du récit se met directement en scène et adopte le style "nous" comme s'il faisait partie lui-même du voyage. Une première section se lit ainsi dans le deuxième voyage missionnaire de Paul; il s'agit du trajet de Troas jusqu'à Philippes et des deux premiers événements qui se sont passés dans cette ville: la conversion de Lydie et l'exorcisme d'une jeune servante possédée d'un esprit de python (16,9-17). - La deuxième section énumère toutes les étapes du trajet, en grande partie maritime, que Paul effectua au terme de son troisième voyage missionnaire, de Philippes jusqu'à Jérusalem (20,5-21,18). - La troisième section

---

[1] M.-É. BOISMARD et A.LAMOUILLE, *L'Évangile de Jean*, p. 67b.

"nous" raconte le voyage dramatique que fit Paul lorsque, sous la garde d'un centurion romain, il fut conduit de Césarée jusqu'à Rome (27,1-28,16). Elle est d'ailleurs assez hybride, styles "ils" et "nous" s'y trouvant souvent mêlés. - Comment expliquer la présence de ces sections "nous" dans la trame des récits des Actes?

1. Les solutions proposées

De nombreuses études ont été consacrées à ce sujet. Les solutions proposées par les commentateurs peuvent se ramener à trois types. Selon certains, les sections "nous" interviendraient brusquement là où l'auteur des Actes, probablement Luc (cf. Col 4,14; Phm 24; 2 Tim 4,11), aurait été témoin oculaire des événements qu'il raconte. On fait remarquer qu'il n'était pas anormal, pour les historiens anciens, de passer ainsi du style "ils" au style "nous", ou encore du style "je" au style "nous". Défendue surtout par E. Norden[1] , cette position était déjà celle que tenait Irénée de Lyon . - Selon d'autres auteurs, le Rédacteur des Actes aurait utilisé une sorte de diaire, ou de Journal de voyage, tenu par un des compagnons de Paul. Il s'agirait donc encore de récits faits par un témoin oculaire, qu'il soit ou non identique au Rédacteur des Actes . - Certains enfin ont pensé que les sections "nous" répondaient à un artifice littéraire utilisé chez les historiens anciens. L'auteur passe brusquement au style "nous" pour donner plus de vivacité à son récit, comme s'il avait lui-même participé aux événements qu'il raconte. Il ne s'agirait donc pas de sections rédigées par un témoin oculaire. D'ailleurs, fait-on remarquer, les idées exprimées dans ces sections "nous" ne correspondent pas à celles de Paul et ne peuvent donc pas émaner d'un de ses compagnons de voyage.

2. Une solution de compromis

En tenant compte de faits qui, jusqu'ici, n'ont pas été pris en considération, nous proposons une solution qui s'apparente, en les nuançant fortement, aux trois tendances précédemment décrites.

a) Un premier élément de solution, le plus important, nous sera donné dans l'analyse de Act 27,1-13, qui raconte le début du dernier voyage de Paul, de Césarée jusqu'à Rome, voyage effectué presque entièrement par mer. Nous y verrons que Act II a fusionné deux récits parallèles rédigés, l'un en style "nous" et l'autre en style "ils". Le voyage en style "ils" provient de Act I; nous en reparlerons plus loin. Le voyage en style "nous" ne peut donc avoir été rédigé, ni

---

[1] E. NORDEN, *Agnostos Theos. Untersuchungen zur Formengeschichte religiöser Rede.* Leipzig-Berlin, 1913.

par Act I, ni par Act II. Il provient d'une source écrite particulière. Par ailleurs, quand on se reporte à la section en style "nous" qui va de 20,5 à 21,17, on constate qu'elle se réduit souvent à une sèche énumération des nombreuses escales effectuées par le bateau sur lequel voyagent Paul et ses compagnons. Selon toute vraisemblance, on se trouve devant un "Journal de voyage" rédigé par l'un des compagnons de Paul.

b) Toutefois, nous le verrons, un certain nombre d'épisodes, bien que rédigés en style "nous", n'appartenaient pas au Journal de voyage mais furent ajoutés par Act II qui ne fut pas témoin oculaire des événements qu'il raconte. Parmi ceux-ci, on notera en particulier: la conversion de Lydie (16,13-15) et la résurrection d'un jeune homme à Troas (20,7-12). D'une façon plus spéciale, on remarquera que le récit de l'exorcisme de la pythonisse commence en style "nous" (16,16-18) et se poursuit sans solution de continuité en style "ils" (16,19-40). C'est donc le même auteur qui passe de l'un à l'autre style; et s'il le fait sans difficulté, c'est probablement parce qu'il a pu utiliser cet artifice littéraire connu des historiens anciens dont nous avons parlé plus haut.

Il est donc impossible de donner une solution unique et homogène au problème posé par la présence de sections rédigées en style "nous". Il faut faire appel: tantôt à l'hypothèse du Journal de voyage, rédigé par un témoin oculaire, tantôt à celle de l'artifice littéraire destiné à donner plus de vivacité au récit. Dans les analyses littéraires des passages concernés, nous nous efforcerons donc de faire le tri entre ce qui provient du Journal de voyage et ce qui peut être considéré comme des additions faites par Act II.

3. Un voyage unifié

a) Dans l'état actuel des Actes, les trois parties du Journal se rattachent à trois voyages de Paul effectués à des époques très différentes. La première partie est intégrée au début du deuxième voyage missionnaire de Paul, vers les années 49-50[1]. La deuxième partie constitue la fin du troisième voyage qui pourrait se situer vers 58. Quant à la troisième partie, elle est incorporée dans le voyage par mer qui conduisit Paul de Césarée à Rome, deux années plus tard, vers 60. Le Journal aurait donc été tenu au cours de trois voyages de Paul n'ayant aucun lien entre eux. On voit tout de suite la difficulté qui se présente. Il faudrait supposer que le même disciple de Paul aurait rédigé ces notes de voyage, avec le même style, la même concision, les mêmes procédés littéraires, durant des voyages qui

[1] Nous avons suivi la chronologie donnée dans la BJ en un volume, pp. 1822s. Elle est loin d'être universellement admise; mais ce qui nous importe ici, c'est le temps qui sépare chacun des voyages de Paul. De ce point de vue, on peut adopter cette chronologie.

se seraient échelonnés sur une douzaine d'années. Ne serait-il pas plus logique de supposer des notes prises durant un seul voyage, ou du moins durant des voyages rapprochés dans le temps et unifiés par le but que Paul se proposait? C'est donc l'unité possible des trois parties du Journal de voyage qu'il nous faut examiner maintenant.

b) Quelques faits littéraires vont nous permettre de proposer une solution qui évite la difficulté mentionnée plus haut. Le premier fait littéraire est le suivant. En analysant le dernier voyage de Paul, en 27,1-28,16, nous verrons que Act II a fusionné deux voyages différents, mais parallèles, l'un rédigé en style "ils", en provenance de Act I, et l'autre en style "nous", repris du Journal de voyage. Or, dans le récit en style "nous", Paul ne voyageait pas comme un prisonnier confié à la garde d'un centurion romain, mais comme un homme libre accompagné de quelques frères.

Par ailleurs, et c'est le second fait littéraire, les trois sections du Journal forment un voyage continu: Paul et ses compagnons vont d'abord de Troas à Philippes (16,11ss), puis de Philippes à Jérusalem (20,5-21,17), enfin de Jérusalem à Rome en homme libre (27,1-28,16). L'hypothèse la plus vraisemblable est donc que le Journal aurait été tenu par un des compagnons de Paul durant un voyage unifié qui aurait mené Paul, d'abord en Macédoine, puis de Macédoine à Rome via Jérusalem.

Un troisième fait littéraire ne pourra être développé que lorsque nous aurons procédé à l'analyse du récit de l'exorcisme de la pythonisse, dernier épisode de la première partie du Journal de voyage. Nous ferons remarquer alors que, ayant sectionné le Journal de voyage qui allait sans interruption de 16,40 à 20,2ss, Act II a rédigé l'épisode de l'émeute des orfèvres d'Éphèse (19,23-40) pour faire écho à l'épisode de l'exorcisme de la pythonisse (comparer aussi 20,1 à 16,40). Nous serions en présence d'une sorte de reprise rédactionnelle (cf. tome III, p. 223).

On notera enfin les notes cultuelles qui ponctuent ce trajet. Paul quitte Philippes "après les jours des Azymes" (20,6). Passant au large d'Éphèse, il ne s'y arrête pas afin de pouvoir être à Jérusalem pour la Pentecôte (20,16). Lors de la dernière partie du voyage, de Césarée à Rome, l'escale de Crète se poursuit au-delà du Jeûne (27,9), c'est-à-dire de la fête de l'Expiation.

4. La collecte pour les frères de Jérusalem

a) En fait, ces étapes du Journal correspondent aux voyages que Paul projetait d'accomplir à l'occasion de la collecte de l'argent destiné aux "saints" de Jérusalem (cf. déjà Gal 2,10). D'après 1 Cor 16,1-5, Paul donne aux fidèles de Corinthe des instructions concernant cette collecte. Il compte lui-même se rendre à Corinthe (v. 3) après avoir passé par la Macédoine (v. 5). De Corinthe, des frères se rendront à Jérusalem pour y porter la collecte, munis de lettres de recommandation. Paul ne les accompagnera que si c'est nécessaire (v. 4). - Les fidèles de Macédoine donnent généreusement pour la collecte (2 Cor 8,1-5). Paul envoie quelques frères à Corinthe pour recevoir leur contribution, mais il compte s'y rendre lui-même avec quelques frères de Macédoine (2 Cor 9,1-5). - Une fois arrivé à Corinthe, et c'est peut-être le point le plus important pour nous, Paul écrit aux fidèles de Rome pour leur faire part de ses projets. Il compte se rendre en Espagne via Rome (Rom 15,23-24), mais après avoir porté à Jérusalem le fruit de la collecte faite en Macédoine et en Achaïe (Rom 15,25-28). Paul ne dit pas explicitement que, de Corinthe, il repassera par la Macédoine. Mais ce détour semble plausible étant donné les liens spéciaux qui unissaient Paul aux fidèles de Macédoine, et spécialement de Philippes. Comment, si proche d'eux, aurait-il entrepris un voyage aussi lointain sans venir les saluer au passage?

Le Journal de voyage nous donnerait alors un compte-rendu détaillé des diverses étapes de ce voyage de Paul. De Troas, il se rend d'abord à Philippes, en Macédoine (Act 16,11-12). Apparemment, rien n'est dit du séjour en Achaïe. Nous verrons cependant qu'il faut incorporer dans le Journal de voyage la notice contenue en 20,2b-3, bien qu'elle soit rédigée en style "il", qui mentionne la venue de Paul en Grèce. L'auteur du Journal de voyage était-il resté à Philippes tandis que Paul s'y rendait? C'est possible. Quoi qu'il en soit de ce point, nous voyons ensuite que, de Philippes, Paul s'embarque avec ses compagnons pour atteindre Jérusalem (20,5-21,17), et, toujours avec ses compagnons, il s'embarque à Césarée (ou à Sidon?) et arrive finalement à Rome (27,1-28,16; cf. Rom 15,23-28).

b) Si, nous le verrons plus loin, Act I n'a fait que démarquer le Journal de voyage pour composer le deuxième voyage missionnaire de Paul (15,41ss) et son dernier voyage par mer (27,1ss), Act II l'a repris assez littéralement pour rédiger la fin du troisième voyage missionnaire de Paul[1], qui le mène de Macédoine à Jérusalem (20,6-21,17). Or Act II affirme explicitement que Paul réalisa ce voyage afin d'apporter des subsides importants aux frères de Jérusalem (24,17). Et puisque Paul arrive de Grèce et de Macédoine, on peut en inférer qu'il s'agit bien de la collecte dont l'apôtre parle dans ses lettres. Ainsi, pour Act II, le Journal de voyage était bien lié à cette collecte.

Le Journal de voyage aurait donc été rédigé par un compagnon de Paul et correspondrait aux déplacements de Paul à l'occasion de la collecte faite pour les chrétiens de Jérusalem, suivis d'un voyage de Jérusalem à Rome tel que Paul se

---

[1] Au niveau de Act I, la geste de Paul ne comportait que les deux premiers voyages missionnaires de Paul; c'est Act II qui a composé le troisième, de 18,23 à 21,17, en y incorporant une grande partie du Journal de voyage.

proposait de le faire. Nous aurions ainsi la preuve que Paul effectua réellement ce voyage à Rome, alors qu'il était encore libre.

5. L'auteur du Journal de voyage

Quel fut l'auteur de ce Journal de voyage? Il est difficile de répondre à cette question. Procédons d'abord par élimination. Le nom le plus souvent cité est celui de Luc, présumé être l'auteur du livre des Actes. Mais si celui-ci apparaît auprès de Paul lors de sa captivité romaine (Col 4,14; Phm 24; cf. 2 Tim 4,11.16), rien ne nous dit qu'il ait accompagné Paul dans ses autres voyages. Pour nous d'ailleurs, Luc pourrait être identifié à celui que nous avons désigné par le sigle Act II. Or, l'analyse de 27,1-13 montre que Act II ne peut pas être l'auteur du Journal de voyage puisqu'il l'utilise en le fusionnant avec le récit de Act I.

Parmi les compagnons de Paul, il faut exclure aussi tous ceux qui sont mentionnés en Act 20,4: Sosipater (ou Sopater), Aristarque, Secundus, Gaïus, Timothée, Tychique et Trophime. D'après les vv. 5-6, ils doivent être distingués de l'auteur du Journal de voyage, qui dit les avoir rejoints à Troas tandis qu'il aurait fait le trajet Philippes - Troas avec Paul.

Reste le personnage de Silas. Selon Act II, le "nous" du Journal de voyage implique au moins deux personnes aux côtés de Paul (16,10a; 21,18). Mais l'un d'entre eux devait être Silas[1]. En effet, dans le récit de l'exorcisme de la pythonisse (16,16ss), dont le début est rédigé en style "nous", Act II introduit brusquement le personnage de Silas aux côtés de Paul (16,19.29). Pour lui, Silas faisait donc partie du groupe "nous", et il semble même en être le principal représentant puisque lui seul reste en scène lorsqu'apparaît le style "ils". Or ce Silas, appelé aussi Silvain, était un lettré. C'est lui qui écrivit la première épître de Pierre (1 Pi 5,12). A-t-il aussi écrit la seconde lettre de Paul aux Thessaloniciens? C'est possible: Paul n'a écrit de sa propre main que la signature finale (2 Thess 3,17), et comme la lettre fut envoyée conjointement par Paul, Timothée et Silvain (1,1), on peut raisonnablement conjecturer qu'elle fut écrite par Silvain, comme la première lettre de Pierre. Or, nous le verrons en commentant ce passage, Act 20,28, qui appartient au Journal de voyage, offre des contacts thématiques et littéraires étroits avec plusieurs passages de la première épître de Pierre. Ce fait s'expliquerait au mieux si Silas/Silvain était l'auteur du Journal de voyage. De tous les compagnons de Paul, Silas est donc celui qui a le plus de chances d'avoir rédigé ce Journal.

---

[1] Cette hypothèse fut déjà soutenue par SCHWANBECK, *Ueber die Quellen der Schriften des Lukas*, Darmstadt, 1847; cité par Loisy, p. 18. - Johannes JEREMIAS, *Der WirBericht in der Apostelgeschichte* (Studien des Bundes evang. Pfarrer im Dritten Reich, Land Sachsen), Dresde, 1938; cité par J. Dupont, *Les sources du livre des Actes*, p. 77, note 2.

B) ACT I ET LE JOURNAL DE VOYAGE

L'utilisation du Journal de voyage par Act I est difficile à apprécier. Nous avons vu plus haut que cet auteur avait repris le Document P de deux façons différentes: tantôt assez littéralement, tantôt en s'en inspirant seulement pour composer des épisodes différents, comme en Act 1-5. Or, il n'utilise le Journal de voyage que de cette seconde manière, ce qui est beaucoup plus difficile à cerner.

1. Emprunts stylistiques ou thématiques

a) Le Journal de voyage s'intéressait surtout aux déplacements par mer de Paul et de ses compagnons, qu'il décrivait avec un langage quasi stéréotypé, surtout lorsqu'il s'agissait d'indiquer les départs de tel ou tel port et les arrivées. Pour rédiger le début du premier voyage missionnaire, qui va mener Paul et ses compagnons d'Antioche de Syrie jusqu'à Antioche de Pisidie via Chypre (13,4-14), ce qui implique une double traversée maritime, Act I va imiter le style du Journal de voyage:

13,4b:	κἀκεῖθεν ἀπέπλευσαν εἰς τὴν Κύπρον
5:	γενόμενοι δὲ ἐν τῇ Σαλαμίνι...
27,7:	ἐγενόμεθα κατὰ τὴν Κνίδον
	κἀκεῖθεν ἀναχθέντες, ὑποπλεύσαντες τὴν Κρήτην
13,13:	ἀναχθέντες δὲ ἀπὸ τῆς Πάφου... ἦλθον
16,11:	ἀναχθέντες ἀπὸ τῆς Τρῳάδος εὐθυδρομήσαμεν...[1]

13,4b:	et de là ils voguèrent vers Chypre
5:	or se trouvant à Salamine...
27,7:	nous nous trouvâmes en vue de Cnide
	et de là, ayant pris le large, nous voguâmes sous (le vent de) Chypre
13,13:	ayant pris le large à partir de Paphos... ils vinrent
16,11:	ayant pris le large à partir de Troas nous cinglâmes...

On notera que le verbe "prendre le large" se lit ailleurs surtout dans le Journal de voyage (20,13; 21,2; 27,2.12.21; 28,11; cf. encore 18,21).

b) En 20,26-27, selon le Journal de voyage, Paul se déclare "pur" du sang de tous parce qu'il ne s'est pas soustrait au devoir d'annoncer la volonté de Dieu. Ce thème est repris de Ez 3,16-21 (cf. 33,1-9). Il se lit aussi en Act 18,6, mais

---

[1] Nous citons 16,11 d'après le TO. Le TA donne un texte assez proche, mais rédigé par Act I qui imite encore ici le style du Journal de voyage.

d'une façon moins précise, dans un texte composé par Act I. On peut penser que cet auteur reprend le thème qu'il lisait dans le Journal de voyage.

c) En 20,16, selon le Journal de voyage, Paul décide de ne pas faire escale à Éphèse car il a hâte d'arriver à Jérusalem pour y célébrer la Pentecôte. De même, en 18,20-21 (TO), un texte rédigé par Act I, Paul déclare aux Juifs d'Éphèse qu'il ne veut pas rester chez eux parce qu'il veut célébrer à Jérusalem la fête qui approche. Malgré les variantes, le thème est analogue.

d) Selon le Journal de voyage, Paul s'embarque à Sidon (27,3a) sur un bateau qui fait escale en Crète (27,7b-8), repart pour l'Italie (27,13a TO) mais est assailli par une tempête (27,14b TO) et, après avoir été allégé de son chargement (27,18-19 TO), arrive finalement à l'île de Gaulos, qui faisait partie de l'archipel de Malte (27,15-16 TO)[1]. Plus tard, les voyageurs en repartent pour arriver enfin à Rome (28,11.14b). Durant ce voyage, Paul n'était pas prisonnier comme nous l'avons dit plus haut. Act I va composer le récit de l'ultime voyage de Paul prisonnier des Romains en suivant un schéma analogue. Le centurion romain fait embarquer Paul à Césarée sur un bateau faisant voile vers l'Italie (27,1b.6). Le capitaine et le pilote du bateau veulent voguer directement vers la Crète (27,11-12 TO). Le départ est donné (27,13 TA) mais le bateau est assailli par une tempête (27,14-15 TA), ce qui oblige à le délester de son chargement (27,18-19 TA). Finalement, on arrive à une île qui se trouve être Malte (27,27.41; 28,1 TO). Plus tard, les voyageurs quitteront cette île (28,10b TA) et arriveront finalement à Rome (28,16).

Ces deux schémas de voyage sont trop semblables pour ne pas dépendre l'un de l'autre. Act I s'est donc inspiré, d'une façon assez large, du Journal de voyage.

2. Le deuxième voyage missionnaire

Il existe un parallélisme assez étroit entre la structure du deuxième voyage missionnaire de Paul, tel que le raconte Act I (16,1-18,22), et celle du Journal de voyage. Relevons d'abord ce parallélisme, puis nous verrons comment le justifier.

Act I	Journal de voyage
16,8a	16,7a
Longent la Mysie (TA)	Au large de la Mysie
16,8b (TA)	16,8b (TO)
Descendent à Troas	Arrivent à Troas

---

[1] Dans le Journal de voyage, 27,15-16 se lisait après 27,18-19; c'est Act II qui a inversé les deux passages (cf. tome III, p. 306)

16,10b (TA)	16,9-12
Vers la Macédoine	De Troas à Philippes
17,1b-14	20,2a
Thessalonique, Bérée	Traverse ces régions
17,15-18,17	20,2b
Athènes, Corinthe	Vient en Grèce
18,18	20,3
S'embarque pour la Syrie	Veut prendre le large vers la Syrie
	mais revient par la Macédoine
	20,6-15
	De Philippes à Milet: les escales
18,19	20,16
Court séjour à Éphèse	Évite Éphèse
18,20-21a (TO)	
Veut arriver à Jérusalem	Il est pressé d'arriver à Jérusalem
pour y célébrer la fête prochaine	pour y célébrer la Pentecôte
	21,1-3
	De Milet à Tyr
18,22a	21,7-8
D'Éphèse à Césarée	De Tyr à Césarée
18,22b	21,15
Montée (à Jérusalem)	Montée à Jérusalem
18,22c	21,17
Salue l'Église	Accueil des frères

Notons une anomalie des récits de Act I. En 18,18, on nous dit que Paul prend la mer afin d'aller en Syrie, alors qu'il débarquera à Césarée (18,22a). Dans le Journal de voyage, en 20,3, parallèle à 18,18, Paul déclare son intention d'aller en Syrie; même s'il fait le détour par la Macédoine, c'est toujours la Syrie qui est le but de son voyage par mer (21,3) et effectivement il débarque à Tyr qui appartenait à la province romaine de Syrie. On notera la parenté des formules en 18,18 et en 21,3: ἐξέπλει εἰς τὴν Συρίαν - ἐπλέομεν εἰς Συρίαν. N'est-ce pas la preuve que Act I a démarqué le texte du Journal de voyage sans se préoccuper de l'anomalie qu'il introduisait dans son propre texte, ou même peut-être sans la remarquer?

III. LE DOCUMENT JOHANNITE

Venons-en maintenant à la troisième source utilisée par Act I: le Document johannite. Ici, notre auteur reprend la technique qu'il avait adoptée aux chapitres 6 à 12: il reprend le texte de ses sources d'une façon beaucoup plus stricte, parfois même sans presque le modifier. Il va donc incorporer le texte du

Document johannite dans trois des principaux discours-programme qu'il fait prononcer aux personnages qu'il met en scène[1].

1. Reconstitution du Document J

La première section du Document J forme la finale du discours que prononce Pierre après la guérison de l'infirme de la Belle Porte, en 3,19ss[2]. Act I l'a reprise littéralement mais Act II y ajoutera le thème du nouveau Moïse exprimé aux vv. 22-24.26. Le Document J ne comportait donc que les vv. 19-21 et 25, dont le style très particulier ne s'accorde pas avec celui que le NT emploie d'ordinaire pour parler du retour eschatologique du Christ ressuscité. - La deuxième section du Document J forme la première moitié du discours que prononce Étienne devant le Sanhédrin, après son arrestation (7,2ss). Elle était constituée des vv. 2b-34, à l'exception des vv. 7b et 33b, ajoutés par Act II, et des vv. 23-29, ajoutés par Act III. Cette partie du discours d'Étienne n'a rien à voir avec les reproches qui sont adressés au premier martyr, en 6,11-14, et à partir du v. 35 on constate que la technique littéraire de ce discours change complètement. - La troisième section du Document J, enfin, forme l'ossature du discours que prononce Paul au début de son premier voyage missionnaire, à Antioche de Pisidie (13,17ss). On peut y rattacher les vv. 17-22a.23 et 26.

Ces trois sections forment un tout: 3,25 évoque l'alliance conclue par Dieu avec Abraham, thème qui se continue en 7,2b-5; quant à la fresque historique brossée en 7,2b-6.8-22.30-33a.34, elle se continue de façon homogène en 13,18-22a.23, et 13,26 revient par mode d'inclusion au thème de la promesse faite à Abraham en vertu d'une alliance solennelle (cf. 3,25). Selon cette fresque historique, un descendant et héritier du roi David doit apporter le salut à Israël (13,23), c'est-à-dire sa délivrance et sa restauration en tant que peuple indépendant (3,20-21) en vertu précisément de la promesse faite jadis à Abraham.

2. Un Document johannite

Ce thème général d'une restauration politique du peuple de Dieu est celui qui forme l'essentiel du *Benedictus* que prononce Zacharie, le père de Jean-Baptiste, d'après Lc 1,68-79, cantique qui émane certainement de cercles johannites comme le prouve Lc 1,80: le thème de la "manifestation" de Jean comme messie, en effet, ne peut pas avoir été écrit par un disciple de Jésus. Par ailleurs, le *Benedictus* présente cette restauration politique du peuple de Dieu comme une conséquence de l'alliance conclue par Dieu avec Abraham (1,72-73) et comme

---

[1] Nous ne ferons ici que résumer ce qui sera développé dans le tome II, pp. 77ss.

[2] Au niveau de Act I, nous le verrons, cette section formait la finale du discours que Pierre avait prononcé le jour de la Pentecôte.

l'accomplissement des prophéties anciennes (1,70); c'est aussi ce que fait le Document que nous avons reconstitué (Act 3,21b.25; 7,5; 13,26). On notera que ce thème de l'alliance avec Abraham ne se lit ailleurs dans le NT qu'en Gal 3,15-18, texte de Paul qui, nous le verrons, dépend probablement aussi du même Document johannite.

Act I a voulu prouver, contre les disciples du Baptiste, que c'était Jésus et non Jean-Baptiste qui devait effectuer la restauration d'Israël (cf. Act 1,6). Il a donc repris le Document johannite qui annonçait cette restauration et l'a coupé en trois tronçons pour les incorporer aux discours-programme que prononcent successivement Pierre, Étienne et Paul.

IV. LA RÉDACTION DE ACT I

Nous allons encore anticiper sur les développements qui seront donnés dans les tomes II et III pour mettre le lecteur au courant des intentions et de la personnalité de l'auteur qui a rédigé Act I (pour simplifier, nous l'appellerons simplement "Act I").

1. Les intentions de Act I

Act I ne veut pas écrire un livre d'histoire pour raconter la vie de l'Église primitive ou les péripéties de la vie de Paul. Ce qu'il cherche avant tout, c'est développer deux thèses complémentaires.

Dans la geste de Pierre, il veut montrer que Jésus est le roi messianique qui, tel un nouvel Élie, fut enlevé vers le ciel d'où il doit revenir, dans un avenir relativement proche, pour effectuer la restauration politique du peuple de Dieu. C'est pour le montrer qu'il reprend et transforme les matériaux qu'il lisait dans le Document P. C'est pour prouver que ce roi messianique n'est pas Jean Baptiste, mais Jésus, qu'il incorpore aux discours de Pierre et d'Étienne des fragments d'un Document johannite attribuant au Baptiste ce rôle de nouvel Élie.

Mais Act I se trouve confronté à un grave problème historique. Cette promesse d'une restauration politique du peuple de Dieu aurait dû être accueillie avec enthousiasme par les Juifs. Or, tout au contraire, la prédication chrétienne se heurte à l'hostilité de ces derniers, d'abord à Jérusalem, puis dans le reste du monde. Souligné déjà dans la geste de Pierre, ce fait historique sera systématiquement mis en évidence dans la geste de Paul, moyennant une simplification qui surprendra nombre de spécialistes des études pauliniennes. Act I ne s'intéresse pas au Paul apôtre des Gentils, des nations païennes. Pour lui, Paul est avant tout celui qui, de ville en ville, entre dans les synagogues, y annonce aux Juifs le message chrétien, mais, malgré quelques succès, se heurte à une hostilité de plus en plus marquée, à une volonté de le mettre à mort qui ne sera déjouée, ô ironie du sort, que grâce à l'intervention du pouvoir romain. Comme conséquence de ce refus des Juifs se dresse, à l'horizon, la sombre perspective de la ruine de Jérusalem. Pour évoquer cette catastrophe, Act I décrit la conversion de Paul en lui donnant le vêtement littéraire des visions qui inaugurent le livre du prophète Ézéchiel (Ez 1-3), visions qui sont immédiatement liées à l'annonce de la ruine de la Ville sainte (Ez 4). Pour Act I, la geste de Paul est essentiellement une menace: les Juifs ont refusé le message chrétien; leur aveuglement aura pour conséquence la ruine de Jérusalem.

2. Act I et les données historiques

a) L'auteur qui a rédigé Act I ne fut certainement pas un témoin oculaire des événements qu'il raconte. Dans la geste de Pierre, il dépend étroitement du Document P dont il reprend les matériaux en les réinterprétant en fonction de sa christologie particulière. S'il reprend du Document P le thème du don de l'Esprit qui donne aux disciples de "parler" avec assurance (4,31), il le transforme pour en faire un phénomène de "parler en langues" lié à l'ascension de Jésus, le nouvel Élie (2,1ss). S'il raconte le martyre d'Étienne en le faisant précéder d'une comparution devant le Sanhédrin, c'est afin de pouvoir mettre dans sa bouche un discours-programme (7,2ss) qui est une réponse aux prétentions des disciples du Baptiste. S'il ajoute aux récits hérités du Document P celui de la résurrection de Tabitha (9,36ss), c'est encore pour établir un parallèle entre Jésus et Élie et l'on peut se demander quelle réalité se cache derrière sa narration.

Dans la geste de Paul, les imprécisions sont frappantes. Sans doute, Act I n'invente pas les étapes des voyages de Paul. Le trajet par Antioche de Pisidie, Iconium (et Lystre) ainsi que les difficultés rencontrées par l'apôtre (13,13ss) nous sont attestés par 2 Tim 3,10-11, comme peut-être aussi l'opposition des Mages à Chypre (13,6ss; cf. 2 Tim 3,8). On notera toutefois que, dans sa lettre, Paul suppose qu'il avait Timothée comme compagnon de voyage, tandis que Act I ignore la présence de ce disciple. Il est certain aussi que Paul exerça son activité à Thessalonique, à Athènes et à Corinthe (Act 17-18), comme cela ressort de ses lettres. Mais, reprenant un genre littéraire hérité du Journal de voyage, Act I se contente souvent d'énumérer les étapes de Paul en indiquant seulement qu'il prêche dans la synagogue et qu'il est rejeté par un grand nombre de Juifs. Si, à Antioche de Pisidie, il met sur les lèvres de Paul un discours-programme (13,17ss), c'est pour contrer une nouvelle fois les prétentions des disciples du Baptiste et souligner en même temps que les Juifs ont refusé le message de délivrance apporté par Paul. Lorsqu'il raconte le dernier voyage de Paul, de Jérusalem à Rome (27,1ss), il ne fait que démarquer les péripéties d'un autre voyage de Paul attesté par le Journal de voyage.

En définitive, rien ne permet de penser que, pour développer sa christologie ou pour présenter l'activité missionnaire de Paul, Act I ait fait appel à des souvenirs personnels.

b) Il existe un point qui mérite d'être approfondi. Selon Act I, nous l'avons vu, la prédication de Paul aurait été centrée sur l'affirmation que le Christ allait revenir afin de restaurer sur terre le royaume d'Israël. (cf. 13,17ss). Beaucoup seraient tentés de sourire à la pensée que Act I ait pu prêter de telles idées à Paul. Mais si, malgré tout, Act I avait raison? Écrivant aux fidèles de Thessalonique, Paul leur rappelle que, lorsqu'il les a évangélisés, il leur a demandé de se convertir au Dieu vivant et d'attendre des cieux ce Jésus que Dieu a ressuscité des morts (1 Thess 1,9-10). Mais qu'implique pour lui ce retour du Christ ressuscité? En 1 Thess 4,13-17, il précise que, lors de la Parousie du Christ, tous nous serons emmenés dans les airs à sa rencontre (vv. 15 et 17). Or les commentateurs ont noté depuis longtemps que les expressions "parousie"[1] et "à la rencontre de" étaient des termes quasi techniques, dans la littérature grecque, employés pour décrire l'arrivée d'un roi ou d'un grand personnage dans une ville lui appartenant. Pour solenniser cette "parousie", les habitants de la ville en question partaient "à la rencontre" du roi, puis le ramenaient en ville avec des acclamations[2]. En 1 Thess 4,13-17, nous aurions donc le même scénario. Si les disciples de Jésus sont emmenés dans les airs à sa rencontre, ce ne serait pas pour aller avec lui dans les cieux, mais pour le ramener sur la terre[3]. Ce texte de l'épître ne présente pas explicitement Jésus comme roi messianique. Mais que l'on se reporte au seul texte paulinien qui parle de "parousie" en dehors des épîtres aux Thessaloniciens: 1 Cor 15,22-28. Paul y distingue les diverses étapes eschatologiques: d'abord, la résurrection du Christ (v. 23a); puis, la résurrection de tous les fidèles du Christ lors de sa Parousie (v. 23b); puis, "la fin", lorsque le Christ remettra la royauté au Dieu et Père (v. 24). Et Paul insiste sur cette royauté: «Car il faut qu'il règne, jusqu'à ce que (Dieu) ait mis tous ses ennemis sous ses pieds» (v. 25), le dernier ennemi vaincu étant la mort. Lors de sa Parousie, le Christ doit donc régner jusqu'au temps de la fin, lorsqu'il remettra à son Dieu et Père tout son pouvoir royal. Mais où doit se passer ce royaume qui va commencer à la Parousie? Dans les cieux? Non pas, mais sur la terre comme l'insinuait 1 Thess 4,13-17[4], une

---

[1] Cf. A. DEISSMANN, *Licht vom Osten. Das Neue Testament und die neuentdeckten Texte der hellenistisch-römischen Welt*, Tübingen, 1923⁴.

[2] Cf. E. PETERSON, "Die Einholung des Kyrios", dans Zeitschrift für systematische Theologie 7 (1929-30) 682-702.

[3] Cf. F. GUNTERMANN, *Die Eschatologie des Hl. Paulus* (Neutestamentliche Abhandlungen, 13), Münster, 1932, pp. 251ss. - M. DIBELIUS, *An die Thessalonicher I-II. An die Philipper* (Handbuch zum Neuen Testament, 11), Tübingen, 1937, p. 28.

[4] Voir aussi Apoc 19,11-20,15: le Christ doit revenir sur la terre pour y combattre tous les ennemis politiques du peuple de Dieu, à commencer par la Bête qui symbolise l'empire romain

terre d'ailleurs profondément transformée (cf. 1 Cor 15,51ss). L'interprétation que nous avons donnée de 1 Thess 4,13-17 et de 1 Cor 15,22-28, à la suite notamment de Dibelius, est loin de faire l'unanimité des exégètes. Mais au lieu d'accuser Act I d'avoir attribué à Paul des idées étranges, ne vaudrait-il pas mieux utiliser son témoignage pour reprendre l'exégèse des textes que nous venons de mentionner? Notons d'ailleurs que Paul a probablement changé ses positions par la suite. Il est significatif que le terme technique de "parousie" pour désigner le retour du Christ, Paul l'emploie 4 fois dans la première aux Thessaloniciens (2,19; 3,13; 4,15; 5,23), une seule fois en 1 Cor 15,23, puis plus jamais. Pourquoi cet abandon sinon parce qu'il s'est rendu compte que l'idée d'une restauration politique du Royaume de Dieu sur la terre devait être abandonnée? En Col 3,1-4, il n'est plus question de Parousie, mais simplement d'une "manifestation" du Christ en Dieu, où se trouve notre vie eschatologique (cf. 1 Jn 3,2).

3. Act I et l'évangile de Luc

Lorsque nous avons étudié le problème synoptique, nous avions distingué trois niveaux rédactionnels dans l'évangile de Luc: le Document C, le proto-Luc et l'ultime rédaction lucanienne. Nous avons vu plus haut que, dans les Actes, le Document P, utilisé par Act I, devait être plus ou moins identique au Document C, source des traditions communes à Lc et à Jn. De même, nous pensons que Act I faisait suite au proto-Luc. Nous allons le montrer à partir des conceptions eschatologiques des auteurs de ces deux niveaux rédactionnels.

L'eschatologie de Act I est dominée par deux thèmes complémentaires. D'une part, Jésus doit revenir dans un avenir relativement proche pour effectuer la restauration du royaume d'Israël (geste de Pierre). D'autre part, l'annonce de cette restauration se heurte à l'hostilité des Juifs, ce qui aura pour conséquence la ruine de Jérusalem (geste de Paul). L'annonce de la ruine de Jérusalem est implicitement contenue dans le récit de la conversion de Paul (9,4ss), dont le vêtement littéraire est repris des visions de Ez 1-3, visions qui préparent le prophète Ézéchiel à sa mission principale: annoncer la ruine de la ville sainte (Ez 4). Relisons alors une série de textes de l'évangile de Luc que nous avons attribués au proto-Lc. En Lc 19,41-44, doublet de Mc 13,2 et par., Jésus annonce la ruine de Jérusalem (et pas seulement du Temple, comme dans le parallèle de Mc) parce qu'elle a fermé les yeux devant le message de paix qui lui était proposé (v. 42), parce qu'elle n'a pas voulu reconnaître le temps où elle fut visitée (fin du

---

(19,20). Puis vient la "première résurrection", celle des justes, qui va marquer le début du royaume de mille ans (20,4). À la fin de ce règne de mille ans, les puissances du mal seront à nouveau déchaînées sur la terre, mais seront finalement anéanties (20,7-10) et ce sera la deuxième résurrection et le jugement de tous les ressuscités (20,11-15).

v. 44). C'est le thème développé par Act I dans la geste de Paul. On notera que la façon dont est décrit l'encerclement de Jérusalem, au v. 43, n'est pas sans analogie avec la description faite par Ez 4,2 et doit probablement s'en inspirer. Cette annonce de la ruine de Jérusalem (et non du Temple) est reprise en Lc 21,20: «Lorsque vous verrez Jérusalem encerclée par les armées, sachez que sa ruine approche.» Alors, Jérusalem sera foulée aux pieds par les nations païennes jusqu'à ce que soient accomplis les temps des nations (21,24). Cet asservissement de la ville sainte n'aura donc qu'un temps. Mais lorsque certains signes cosmiques se produiront, alors "redressez-vous et relevez vos têtes, parce qu'approche votre libération" (21,28). Le rédacteur lucanien a fusionné ces textes avec ceux de la tradition synoptique qui décrivent le retour eschatologique du Fils de l'homme, du Christ. On peut penser que, pour le proto-Luc aussi, cette libération de Jérusalem se fera lors du retour du Christ. On rejoint le thème développé par Act I dans sa geste de Pierre. Selon toute vraisemblance, c'est le même auteur qui a rédigé le proto-Lc et Act I.

4. Auteur et date de composition

a) L'auteur qui a rédigé Act I était un judéo-chrétien resté attaché à un messianisme politique encore vivace dans les milieux juifs du premier siècle. Il attendait la libération du peuple de Dieu, soumis au pouvoir des Romains, et, selon lui, Jésus de Nazareth devait revenir sur terre, comme Roi-messie, pour effectuer cette libération. Précisons encore que son peu d'intérêt pour la mission auprès des païens le classe dans la catégorie des hébraeo-chrétiens, et non dans celle des helléno-chrétiens. Mais c'est tout ce que l'on peut dire sur lui. Son nom nous demeure inconnu.

b) La date de composition de Act I peut être serrée d'assez près. Nous avions pensé d'abord qu'il fallait la reculer jusqu'après la ruine de Jérusalem. La geste de Paul aurait alors été écrite pour justifier cette catastrophe. Mais une date aussi tardive nous semble maintenant impossible à maintenir, surtout si l'on admet l'identité entre Act I et le proto-Lc. L'annonce de la ruine de Jérusalem n'est pas forcément une prophétie *ex eventu:* elle peut fort bien découler, et des paroles de Jésus, et surtout des prophéties de Ez 4. Par ailleurs, Act I ne semble pas connaître les lettres de Paul. Ce fait serait-il vraisemblable si son auteur avait écrit après 70? Notons enfin que Act I ne disait rien de la façon dont se serait terminé le procès de Paul à Rome, ni du ministère de Paul après sa libération. Beaucoup d'auteurs s'en sont étonnés. Mais cela ne viendrait-il pas du fait que Act I aurait été écrit avant cette libération, donc vers les années 60-62? C'est la date qui nous semble la plus probable.

V. LA RÉDACTION DE ACT II

Dans la geste de Pierre, Act II a repris le texte de Act I mais en y ajoutant les récits plus ou moins parallèles qu'il lisait dans le Document P. Il a également composé quelques passages nouveaux, comme le récit du choix de Matthias, en 1,15ss, les sommaires qui se trouvent en 2,41b-42; 2,46-47 et 4,32.34-35, ce dernier sommaire sur la communauté des biens complété par les deux exemples opposés de Barnabé (4,36-37) et d'Ananie et Saphire (5,1-11). Dans la geste de Paul, il reprend encore le texte de Act I, qu'il modifie assez considérablement. Il utilise aussi le Journal de voyage qu'il incorpore à ses récits en gardant le style "nous" qui le caractérisait. Plus encore que dans la geste de Pierre, il ajoute des épisodes nouveaux, en particulier tout le récit du troisième voyage missionnaire de Paul (18,23ss) et tout ce qui concerne les interventions du procurateur Félix (24,1ss) ou celle du roi Agrippa (25,13-26,32). Son activité créatrice est ici considérable. Mais, soit qu'il reprenne en le modifiant le texte de ses sources, soit qu'il compose des épisodes nouveaux, Act II obéit toujours à des intentions très précises qu'il nous faut dégager maintenant.

A) ACT II ET LES THÈSES DE ACT I

Que ce soit dans la geste de Pierre ou dans celle de Paul, Act II va corriger les thèses développées par Act I, qu'il juge dépassées.

1. L'eschatologie réalisée

Les récits du Document P ne parlaient pas d'eschatologie; il n'y était nulle part question d'un retour du Christ dans un avenir indéterminé. Act I au contraire avait fait de ce thème son centre d'intérêt principal, mais dans la perspective d'un nationalisme juif exacerbé par l'occupation romaine: le Christ, maintenant au ciel, doit revenir pour effectuer la restauration d'Israël; il sera lui-même le roi de ce royaume restauré sur la terre au profit du nouveau peuple de Dieu. Act II veut réagir contre cette eschatologie nationaliste qu'il n'admet pas. Il adopte l'idée, qui s'était imposée progressivement dans la pensée chrétienne, d'une eschatologie déjà réalisée. Le royaume de Dieu est déjà là, mais c'est un royaume purement spirituel, et non pas politique. Act II pourrait souscrire pleinement à cette parole attribuée au Christ en Lc 17,20-21: «La venue du royaume de Dieu ne frappe pas le regard. On ne saurait dire: "Le voici! Le voilà!" Car, je vous le dis, le royaume de Dieu est au-dedans de vous.»

On attendait le retour du Christ? Oui, le Christ est bien revenu, mais par son Esprit. C'est l'Esprit, répandu sur les disciples le jour de la Pentecôte, qui est le fondement du royaume nouveau. L'église est née le jour de la Pentecôte; l'Esprit en est l'âme tandis que nous en formons le corps.

Toutes ces idées, formulées en réaction contre celles de Act I, sont développées dès les premiers récits de la geste de Pierre: les consignes données aux disciples par le Christ ressuscité (Act 1,8a), l'ascension (1,6 TO) et la Pentecôte (2,38-40). Le changement de perspective est souligné par le sens donné au thème de la "promesse". Pour Act I, il s'agissait de la promesse faite par Dieu à Abraham de donner, à lui et à sa descendance, la terre de Canaan (7,5.17; 13,23.32); pour Act II, la promesse est celle du don de l'Esprit (Lc 24,49; Act 1,4; 2,33.39).

2. L'ouverture au monde païen

a) Act I attendait la restauration du royaume d'Israël; il ne s'intéressait pas à la conversion systématique des païens. Act II au contraire en fait une des conditions essentielles de l'expansion de l'église. C'est la notion même de "royaume" qui éclate. Notre auteur se situe d'emblée dans la perspective ouverte par un lointain disciple du prophète Isaïe: «C'est trop peu pour toi que tu sois appelé mon serviteur pour restaurer les tribus de Jacob et faire revenir la dispersion d'Israël. Voici que je t'ai établi comme alliance de race, comme lumière des nations (païennes), pour que tu sois comme salut jusqu'aux extrémités de la terre» (Is 49,6). C'est le texte-clef qui justifie la réaction de Act II contre les positions de Act I. Il y fera allusion en 1,6.8; il le citera explicitement à propos de Paul en Act 13,47. La restauration politique d'Israël n'a plus cours; une seule chose importe maintenant: apporter la lumière du salut au monde païen, jusqu'aux extrémités de la terre.

En prônant cette ouverture aux païens, Act II revient aux positions du Document P mais au prix d'un certain anachronisme. Selon ce Document, l'idée d'une ouverture au monde païen n'avait pu s'imposer que progressivement, et sous la pression de l'Esprit (cf. 8,29ss; 10,19ss). Selon Act II, le Christ lui-même aurait donné l'ordre aux disciples d'aller évangéliser les païens (Lc 24,47; Act 1,8); le principe même de cette évangélisation ne devait donc pas faire problème.

b) Pour réaliser cette ouverture au monde païen, il devenait nécessaire de faire craquer les cadres trop étroits du judaïsme. C'était la doctrine prônée par le groupe des Hellénistes et dont Paul, plus tard, se fera l'apôtre passionné. Act II prend occasion du discours d'Étienne devant le Sanhédrin pour le dire clairement. Étienne est accusé de répandre des paroles de Jésus concernant la destruction du Temple de Jérusalem et l'abandon des coutumes héritées de Moïse (6,14). Bien loin de s'en défendre, il explique pourquoi le Temple de Jérusalem n'a plus de raison d'être (7,47-50), et pourquoi la Loi de Moïse et les coutumes qui étaient censées remonter jusqu'à lui avaient été dépassées par le nouveau Moïse annoncé

en Deut 18,15.18 (Act 7,37). Sur ces points essentiels, le christianisme a maintenant rompu avec le judaïsme.

c) Mais Act II n'oublie pas que, s'il y a rupture, le christianisme est tout de
même sorti du judaïsme, comme un enfant sort du sein de sa mère, dans le sang et
dans les larmes. Il évite donc de condamner en bloc "les Juifs". Ce ne sont pas
"les Juifs" qui ont mis à mort le Christ, mais seulement "les habitants de
Jérusalem et ses chefs" (13,27). Ils ont d'ailleurs agi par ignorance et n'ont fait
que réaliser ce que Dieu avait prévu de tout temps (3,17-18; 4,28; 13,27). Étienne
demande au Seigneur de ne pas imputer aux Juifs la faute de son assassinat (7,60;
cf. Lc 23,34). Dans la geste de Paul, ce ne sont plus "les Juifs" (Act I) qui s'en
prennent violemment à la prédication de l'évangile, mais seulement certains
d'entre eux (17,5 TO; 18,6 TO; cf. 23,12). En 21,28b, Act II ajoute un nouveau
motif pour justifier la colère des Juifs d'Asie contre Paul: ils ont cru de bonne foi
qu'il avait introduit un païen dans le Temple.

B) ACT II ET L'APÔTRE PAUL

L'évangélisation du monde païen est inséparable de l'activité missionnaire
de Paul. Act I ne s'était pas intéressé à la personne de Paul pour elle-même. S'il a
composé une geste de Paul, c'est surtout pour exposer sa thèse concernant le refus
que les Juifs opposèrent à la prédication de l'apôtre. Act II entreprit donc de
réviser les récits de Act I en brossant de Paul une image plus conforme à ce que
l'apôtre dit de lui-même dans ses lettres.

1. Paul est un véritable apôtre

a) Paul lui-même a toujours revendiqué le titre d'apôtre que ses adversaires lui contestaient (1 Cor 9,1-2; 2 Cor 12,12 et *passim*). Act II va donc insister
sur ce point avec beaucoup de force. Pour être un apôtre au sens plein, il faut
avant tout avoir vu le Christ ressuscité de façon à pouvoir témoigner de sa
résurrection (1,22), pierre de touche du christianisme. Dans le récit de la
conversion de Paul (9,3ss), au niveau de Act I, c'était Dieu qui parlait à Paul
après l'avoir terrassé sur la route de Damas. En ajoutant les vv. 4b-5, Act II
introduit un dialogue entre le Christ et Paul; c'est donc le Christ ressuscité qui est
apparu à Paul, ce qui sera affirmé à deux reprises dans la suite du récit (9,17.27)
en termes qui rappellent ceux que Paul avait lui-même employés pour dire que le
Christ lui était apparu. Lorsqu'il va composer son propre récit de la conversion de
Paul, au chapitre 26, Act II va être encore plus précis: le Christ lui-même déclare
à Paul qu'il le constitue <u>témoin</u> du fait qu'il lui est apparu, vivant. Paul peut donc

être un apôtre au sens fort du terme puisqu'il est témoin de la résurrection du Christ.

b) Pour être apôtre (ἀπόστολος), il ne suffit pas d'être témoin de la résurrection de Jésus; il faut encore avoir été envoyé (ἀποστέλλειν) par le Christ. Le nom même d'apôtre l'indique. Or, lorsque le Christ apparaît à Paul sur le chemin de Damas, il lui dit explicitement: «... te retirant ( ) des nations vers lesquelles je t'envoie (ἐξαποστέλλω)» (26,17). Mais les adversaires de Paul pourraient mettre en doute cette parole de Jésus dont il aurait été le seul témoin. Act II en appelle alors à toute la communauté d'Antioche. C'est à elle que l'Esprit s'adresse lorsqu'il "met à part" Saul et Barnabé en vue de l'œuvre pour laquelle il les a "appelés" (13,2, ajouté par Act II; cf. Gal 1,15; Rom 1,1, où l'on avait déjà les mêmes expressions). Selon Act II, c'est d'ailleurs l'Esprit qui va conduire Paul durant ses voyages missionnaires, lui indiquant où aller et où ne pas aller (16,6b.7b; 19,1 TO; 20,3 TO; cf. 17,15a TO).

c) Pour souligner que Paul est un apôtre, Act II va établir un certain parallélisme entre lui et Pierre. Ils accomplissent tous deux des miracles analogues: guérison d'un infirme (3,6ss; 9,32ss et 14,9ss) et résurrection d'un mort (9,36ss et 20,7ss). Tous deux sont jetés en prison, mais délivrés miraculeusement par Dieu (12,1ss et 16,23ss). En rédigeant ces récits concernant Paul, Act II imite la forme littéraire des récits parallèles concernant Pierre afin de mieux montrer qu'il existe une certaine égalité entre les deux apôtres.

d) Enfin, Act II montre comment Paul a suivi les traces de Jésus, comme tout apôtre doit le faire (cf. Jn 13,16). Le prophète Agabus le lui avait prédit (21,11b; cf. Mc 15,1; 9,31; 14,41). Et Act II le souligne en établissant un parallèle entre la "passion" de Paul et celle de Jésus. Celui-ci avait annoncé à ses disciples: «Ils vous livreront aux sanhédrins et vous serez frappés dans les synagogues et vous comparaîtrez devant les gouverneurs et les rois, à cause de moi en témoignage pour eux» (Mc 13,9; cf. Lc 21,12). C'est ce que Jésus lui-même a éprouvé durant sa passion, au témoignage de l'évangile de Lc. Il fut condamné à mort par le Sanhédrin (Lc 22,66s), il comparut ensuite devant Pilate, le gouverneur romain (Lc 23,1ss), puis devant Hérode à qui l'on donnait le titre de roi (Lc 23,7ss). De même Paul. Il comparut devant le Sanhédrin (Act 22,30ss, épisode ajouté par Act II), puis devant les gouverneurs romains Félix (Act 24,1ss; de Act II) et Festus (25,1ss), enfin devant le roi Agrippa (25,23ss, de Act II). Pour souligner ce parallélisme, Act II démarque littérairement les épisodes de la passion de Jésus. Dans le récit de la comparution de Paul devant Félix, Act 24,2a.5 s'inspire de Lc 23,2 et Act 24,24.26 fut rédigé en tenant compte de Lc 23,6.8. Dans le récit de la comparution devant Agrippa, Act 25,24 renvoie implicitement à Lc 23,1. Quand, selon Act II, Paul prisonnier à Rome fera allusion à ces épisodes, notre auteur rédigera Act 28,17c-18 en référence à Mc 15,1 et Lc 23,14.20. Enfin, d'après Lc 23,4.14.22, Pilate avait reconnu par trois fois l'innocence de Jésus; de même, l'innocence de Paul est affirmée à trois reprises: par Festus d'abord (Act 25,18.25), puis par Agrippa et Festus (26,31). Paul a pris la relève de Jésus: c'est lui qui est maintenant le "Serviteur de Dieu" annoncé par le prophète Isaïe et qui doit porter la lumière de l'évangile aux nations païennes (26,17-18; cf. Is 42,6.16).

Ce parallélisme entre Paul et Jésus est encore souligné par le vêtement littéraire que Act II donne à certains autres récits: la conversion de Lydie (16,15; cf. Lc 24,29), l'instruction donnée aux disciples (19,8-9; cf. Mc 9,30-31).

2. Paul, apôtre des nations païennes

a) Dans les récits de Act I, Paul ne prêchait que dans les synagogues; il s'adressait donc exclusivement aux Juifs ou aux prosélytes. Mais dans sa lettre aux Galates, l'apôtre affirme qu'il y eut un accord à Jérusalem entre lui et les "colonnes" de l'église comme quoi il se vouerait à l'apostolat auprès des païens tandis que Pierre garderait l'évangélisation des Juifs (Gal 2,7-9). Act II va développer ce thème qui va devenir une des pièces maîtresses de son ouvrage. Selon lui, c'est dès la christophanie du chemin de Damas que Paul aurait reçu cette mission de la part du Christ lui-même (26,17-18). Mais Act II reste lié par les récits de Act I qui, lui, insistait sur le fait que les Juifs avaient en grand nombre refusé le message de Paul. Il va donc lier l'apostolat de Paul auprès des païens au refus des Juifs, comme l'avait fait l'apôtre en Rom 11,7-10 que Act II démarque lorsqu'il rapporte le dernier entretien de Paul avec les notables juifs de Rome (Act 28,26-28).

En fait, parce qu'il ne veut pas abandonner les récits de Act I, Act II se trouve gêné et sa geste de Paul manque de logique. Lors du premier voyage missionnaire, à Antioche de Pisidie, Paul commence par évangéliser les Juifs (= Act I) malgré la consigne reçue du Christ (26,17-18) et devant leur hostilité, il déclare solennellement qu'il va se tourner désormais vers les païens (13,46 = Act II). Il n'empêche que, dès l'épisode suivant, à Iconium, Paul commence par s'adresser aux Juifs (= Act I) et il n'est pas question d'un apostolat auprès des païens. Act II se contente de modifier quelque peu le récit de Act I pour rendre les païens moins hostiles (14,2-5). Après quoi, il ajoute l'épisode de Lystre qui, lui, ne concerne que les païens (14,7ss). Au début du deuxième voyage missionnaire, Act II innove encore pour raconter la conversion de deux païens à Philippes: Lydie[1] (16,13-15) et le gardien de la prison où il avait été enfermé (16,30-33). Mais quand il reprend le fil des récits de Act I, il est bien obligé de nous montrer Paul entrer dans les synagogues de Thessalonique (17,2-3) et de Bérée (17,10-12)

---

[1] Peut-être déjà convertie au judaïsme.

pour y prêcher l'évangile exclusivement aux Juifs, en recourant aux Écritures. De même à Athènes, Paul commence par prêcher dans la synagogue (17,17a = Act I) tandis que sa prédication aux philosophes réunis à l'Aréopage (17,19ss) sera ajoutée par Act II. À Corinthe, Paul continue à évangéliser les Juifs dans leur synagogue (18,4a = Act I). Puis, devant leur hostilité, il leur déclare qu'à partir de maintenant il va se tourner vers les païens (18,6c), comme si l'épisode d'Antioche de Pisidie n'avait pas eu lieu! Cela ne l'empêchera pas d'ailleurs, à Éphèse, d'entrer à nouveau dans la synagogue pour y discuter avec les Juifs (18,19 = Act I). Act II, on le voit, est tiraillé entre deux composantes contradictoires: les récits de Act I, selon lesquels Paul aurait prêché avant tout aux Juifs, et les affirmations de Paul selon lesquelles il se serait voué à l'évangélisation exclusive des païens. Ne le voit-on pas donner un coup de pouce aux récits de Act I et affirmer que Paul, prêchant dans une synagogue, convertissait des Juifs et des païens (14,1; 18,4). Que venaient faire les païens[1] dans ces synagogues?

b) Cet apostolat de Paul auprès des païens ne fut pas toujours couronné de succès. À Lystre, si un païen se convertit (14,9), la plupart prennent Barnabé et Paul pour des dieux et veulent leur offrir un sacrifice. Ces païens étaient trop ancrés dans leurs superstitions païennes pour comprendre le message chrétien. De même à Éphèse, la prédication de Paul produit une émeute des orfèvres de la ville. Ces païens étaient trop attachés à l'argent pour suivre Paul dans ses affirmations monothéistes (19,24-40). Mais surtout, c'est l'apostolat de Paul auprès des philosophes d'Athènes qui aboutit à un échec presque complet (17,19-32). Nous n'avons aucune raison de mettre en doute l'historicité de ce récit, au moins quant à sa substance. Mais on peut penser que, si Act II l'a rapporté, c'est qu'il pensait aux invectives de Paul contre la sagesse des Grecs, en 1 Cor 1,17-31[2].

3. Les païens et la circoncision

L'admission des païens au sein de l'église posait un problème crucial à une époque où le christianisme n'était pas encore complètement séparé du judaïsme: fallait-il circoncire les païens qui voulaient devenir chrétiens? En d'autres termes, la circoncision héritée du judaïsme était-elle encore nécessaire pour être sauvé? Selon le Document P, suivi par Act I, le problème avait été résolu, et de façon négative, dès la conversion du centurion Corneille, un païen (10,1-11,18). Nous verrons en effet, en analysant les récits du Document P, que

---

[1] Ils sont appelés des "Grecs" dans ces deux textes, et rien ne permet de penser qu'il s'agissait de prosélytes ou de "craignant Dieu".

[2] Ces invectives si virulentes prouvent que Paul, effectivement, a essuyé un échec en essayant de s'adresser aux sages de ce monde.

les événements racontés en 15,5 et 15,13ss se lisaient primitivement à la suite de
11,18. Mais à cette époque, Paul n'était pas encore entré en lice; le problème
avait été réglé par Pierre, Jacques et les Anciens de Jérusalem. Or, la lecture de la
lettre de Paul aux Galates laisse entendre que c'est lui qui fut le champion de
cette libération à l'égard des servitudes de la loi juive, et de la circoncision en
particulier. Il serait monté à Jérusalem en compagnie de Barnabé pour exposer
aux autorités de Jérusalem ses idées sur ce point (Gal 2,1-4; 5,1-12; 6,12-16).

Act II va donc reprendre les récits de Act I (cf. Document P) en en
transposant les données. Selon lui, le problème de la circoncision des païens se
serait posé, non pas à propos de la conversion du centurion Corneille, mais
beaucoup plus tard, alors que Paul avait converti un grand nombre de païens
durant son premier voyage missionnaire en compagnie de Barnabé. C'est à
Antioche que les discussions sur ce point se seraient élevées entre Paul et des
frères venus de Jérusalem (15,1-2). Et c'est pour trancher le problème que Paul et
Barnabé seraient montés à Jérusalem pour y exposer leurs idées, conformément à
ce qu'écrivait Paul en Gal 2,1ss. Mais ici encore, Act II est mal à l'aise, tiraillé
qu'il est entre les récits de Act I (cf. Document P) qu'il ne veut pas abandonner, et
sa volonté de tenir compte des lettres de Paul. En principe, Paul et Barnabé
montent à Jérusalem pour y défendre leurs idées sur l'inutilité de la circoncision
des païens (15,1-2, de Act II). En fait toute la discussion lors de l'assemblée de
Jérusalem se passera sans qu'ils y prennent part, comme s'ils n'étaient pas là
(15,7ss), ce qui était la perspective de Act I (cf. Document P).

4. La justification par la foi

a) La circoncision n'est plus nécessaire parce que, désormais, grâce au
Christ, c'est par la foi que les hommes sont justifiés, et donc sauvés. Act II insiste
souvent sur ce thème essentiellement paulinien. Selon Act I, le discours que Paul
adresse aux Juifs dans la synagogue d'Antioche de Pisidie se terminait par ces
mots: «Qu'il vous soit connu, frères, que c'est par celui-ci (le Christ) que vous est
annoncée la rémission des péchés» (13,38a). Act II complète le thème en ajoutant:
«...et de tout ce dont vous n'avez pas pu être justifiés par la Loi de Moïse, par
celui-ci (le Christ) quiconque croit est justifié» (13,38b-39). C'est exactement ce
qu'affirmait Paul, et presque dans les mêmes termes, en Gal 2,16. Par ailleurs,
lorsqu'il compose le récit de la guérison d'un infirme, à Lystre, Act II démarque
le récit qu'il lisait dans le Document P en 3,6-8, mais il y ajoute le détail que si
Paul guérit l'homme, c'est parce qu'il sait qu'il a la foi pour être sauvé (14,9b).
Bien qu'il ne soit pas circoncis, l'homme, certainement un païen, est sauvé par sa
foi. Lorsque, à Philippes, le gardien de la prison où Paul et Silas ont été jetés
demande: «Que dois-je faire pour être sauvé?», Paul et Silas lui répondent: «Crois
au Seigneur Jésus et tu seras sauvé, toi et ta maison» (16,30-31). De même,
lorsqu'il raconte à sa manière la conversion de Paul, Act II suppose que le Christ

aurait dit à Paul d'annoncer aux païens qu'ils obtiendront la rémission de leurs péchés et une part dans l'héritage des sanctifiés grâce à leur foi en Lui (26,18; cf. Col 1,12-14). Il n'est nullement question de circoncision. Ainsi, d'après ce texte, Paul aurait reçu sa doctrine de la justification par la foi, sans les œuvres de la Loi, directement du Christ.

b) Mais à ceux qui accusaient Paul d'avoir innové sur ce point, Act II va répondre de façon encore plus péremptoire. Les adversaires de Paul auraient pu contester en effet le principe même de cette révélation faite par le Christ à Paul, puisque Paul en était le seul garant. Act II va prouver que les idées de Paul étaient celles mêmes que Pierre avait soutenues lors de l'assemblée de Jérusalem. Il le fait en mettant sur les lèvres de Pierre le discours que nous lisons en 15,7-11. Renvoyant à l'épisode de la conversion de Corneille et de ses compagnons, épisode qui s'était terminé par l'effusion de l'Esprit sur ces païens incirconcis (10,44; 11,17), Pierre aurait dit: «Et le Dieu qui connaît les cœurs leur a rendu témoignage en leur donnant l'Esprit tout comme à nous, et il n'a fait aucune distinction entre nous et eux, ayant purifié leurs cœurs par la foi» (15,8-9). Et il continuera sa harangue en disant qu'il ne faut pas imposer aux païens un joug que les Juifs n'ont pas pu porter (v. 10; cf. Gal 5,1ss). Les gens venus de Jérusalem enseignaient les frères en leur disant: «Si vous ne vous faites pas circoncire et ne marchez pas selon la coutume de Moïse, vous ne pouvez pas être sauvés» (15,1). Pierre leur répond: «C'est par la grâce de Jésus que nous croyons de façon à être sauvés, tout comme ceux-ci (les païens)» (15,11). On croirait lire ce que Paul écrivait aux fidèles d'Éphèse: «C'est par grâce que vous avez été sauvés, par la foi. Et ceci ne vient pas de vous, c'est un don de Dieu» (Eph 2,8). On voit de quelle façon pleine d'humour Act II a "historicisé" les affirmations de Paul: celui-ci est monté à Jérusalem en compagnie de Barnabé afin de soumettre aux autorités en place ses idées sur l'inutilité de la circoncision pour les païens (Gal 2,1-4) et il fut approuvé par les "colonnes" de l'église: Jacques, Pierre et Jean (Gal 2,9). Selon Act II, Pierre aurait soutenu les idées de Paul en employant le même langage que lui!

5. Compléments sur la vie de Paul

Act I avait été assez peu prodigue en renseignements sur certains détails concrets de la vie de Paul. Encore une fois, ces détails ne l'intéressaient pas. Act II va remédier à ce manque. Ce souci apparaît surtout dans les récits de la conversion de Paul: celui qu'il reçoit de Act I (9,3ss) et celui qu'il compose lui-même (26,4ss). Dans le récit qu'il reçoit de Act I, il évoque le passé persécuteur de Paul en utilisant les mêmes formules que Paul (9,21; cf. Gal 1,13.23). Surtout, il ajoute l'épisode de Paul, obligé de s'enfuir de Damas, qui est descendu par une corde le long des remparts (9,25), comme l'apôtre lui-même l'avait raconté (2

Cor 11,32-33). Dans ce même récit, comme en 15,1ss, il s'efforce de tenir compte des deux voyages à Jérusalem dont parle Paul en Gal 1,18ss. Quant au récit qu'il compose lui-même, il le rédige en s'inspirant des renseignements que donne Paul en Gal 1,11-17. S'il transpose en 15,1ss le récit de ses sources concernant l'assemblée de Jérusalem, c'est pour tenir compte des données de Gal 2,1ss (comparer encore 15,36-39 et Gal 2,13). Et lorsqu'il fait raconter par Paul sa vie passée, devant Festus et Agrippa, il s'inspire des données qu'il lisait en Gal 1,11-17.

D'autres influences des lettres pauliniennes sont encore perceptibles en Act 17,14-15 et 18,5 à propos de Silas et de Timothée (cf. 2 Cor 1,19), en 19,1ss à propos d'Apollos (cf. 1 Cor 16,12 et aussi 1,11-12; 3,4-6), en 20,24 dans le discours que Paul adresse aux Anciens d'Éphèse (cf. Col 4,17; 2 Tim 4,7), en 28,26-27 à propos de l'endurcissement des Juifs (cf. Rom 11,7-11).

C) LA VIE DES ÉGLISES

L'activité littéraire de Act II se caractérise encore par l'importance qu'il a donnée à la vie des communautés chrétiennes considérée du point de vue, soit de leur organisation, soit des sacrements qui étaient la source de cette vie (baptême et eucharistie).

1. L'organisation des églises

a) Lorsque, en 4,32.34-35, Act II reprend le sommaire sur les richesses qu'il lisait dans le Document P (2,44-45), il le réinterprète de façon quelque peu anachronique. Les rapports entre frères sont décrits en prenant pour modèle l'idéal de la cité grecque antique, telle que Platon l'avait rêvé. D'autre part, chaque communauté chrétienne apparaît bien organisée, avec à sa tête un "épiscope" qui gère les biens que cette communauté met à la disposition de ses indigents.

b) En Act 14,23, Act II mentionne l'institution d'Anciens dans chaque église par les soins de Paul et de Barnabé. On rejoint les prescriptions que Paul donnait à son disciple en Tit 1,5. Par ailleurs, cette institution se fait par imposition des mains, rite attesté en 2 Tim 1,6.

L'importance attachée par Act II aux Anciens chargés du soin des églises locales est encore attestée par l'épisode raconté en 20,17ss: en route pour Jérusalem, Paul fait escale à Milet d'où il convoque les Anciens de l'église d'Éphèse pour leur transmettre son testament spirituel. Comme dans les épîtres pastorales, Paul insiste sur le devoir qu'ils ont de veiller au maintien de la saine doctrine (20,28-30; cf. 1 Tim 1,3-7; 4,1-7; et surtout 2 Tim 4,3-5).

c) En 6,1-7, Act II remanie complètement le récit du choix des Sept; pour lui, ils ne sont plus des prédicateurs de l'évangile, comme dans le Document P, mais des "diacres" veillant au bon fonctionnement du "temporel" des églises.

d) D'après ce récit, on pressent que les "veuves" forment un groupe déterminé, pris en charge par la communauté (cf. 1 Tim 5,9-10). On retrouvera ce groupe des veuves en 9,36.39, à propos de la résurrection de Tabitha, et celle-ci réalise l'idéal des "veuves" tel que le proposait Paul en 1 Tim 2,10.

2. La vie sacramentelle

Mais Act II ne s'occupe pas seulement de l'organisation matérielle et sociale des églises, il en décrit aussi la vie profonde, liturgique et sacramentelle.

a) Le sommaire de 2,42 (cf. 2,46b-47) fait écho à la célébration de l'eucharistie telle qu'elle se déroulait à l'époque où écrivait Act II. Cet auteur mentionne encore explicitement la fraction du pain lorsqu'il raconte la résurrection d'Eutyche par Paul (20,7). Cette célébration se faisait durant la nuit du "premier jour de la semaine", c'est-à-dire la nuit du samedi au dimanche. Il imagine enfin une célébration de la fraction du pain dans des circonstances impossibles: au plus fort de la tempête dans laquelle est pris le bateau qui doit mener Paul vers l'Italie, et devant des gens qui, pour la plupart, devaient être des païens (27,35).

b) Mais surtout, Act II introduit chaque fois qu'il en a l'occasion le thème du baptême chrétien (2,38.41; 8,12; 8,36-38; 9,18; 10,47-48). On notera spéciale-ment qu'il nous donne, en 10,37-43, un résumé de ce que devait être l'enseigne-ment que l'on donnait aux catéchumènes avant qu'ils ne reçoivent le baptême, et en 8,37 (TO) le contenu de la profession de foi que devait prononcer le candidat au baptême. En 16,14-15, il mentionne explicitement le baptême de Lydie et de toute sa maison, après qu'ils eurent reçu de Paul l'instruction suffisante. Il en va de même du gardien de la prison où avaient été jetés Paul et Silas (16,32-33). Mais ici, le récit se complète par la mention d'un repas pris ensemble durant la même nuit (16,34); c'est probablement une allusion au repas eucharistique qui suivait immédiatement la cérémonie du baptême.

Selon Act II, Paul lui-même aurait reçu le baptême des mains d'Ananie quelques jours après l'épisode du chemin de Damas (9,18, ajouté par Act II). Le détail de Paul restant sans manger ni boire (v. 9b) ferait peut-être allusion au jeûne qui précédait la réception du baptême. Par ailleurs, celui-ci est conçu comme une illumination de l'esprit. Lorsque Act II rédige à nouveau le récit de la conversion de Paul, il fait allusion au rite baptismal à valeur symbolique selon lequel le néophyte se tournait de l'occident vers l'orient, c'est-à-dire des ténèbres vers la lumière, du pouvoir de Satan vers Dieu (26,18).

Cet intérêt de Act II pour le baptême et l'eucharistie est d'autant plus frappant que ces deux sacrements n'étaient mentionnés ni par Act I, ni par ses sources.

D) AUTEUR ET DATE DE COMPOSITION

1. L'auteur de Act II

a) L'auteur de Act II apparaît surtout comme un admirateur inconditionnel de l'apôtre Paul. Il le défend contre ses détracteurs, prouvant qu'il mérite aussi bien que Pierre le titre d'apôtre. Il s'efforce de réinterpréter les récits reçus de ses sources, surtout de Act I, pour les rendre plus conformes à ce que Paul dit de lui-même dans ses lettres, qu'il connaît parfaitement et qu'il utilise abondamment. Il se fait un ardent propagateur des idées de Paul, spécialement en ce qui concerne la justification (ou le salut) par la foi. Tout porte à croire qu'il fut lui-même disciple de l'apôtre des Gentils.

b) Les rapports entre la rédaction de Act II et celle du troisième évangile attribué à Luc sont nombreux. Nous n'insisterons pas sur l'unité de vocabulaire et de style, notée depuis longtemps par les commentateurs et que nous avons eu nous-mêmes à souligner[1]. Nous voudrions seulement insister sur quelques points plus particuliers.

ba) Nous avons rappelé plus haut que, dans le discours eschatologique de Lc 21, le rédacteur de l'évangile suivait un discours "prélucanien" qu'il avait truffé de petites sections reprises de Mc ou d'une source commune à Mc/Mt. Nous avons dit également que ce discours "prélucanien" provenait d'un texte évangélique qui se prolongeait dans le niveau des Actes que nous avons appelé Act I. De même, en reprenant les récits du Document P ou de Act I, Act II les complète souvent en s'inspirant de l'évangile de Mc, ou d'un évangile dont Mc dépend étroitement. Dans le récit de la guérison de l'infirme (3,1ss), il ajoute le v. 7a inspiré de Mc 9,27. - En 5,15-16, il complète le sommaire sur les miracles repris de Act I en s'inspirant de Mc 6,55-56. - Pour décrire le baptême de l'eunuque (8,36-39), dont ne parlait pas sa source (Document P), il reprend les détails du baptême du Christ tels qu'ils se lisent en Mc 1,9-10. - Il complète le récit de la résurrection de Tabitha (Act I) en ajoutant des détails repris du récit de la

---

[1] Voir les caractéristiques stylistiques communes à Lc/Act que nous avons rassemblées dans le tome II de notre *Texte Occidental des Actes des apôtres*.

résurrection de la fille de Jaïre (Mc 5,38-41). - Dans la geste de Paul, l'allusion à ceux qui ont accompagné Jésus jusqu'à Jérusalem (13,31) pourrait s'inpirer de Mc 15,41. - L'épisode des exorcistes juifs (19,13.17c.20) ne peut se comprendre qu'en référence à ce qui est dit en Mc 9,38-40 et 11,22-23. - Toujours selon Act II, après la mort d'Eutyche, en 20,10, Paul rassure ceux qui sont autour de lui avec des paroles semblables à celles que prononce Jésus en Mc 5,39 avant de ressusciter la fille de Jaïre. - Signalons enfin que le prologue des Actes, composé par Act II, fait référence au choix des apôtres selon Mc 3,14 (cf. Mc 4,1; 6,2.34; 8,31).

Ainsi, comme le Rédacteur du troisième évangile, Act II complète ses sources en se référant à l'évangile de Mc.

bb) Le style de Act II offre des analogies très grandes avec celui du récit de l'apparition de Jésus aux disciples d'Emmaüs de Lc 24,13-32; nous le soulignerons dans le tome III (pp. 18-19). Mais nous pouvons noter tout de suite certains contacts thématiques. Les deux disciples d'Emmaüs étaient de ceux qui espéraient que Jésus effectuerait la libération politique d'Israël (24,21). Mais le récit a pour but, entre autres, de montrer que cette attente n'a plus d'objet et que Jésus ressuscité est dès maintenant présent parmi les siens; les deux disciples le comprennent à la fraction du pain que Jésus célèbre avec eux. On reconnaît là, et la tendance de Act II de réagir contre les conceptions eschatologiques de Act I, et son intérêt pour la vie sacramentelle, spécialement pour l'eucharistie (cf. *supra*).

bc) Nous signalerons encore dans le tome III (pp. 14-17) la très grande parenté de style qui existe entre Act II et l'évangile de l'enfance. Signalons simplement ici comment Act II exprime la conception de l'Église (Act 1,8) à l'analogie de la conception du Christ (Lc 1,35).

On peut donc affirmer que l'auteur de Act II est identique au Rédacteur du troisième évangile que la tradition chrétienne unanime a identifié avec Luc, un des compagnons de Paul (Col 4,14; Phm 24; 2 Tim 4,11).

c) Nous avons dit plus haut que l'auteur du Journal de voyage rédigé en style "nous" n'était pas Luc, mais probablement Silas. De fait, Paul ne mentionne jamais Luc dans ses grandes épîtres lorsqu'il parle de ses collaborateurs immédiats. Il ne parle de lui qu'à partir des épîtres de la captivité (cf. les textes cités à l'instant). Il n'empêche qu'il fut disciple de Paul et nous devons en conclure que les détails concernant la vie de l'apôtre, qu'il ajoute à ses sources, peuvent fort bien lui avoir été donnés par Paul lui-même. Ils ne sont donc pas dénués de toute valeur historique, loin de là.

d) Selon une tradition rapportée par Eusèbe de Césarée[1] et qui est attestée aussi dans les anciens Prologues évangéliques, Luc aurait été originaire d'Antioche, capitale de la province romaine de Syrie. Cela pourrait expliquer pourquoi il donne la "règle d'or" concernant l'amour du prochain sous forme négative (15,29 TO), comme dans les ouvrages d'auteurs chrétiens originaires de cette province: Aphraate, la Didachè, les Constitutions Apostoliques (cf. aussi l'évangile de Thomas).

2. Date de composition

Il est difficile de dater la composition de Act II d'après des critères internes. Un fait toutefois peut nous aider. Nous signalerons dans le tome III (pp. 20-25) la parenté qui existe entre le style de Act II et celui des épîtres pastorales. Non seulement le style est analogue, mais les centres d'intérêts sont les mêmes: soucis de mettre en relief l'organisation ecclésiale des communautés, de mettre en garde contre ceux qui propagent des doctrines hétérodoxes. Nous sommes persuadés que l'auteur de Act II est aussi celui qui a rédigé, sous leur forme actuelle, les épîtres pastorales. Nous pourrions alors dater la rédaction de Act II des années 80.

VI. LA RÉDACTION DE ACT III

Act III a une personnalité beaucoup moins marquée que son prédécesseur. Certaines de ses tendances méritent toutefois d'être relevées.

A) ACT III ET SES SOURCES

Les deux sources principales de Act III sont Act I et Act II, mais il connaît aussi le Document P et le Journal de voyage. On peut dire que, grosso modo, Act III suit le texte de Act II qui serait donc sa source principale. Mais ce principe doit être considérablement nuancé, surtout dans les cas où Act II offre un texte plus ou moins différent de celui de ses sources.

1. Juxtaposition de textes parallèles

Quand le texte de Act II diffère de celui de Act I (voire du Document P ou du Journal de voyage), plutôt que de choisir entre l'un ou l'autre, il arrive à Act

---

[1] Eusèbe, *Hist. Eccl.*, III, iv, 6.

III de juxtaposer les deux textes parallèles, ce qui donne des doublets. Ainsi en est-il pour le début (15,1-7) et la finale (15,22-33) du récit de l'assemblée de Jérusalem, pour la finale du récit de l'activité missionnaire de Paul à Antioche de Pisidie (13,42-52), pour le dernier voyage de Paul par mer (27,12ss). Dans ce dernier cas, Act II avait souvent conservé le texte du Journal de voyage; ce sont donc, en fait, les textes parallèles du Journal de voyage et de Act I que fusionne Act III. Nous nous bornons ici à signaler les cas les plus marquants.

Notons toutefois quelques cas opposés. En 6,10-11, il supprime l'un des termes du doublet que Act II avait obtenu en fusionnant le Document P et Act I. De même, en 13,44a, il omet du texte de Act II (TO) un renseignement qui aurait fait doublet avec 13,49, repris de Act I. En 16,35-40, il adopte le texte du Journal de voyage, négligeant ainsi le détail introduit par Act II au v. 35a (TO), qui aurait fait doublet avec le texte du Journal de voyage (fin du v. 38).

2. Choix en faveur des sources de Act II

a) Il est intéressant de remarquer que Act III reproduit plus littéralement les textes de Act I (ou de ses sources) que ceux de Act II. Ce fait apparaît bien en 5,34-40. Aux vv. 34-35, 37-38a et 40a, il y a fort peu de divergences entre le TA et le TO parce que Act III et Act II reprennent sans changement appréciable le texte de Act I. Mais aux vv. 36 et 38b-39, ajoutés par Act II au texte de Act I, le TA diffère considérablement du TO parce que Act III (TA) a pris beaucoup de liberté en reproduisant le texte de sa source, Act II (TO). Act III se sent donc davantage lié par les textes de Act I (voire du Document P ou du Journal de voyage) que par ceux de Act II. Ce fait littéraire commande les remarques suivantes.

b) Assez souvent, Act III abandonne les variantes introduites par Act II pour revenir au texte plus ancien. Un cas assez typique est donné en 14,1-7, passage qui raconte l'activité missionnaire de Paul et de Barnabé à Iconium. Aux vv. 1-2 et 5-7, Act III a adopté le texte de Act I, que Act II avait considérablement modifié. Mais il y insère les vv. 3-4, composés par Act II. On peut donc dire que, ici, sa source principale est Act I, qu'il complète en fonction de Act II - En 15,32-33, finale du récit de l'assemblée de Jérusalem, Act III revient encore au texte de Act I (= Document P) que Act II avait modifié afin de l'adapter à son nouveau contexte. Ce retour aux sources est moins heureux puisque Act III remet dans le récit une anomalie que Act II avait cru bon d'éviter. - Dans le premier récit de la conversion de Paul, en 9,10-19, Act III suit fidèlement un texte que Act II avait ajouté au récit de Act I. Mais il y insère le v. 12, en provenance de Act I, créant ainsi une situation bizarre: en vision, Ananie reçoit révélation que Paul a eu la vision d'Ananie entrant chez lui. Act III a voulu nous conserver un texte authentique de Act I, malgré cette anomalie, ce qui prouve son respect pour le texte de Act I. - En 11,2, Act III abandonne encore le texte long de Act II pour adopter celui, beaucoup plus court, de Act I. Et pourtant, Act II avait ici le texte du Document P, mais Act III a donné la préférence à Act I.

Le choix inverse est très rare, et ne se fait pas sans motif. Ainsi, en 27,1, deux textes étaient en concurrence, celui du Journal de voyage en style "nous" et celui de Act I en style "ils". Act II avait suivi le texte de Act I, en style "ils", qui s'adaptait mieux au contexte antérieur écrit de sa main. Mais Act III a préféré adopter le texte du Journal de voyage, en style "nous", mieux adapté à la suite du récit. Ce choix est heureux pour nous puisqu'il nous a conservé les deux textes primitifs concurrents.

c) Lorsque Act II a ajouté tel ou tel passage au texte de ses sources, Act III ne se fait aucun scrupule de le modifier lorsqu'il le juge à propos. En 18,3, il change la raison pour laquelle, à Corinthe, Paul aurait logé chez Aquila: ce n'est plus parce qu'ils étaient compatriotes (Act II), mais parce qu'ils avaient même métier. - En 18,27, si Apollos décide d'aller s'établir en Achaïe, ce n'est plus sur la demande des Corinthiens (Act II), mais de sa propre initiative. - En 14,19, Act III n'hésite pas à résumer le texte de Act II, au point de le rendre peu compréhensible, parce que ce v. 19 ne convient plus après l'addition du discours de Paul à Lystre (14,15b-17, de Act III).

Parfois enfin, Act III simplifie ou même supprime certains passages rédigés par Act II pour le seul motif qu'il les juge trop complexes ou trop redondants. Ainsi en 5,29; 6,10-11; 9,5b; 24,6b-7; 25,24b.

3. Corrections apportées au texte de Act II

a) Signalons quelques cas où Act III corrige les anomalies du texte de Act II. Bien qu'il ait ajouté le récit de l'élection de Matthias (1,15ss), Act II avait gardé, en 2,14, le texte de Act I présentant Pierre avec les dix apôtres; Act III change "dix" en "onze". - En 3,9-11, Act III rectifie la donnée de Act II concernant la position de la Belle Porte du Temple par rapport au portique de Salomon. - En 11,25, il rectifie le texte de Act II pour éviter l'apparente contradiction avec 9,26-28: Barnabé devait savoir que Paul avait été envoyé à Tarse. - En 13,29, selon le texte de Act II, les Juifs auraient eux-mêmes procédé à la crucifixion de Jésus; Act III supprime cette façon de présenter les choses, qu'il estime fausse. - En 13,33, pour introduire la citation de Ps 2,7, Act III remplace l'expression imprécise de Act II "dans les psaumes" par "dans le psaume deuxième". - Dans Act I, le récit du deuxième voyage missionnaire de Paul passait de 18,22 à 21,26; en conséquence, Paul pouvait dire aux Juifs d'Éphèse qu'il était pressé d'aller célébrer la prochaine fête à Jérusalem (18,21). Mais Act II a inséré dans le fil de ce récit tout le troisième voyage missionnaire et, pour obtenir un texte cohérent, en 18,22 il fait aller Paul à Antioche de Syrie, non à Jérusalem. La notice de 18,21 n'était donc plus en situation. Act II l'avait gardée, mais Act III la supprime. - En 23,15, notre auteur supprime la mention explicite d'une nouvelle réunion du Sanhédrin (cf. TO), qu'il juge peu plausible après le récit de 23,1-9.

b) Parfois, Act III veut simplement rendre le texte de Act II plus logique. Ainsi, en 5,22, il omet le détail des serviteurs qui "ouvrent la prison" puisque celle-ci fut déjà ouverte par un ange, d'après 5,19. - En 5,40-41, il donne une séquence plus normale: on bat de verges les apôtres, on leur interdit de prêcher, enfin on les relâche. - En 11,20, il complète le texte que Act II avait repris du Document P (cf. Act I) afin d'établir un lien avec le v. 19, ajouté par Act II. - Dans le récit de 13,1-3, Act II avait ajouté le v. 2 qui donne l'initiative à l'Esprit dans le choix de ceux qui sont envoyés en mission. Mais au v. 4, il avait conservé le texte de Act I selon lequel les missionnaires furent envoyés par "les saints". Act III rectifie cette anomalie en changeant "les saints" en "le saint Esprit". - En 27,12, il ajoute des détails au texte de Act II afin de justifier le changement de ports, de Bons-Ports à Phénix.

c) Nous verrons dans le tome III (pp. xx) que Act II imitait le style de la Septante, d'où la présence dans ses textes d'un certain nombre d'hébraïsmes que Act III rejette. Quand Act II avait introduit l'hébraïsme en modifiant le texte d'une de ses sources, Act III revient simplement au texte de la source, comme en 2,1-2, en 3,1-2 et en 3,3. Lorsque le texte est propre à Act II, Act III remplace l'hébraïsme par une formule correspondante, de meilleur grec, comme en 11,1. En 13,6, il grécise en "Bar-Jésus" le nom du mage "Bar-Jesoua". Signalons enfin les cas où Act III évite l'hébraïsme de la conjonction "si" utilisée pour introduire une interrogation directe, fort prisé de Act II. D'ordinaire, il ajoute devant la conjonction un verbe afin de rendre l'interrogation indirecte (4,19; 5,8; 22,27); parfois aussi, il remplace le "si" par une autre conjonction (8,30).

B) LES TENDANCES DE ACT III

Nous allons grouper sous cette rubrique un certain nombre de tendances de Act III sans qu'il soit possible d'établir un lien entre elles.

1. Tendances harmonisantes

a) Du point de vue littéraire, Act III a tendance à harmoniser les récits entre lesquels il voit une certaine parenté. Dans le récit de la Pentecôte, 2,2 et 2,4a sont des harmonisations faites sur 4,31. - Dans le sommaire sur les richesses, du Document P, la formule qui se lit à la fin de 2,45 est rendue identique à celle qui fut utilisée par Act II dans le sommaire parallèle de 4,35. - En 3,1ss, le récit de la guérison de l'infirme de la Belle Porte est harmonisé sur le récit parallèle de 14,9-10 (cf. les vv. 4, 8 et 10a). - Dans le récit de l'arrestation de Pierre et de Jean, au chapitre 4, Act III change "prêtres" en "grands prêtres" au v. 1 pour harmoniser sur 5,24; il modifie la formulation littéraire du v. 3 pour la rendre conforme à celle de 5,18; enfin il introduit le jeu de scène des apôtres que l'on fait sortir (v. 15), puis rentrer (v. 18), en accord avec le jeu de scène analogue de 5,34.40. - Le jeu de scène de 10,25b-26 est harmonisé sur celui de 14,14-15. - En ajoutant 26,10b-11, calqué sur 22,5.19.20b, Act III harmonise plus ou moins les deux descriptions de Paul persécuteur. - En 26,21-23, ajouté par Act III, Paul dit qu'il fut arrêté par les Juifs pour s'être proclamé l'apôtre des gentils; notre auteur harmonise sur son propre récit de la conversion de Paul (22,21-22).

b) Lorsqu'il se trouve en présence de citations de l'AT, Act III les harmonise sur le texte de la Septante. Un cas très clair se lit en 2,17-21, dans la longue citation de Joël 3,1-5. En 4,27, Act III rectifie la citation implicite de Ps 2,1-2, héritée du Document P, afin de la rendre plus conforme au texte de la Septante, qu'il cite explicitement aux vv. 25-26. On pourrait apporter d'autres exemples (cf. 7,18.27; 8,32-33; 13,47).

2. Le caractère miraculeux des délivrances

Act III souligne le caractère miraculeux des délivrances effectuées par un ange en insistant sur les précautions qui avaient été prises pour que les prisonniers ne puissent s'échapper. Ainsi pour l'emprisonnement des apôtres en 5,23, de Pierre en 12,4.6.10a, de Paul et de Silas en 16,23b-24.

3. Les tendances "dures" de Act III

Act III n'est pas tendre pour ceux qu'il considère comme des pécheurs.

a) Lorsqu'il insiste sur le désintéressemnt de Paul qui travaillait de ses mains afin de ne pas être à charge aux frères (18,3 selon le TA; 20,33-35, versets ajoutés par lui), il veut probablement stigmatiser les faux prédicateurs qui restaient longtemps au même endroit et vivaient aux crochets des communautés chrétiennes[1].

b) Act III estimait que Act II avait été trop indulgent envers Simon le mage, coupable d'avoir voulu acquérir le don de l'Esprit à prix d'argent; il ajoute donc un certain nombre de traits, dont certains sont inspirés de Deut 29,19s, pour accentuer sa faute et le châtiment qu'il va encourir (8,20b-21a.23-24). Pour corser

---

[1] Cf. *Didachè*, 11,3-6; 12,1-5.

la scène, il supprime la mention du repentir de Simon (v. 24). Notons tout de suite qu'en 19,18-19 Act III partira à nouveau en guerre contre les mages et leurs pratiques. - C'est probablement aussi pour souligner le sort affreux qui attend les coupables que Act III insère, dans le récit du choix de Matthias, des détails sur la mort de Judas, le traître (1,18-20a).[1]

4. Act III et les Juifs

Cette tendance "dure" se manifeste à l'égard des Juifs, alors que Act II voulait au contraire les innocenter. Mais il est important de bien préciser la position de Act III sur ce point.

a) Act III s'en prend d'abord aux Hébreux, mais en recourant à des exemples tirés de l'AT. Dans le discours d'Étienne, Act I avait souligné la culpabilité des Hébreux qui ont rejeté Moïse (7,35-36.38-41). Act III prépare ces reproches en ajoutant les vv. 23-29: non seulement ils l'ont rejeté, mais ils l'ont obligé à fuir. Aux vv. 39-41, Act I avait fait allusion à l'épisode du veau d'or; Act III accentue la culpabilité des Hébreux, aux vv. 42-43, en soulignant leur idolâtrie grâce à une citation de Am 5,25-27. Il ajoute enfin le v. 52 dans lequel il accuse les membres du Sanhédrin d'avoir tué le Christ comme leurs pères avaient tué les prophètes (cf. Mat 23,37-39; Lc 13,34-35).

b) Ce sont encore les membres du Sanhédrin qui sont pris à partie en 13,27-28. Dans le discours prononcé par Paul à Antioche de Pisidie, Act II (TO) avait noté que "ceux qui habitent Jérusalem et leurs chefs", ne comprenant pas les Écritures, avaient livré Jésus à Pilate après l'avoir jugé. En reprenant ce texte, Act III le durcit (TA). Les chefs du peuple ont demandé à Pilate de faire mourir Jésus, et ils ont fait cette demande bien que, l'ayant jugé, ils n'eussent trouvé en lui aucun motif méritant la mort. - En 3,14a.15b, l'auteur du Document P opposait l'attitude des Juifs de Jérusalem qui ont tué Jésus à celle de Dieu qui l'a ressuscité des morts. En ajoutant les vv. 14b-15a, Act III renchérit en faisant allusion à l'épisode de Barabbas qui lui fournit l'antithèse suivante: «Vous avez demandé qu'un meurtrier vive et vous soit donné en grâce, mais l'auteur de la vie, (vous l'avez tué).»

c) Jusqu'ici, Act III s'en est pris aux Juifs de Jérusalem et aux autorités juives parce qu'il s'agissait de ceux qui ont mis à mort le Christ. Mais il semble bien que Act III a d'autres griefs contre les Juifs en général. Il ne s'agit plus de la

---

[1] Nous avons été tentés d'attribuer à Act III la rédaction du récit concernant Ananie et Saphire, en 5,1-11. C'est un texte "dur". Mais le style du morceau indique la main de Act II. Dans le commentaire, nous essayerons d'expliquer pourquoi Act II aurait rédigé ce récit.

mort de Jésus: seuls les Juifs de Jérusalem pouvaient en être tenus pour responsables. Act III réagit aussi à propos des Juifs que Paul a rencontrés durant ses voyages missionnaires. En parlant des tendances de Act II (p. 33), nous avons dit qu'il cherchait à excuser les Juifs. D'une façon plus précise, là où Act I faisait des "Juifs" en général les adversaires de Paul, Act II avait soin de préciser qu'il ne s'agissait que de "quelques" Juifs, de ceux qui avaient refusé de croire (comparer TA et TO en 17,5; 18,6). Mais dans ces cas, Act III abandonne les textes de Act II pour revenir à ceux de Act I. Et il le fait très consciemment puisque, en 23,12, tandis que Act II avait simplement parlé de "quelques Juifs" décidés à monter une embuscade contre Paul pour le mettre à mort, Act III généralise et écrit "les Juifs". Pour lui, les Juifs sont coupables du simple fait qu'ils refusent de croire que Jésus est le Christ. Deux textes vont dans ce sens. En 13,40-41, notre auteur rompt le caractère irénique du discours de Paul à Antioche de Pisidie en ajoutant des menaces contre ceux qui ne voudraient pas croire (cf. v. 39), menaces exprimées au moyen d'une citation de Hab 1,5. - En 19,13.17c, Act II avait présenté sous un jour favorable l'activité des exorcistes juifs qui chassaient les démons au nom de Jésus. Act III ajoute les vv. 14-17ab pour les ridiculiser: du moment qu'ils ne croient pas au Christ, leur action ne peut être que néfaste.

d) Certaines réactions de Act III font penser qu'il vise parfois un milieu juif très déterminé, et peut-être même très localisé. En 24,14-15, dans l'apologie que prononce Paul devant Félix, notre auteur ajoute un passage dans lequel Paul affirme ne rien enseigner qui soit contraire à ce qui est écrit dans la Loi et dans les prophètes, à savoir la résurrection des justes et des injustes (24,14-15). À nouveau, dans l'apologie que prononce l'apôtre devant le roi Agrippa, Act III ajoute un passage encore plus significatif. Selon lui, l'espérance en la résurrection des morts aurait été partagée en Israël depuis longtemps (26,6-7a; cf. vv. 22b-23). Si Paul est mis en jugement, c'est en raison de cette espérance (v. 7b). Et Act III de poursuivre: «Pourquoi juge-t-on incroyable parmi vous que Dieu ressuscite les morts?» (v. 8). Ce thème de Paul mis en jugement en raison de sa foi en la résurrection avait été introduit par Act II dans le récit de la comparution de Paul devant le Sanhédrin (23,6), mais pour une raison tactique: opposer les Pharisiens, qui croyaient en la résurrection, aux Sadducéens, qui n'y croyaient pas. Act III systématise et l'on a l'impression qu'il oublie que les Pharisiens, et donc une grande partie des Juifs, croyaient en la résurrection. N'est-on pas en droit de penser que, en 26,6-8, il vise certains milieux juifs qui, vers la fin du premier siècle, niaient cette croyance en la résurrection?

e) Il est un autre thème, de première importance à ses yeux, introduit par Act III. En 22,3ss, il prend la peine de composer tout un discours de Paul dans lequel celui-ci raconte sa conversion, alors que cette conversion avait déjà été racontée par Act I (9,3ss) et par Act II (26,1ss). Ce discours n'offre rien de très spécifique par rapport aux deux autres récits, sinon sa finale. Paul y affirme qu'il a reçu du Christ mission d'aller évangéliser le monde païen, et aussitôt c'est un tollé de la part des Juifs qui l'avaient écouté jusqu'ici sans broncher (22,21-23). Il mérite la mort! Act III reprendra ce thème dans le récit de la comparution de Paul devant Agrippa: si les Juifs ont essayé de le tuer dans le Temple, c'est parce qu'il voulait aller évangéliser les nations païennes (26,21, de Act III, après 26,18-20, de Act II; opposer 21,27ss!). Ce que Act III ne pardonne pas aux Juifs, ou du moins à certains milieux juifs, c'est de vouloir garder leur privilège de "peuple élu", c'est de refuser le plan de Dieu qui prévoit l'extension du salut à l'ensemble du monde païen.

C) AUTEUR ET DATE DE COMPOSITION

Il est difficile de préciser l'auteur qui a donné sa forme ultime aux Actes des apôtres, comme aussi la date de composition. Nous ne pouvons donner que certaines indications assez vagues.

a) Le problème qui peut être serré de plus près est celui de la date de composition finale des Actes. Pour l'époque à laquelle écrivait Act II, nous avons proposé les années 80. Il faut donc placer l'activité littéraire de Act III après cette date. Mais notre auteur connaît encore les sources utilisées par Act II: le Document P, Act I et le Journal de voyage. Il serait donc imprudent de trop reculer l'époque durant laquelle Act III donna sa forme définitive aux Actes des apôtres. Nous proposons la dernière décade du premier siècle.

b) Act III s'adresse certainement à des chrétiens de formation grecque, issus du paganisme. Nous avons vu plus haut qu'il avait pris soin d'éliminer toutes les formules grecques en provenance de la Septante que Act II avait introduites dans le texte des Actes. Il cherche aussi à améliorer le grec de ses devanciers. Il écrit donc pour des gens de formation grecque. Ces gens ne sont pas des Juifs, mais des païens. Act III prend soin de composer tout un discours de Paul aux païens de Lystre (14,15-17), discours qui n'a d'ailleurs rien de spécifiquement chrétien. Nous avons vu aussi qu'il s'en prenait aux Juifs qui refusaient l'évangélisation du monde païen.

Mais il se heurte aussi à certains milieux juifs qui niaient toute possibilité de résurrection (cf. 26,8). Ces Juifs étaient-ils les héritiers des traditions sadducéennes (cf. 23,8)? Mais les Sadducéens avaient perdu une grande partie de leur influence religieuse après la ruine de Jérusalem et la destruction du Temple. Il semble plus vraisemblable de supposer que ces milieux juifs avaient subi l'influence de la pensée philosophique grecque. Ils étaient prêts à faire cause commune avec ces philosophes auxquels Paul s'était heurté à Athènes, pour qui toute idée de résurrection était objet de dérision (17,32). Act III montre qu'il est sensible à cette problématique grecque; dans le récit de la prédication de Paul aux philosophes d'Athènes, il ajoute à la fin du v. 18 (TA) une phrase qui introduit l'idée de résurrection avant même que Paul n'ait commencé son discours. Act III veut que le lecteur soit bien prévenu: c'est le problème de la résurrection qui est au centre du débat entre Paul et les philosophes. Notre auteur voit donc un parallèle entre les philosophes d'Athènes et les milieux juifs auxquels il se heurte.

c) Comme lieu de composition des Actes, on pourrait penser à quelque grande ville du bassin méditerranéen, fortement marquée de culture grecque. Il faut remarquer alors certains mots latins grécisés que Act III glisse dans sa prose[1]. Nous ne tiendrons pas compte des termes militaires ou fonctionnels, passés dans le langage courant. Nous mentionnerons seulement deux termes météorologiques, attestés en latin mais qui ne se lisent en transcription grecque que dans les Actes: χῶρος (= *corus* ou *caurus*) pour désigner un vent de nord-ouest (27,12), et εὐρα–κύλων (= εὖρος + *aquilo*) pour désigner un vent de nord-est (27,14). Très caractéristique aussi est l'utilisation de deux mots latins transcrits en grec pour désigner, en 19,12, les linges de Paul que l'on place sur les malades: σουδάριον et σιμικίνθιον (= *sudarium* et *semicinctium*). Le second de ces substantifs ne semble pas attesté ailleurs en grec. Ne pourrait-on alors donner Rome comme lieu de composition finale des Actes des apôtres?

---

[1] Sur les latinismes dans le NT, voir Blass-Debrunner, § 5.

LES TEXTES DES ACTES

LES TEXTES DES ACTES

Dans la seconde partie de ce tome I, nous allons donner une traduction française des textes grecs des Actes des apôtres tels qu'ils sont imprimés dans notre ouvrage:

Le texte Occidental des Actes des Apôtres. Reconstitution et Réhabilitation, Paris, 1984. Tome I. Introduction et textes, pp. 123-226.

Nous y avons apporté quelques modifications de détail, qui seront indiquées en note. Mais il nous faut d'abord donner certaines précisions sur ces textes grecs déjà publiés, et dire comment ils interfèrent avec les problèmes de critique littéraire que nous avons exposés dans la première partie de ce tome I. Nous expliquerons ensuite de quelle manière nous les avons traduits en français. Nous indiquerons enfin la signification des caractéristiques typographiques utilisées pour imprimer ces textes français.

I. PRÉCISIONS SUR LES TEXTES GRECS

Dans le volume signalé plus haut, nous avions disposé en deux colonnes verticales, d'une part le texte Alexandrin (= TA), dans la colonne de gauche, d'autre part le texte Occidental (= TO) tel que nous avons cru pouvoir le reconstituer, dans la colonne de droite. Donnons les précisions indispensables sur ces deux textes[1].

A) LE TEXTE ALEXANDRIN

Le texte Alexandrin est donné dans la colonne de gauche. Disons tout de suite que, compte tenu des remarques qui vont suivre, il correspond à la forme la plus récente des Actes des apôtres: celle que lui a donnée Act III.

---

[1] Les développements qui vont suivre ne font que résumer ce que nous avons exposé dans le tome I de l'ouvrage cité plus haut, pp. 11-122.

1. Le *Vaticanus*

Nous avons adopté, comme meilleur représentant du TA, le codex *Vaticanus*, daté du milieu du quatrième siècle. Ce choix s'appuie sur la constatation suivante: dans certains cas, les autres témoins majeurs du texte Alexandrin (A C S P^{74}) ont une leçon double qui fusionne le TA et le TO. L'exemple le plus clair se lit en Act 2,44. Ces autres témoins dépendent donc d'un archétype qui fut quelque peu influencé par le TO. Cela ne veut pas dire que l'on puisse toujours se fier au codex *Vaticanus* pour retrouver le TA. Il contient lui aussi des leçons aberrantes qu'il convient de dépister et de rejeter. Disons d'ailleurs que, sauf exceptions, les variantes qui se présentent à l'intérieur du TA n'affectent que des détails très secondaires et que, quelque soit le choix que l'on fasse en présence de ces variantes, les problèmes de critique littéraire n'en sont pour ainsi dire pas affectés.

2. Une forme plus ancienne du TA

a) Mais le problème se complique du fait que, parfois, l'ensemble des témoins majeurs du TA, y compris le codex *Vaticanus*, offrent un texte certainement corrompu parce qu'il ne donne aucun sens. Un exemple très clair se lit en 4,25, où tous les témoins du TA ont ce texte impossible: «(Toi) qui as dit de notre père par l'Esprit saint de la bouche de David ton serviteur...» Ce texte aberrant résulte de la fusion des deux textes primitifs suivants: «(Toi) qui as dit par l'Esprit saint...» et «(Toi) qui as dit par la bouche de notre père David, ton serviteur...» De même, tous les témoins majeurs du TA ont en 8,7: «Car beaucoup de ceux qui avaient des esprits impurs criant à grande voix sortaient» Il est clair que ce sont les esprits impurs qui sortaient, et non ceux qui en étaient possédés[1]. En discutant ce texte, nous verrons qu'il résulte lui aussi de la fusion de deux textes primitifs qui n'offrent aucune difficulté grammaticale. Il est donc nécessaire d'admettre que, ce que nous appelons aujourd'hui "texte Alexandrin" n'est qu'une forme abâtardie d'un TA plus ancien, dont on pourrait avoir un écho, par exemple, en 10,11 dans une citation faite par Clément d'Alexandrie. Cette citation semble exempte d'un certain nombre d'harmonisations faites sur le parallèle de 11,5, harmonisations attestées par l'ensemble des manuscrits du groupe Alexandrin. En conséquence, lorsque nous disons que le TA donne la rédaction la plus récente des Actes, celle de Act III, nous parlons évidemment de la forme archaïque du TA et non de celle qui est donnée par les seuls témoins du TA qui nous sont parvenus.

---

[1] Cf. DELEBECQUE, p. 63, en note: «mais le nominatif πολλοί du texte court est inacceptable chez Luc.» Par "texte court", Delebecque désigne le TA.

b) Ce problème peut être posé en termes plus généraux. Il suffit de comparer les TA et TO tels que nous les avons donnés en colonnes verticales parallèles pour constater que, très souvent, le TA (tel qu'il est donné par tous ses témoins majeurs) apparaît comme un texte surchargé de mots qui ne sont pas essentiels à la compréhension du récit: les titres de Jésus sont multipliés, l'adjectif "saint" est ajouté à la mention de l'Esprit, des adjectifs, des adverbes, voire des substantifs, ne sont là que pour donner plus de clarté à un texte que l'on a jugé trop concis (cf. 12,13-14). Ces mots superflus se lisaient-ils dans le TA archaïque? Ou furent-ils réellement ajoutés par Act III lorsqu'il effectua la dernière rédaction des Actes? Il est souvent impossible de répondre. En analysant les passages des Actes dont nous avons attribué la rédaction à Act III, nous avons constaté que le TA contenait un certain nombre de ces ajouts, absents du TO. Dans ces cas-là, les ajouts ne se lisaient pas dans le TA archaïque et ne sont donc pas attribuables à Act III. Mais il sera le plus souvent très difficile, sinon impossible, de faire la part entre ce qui fut ajouté par Act III et ce qui fut ajouté par les scribes, ou par le réviseur qui élabora le TA sous sa forme récente.

D'une façon générale, ce problème des ajouts stylistiques n'affecte pas les options fondamentales que nous avons prises concernant la distinction entre les divers niveaux rédactionnels des Actes. S'il existe des exceptions, elles sont rares et elles ne pourront mettre en question que tel ou tel point particulier de nos analyses littéraires.

B) LE TEXTE OCCIDENTAL

Dans notre théorie, le TO reflète, en gros, le texte des Actes tel qu'il fut élaboré par Act II. En théorie, il serait donc plus archaïque que le TA (= Act III), mais nous verrons plus loin que ce principe offre de très nombreuses exceptions.

1. La reconstitution du TO

a) Nous avons reconstitué le TO à partir des quatre témoins qui, selon une opinion couramment reçue, en sont les principaux représentants: le codex de Bèze (gréco-latin), le palimpseste de Fleury (latin), la Syriaque Harkléenne (ou Philoxénienne), avec ses notes marginales, enfin le codex copte G^{67}, dont la publication est imminente et dont nous avions pu obtenir une photocopie. Mais chacun de ces témoins a ses faiblesses. Le codex de Bèze est amputé d'un certain nombre de feuillets, d'où des lacunes importantes (8,29-10,14; 21,2-10; 22,10-20; 22,30-28,31). Par ailleurs, son texte grec fut harmonisé sur le texte latin correspondant, et son archétype avait subi une révision ayant introduit un certain nombre de leçons du TA. Le codex de Bèze ne nous donne donc qu'à peine les 2/3 du texte des Actes, et son témoignage doit toujours être contrôlé ou corrigé. -

Le palimpseste de Fleury ne nous a conservé que huit fragments des Actes, contenant en moyenne à peine un chapitre. De plus, son archétype (connu déjà de S. Cyprien vers le milieu du iiie siècle) a subi une révision en fonction d'un autre texte latin fortement influencé par le TA. Comme celui du codex de Bèze, son témoignage doit être contrôlé. - La Syriaque Harkléenne, qui contient le texte intégral des Actes, donne une traduction très littérale du grec. Mais elle ne nous a conservé qu'un choix limité de variantes du TO, évitant en particulier de signaler les leçons courtes. - Quant au codex copte G⁶⁷, il ne contient que la première moitié des Actes, et son texte a, lui aussi, subi une révision en fonction du TA.

b) La situation, on le voit, n'est pas très brillante, et en raison des lacunes dont souffrent ces quatre principaux témoins, et parce qu'aucun d'entre eux ne nous donne le TO à l'état pur. Nous avons donc dû interroger d'autres témoins du TO, témoins secondaires parce que leur texte est encore plus loin du TO primitif. Ces témoins secondaires, grecs, latins, syriaques, coptes, éthiopiens, n'ont pas été choisis au hasard. Nous avons pris un certain nombre de leçons longues du TO, les plus caractéristiques et dont l'appartenance au TO ne saurait être mise en doute, et nous avons noté quels étaient les témoins qui les soutenaient, en dehors des quatre témoins majeurs cités plus haut. Lorsque, pour d'autres lieux variants, ces témoins s'écartent du TA comme du texte Byzantin (Koinè), nous avons pensé qu'ils avaient quelque chance de faire écho au TO.

c) Un problème crucial est posé par les chapitres 27-28 des Actes, racontant le voyage de Paul de Césarée (Jérusalem) à Rome. Nous avons reconstitué ce voyage en nous servant abondamment de deux manuscrits éthiopiens du xve siècle[1] (Eth.2.3) qui resteraient, pour des détails essentiels, les seuls témoins du TO. N'est-ce pas de la folie[2]? À ceux qui le penseraient, et ils doivent être nombreux, nous proposons les remarques suivantes.

Nous devons tout d'abord préciser le point suivant. Nos analyses littéraires de ces chapitres 27-28 nous ont amenés à conclure que le récit actuel des Actes résultait de la fusion de deux textes plus ou moins parallèles, l'un rédigé en style "nous" et l'autre en style "ils". Cette distinction, qui apparaît dès 27,1, est fondée, non pas sur les deux témoins éthiopiens mentionnés plus haut, mais sur le palimpseste de Fleury appuyé par quelques témoins grecs, donc sur un des témoins majeurs du TO. C'est également en faisant abstraction du témoignage de nos deux manuscrits éthiopiens que nous avons pu conclure que le récit en style "nous" racontait un voyage dans lequel Paul n'était pas prisonnier, comme le

---

[1] Ce sont les plus anciens manuscrits connus pour les Actes des apôtres.

[2] Prendre le mot, non en son sens premier de "trouble mental", mais au sens dérivé de "manque de jugement, extravagance".

suppose le récit actuel. Nos deux manuscrits éthiopiens ne nous ont servi que pour préciser les péripéties des deux voyages.

Ceci dit, comment apprécier la valeur du texte très court donné par Eth.2.3? Voici les faits qui nous ont amenés à adopter une position à la limite du vraisemblable.

- Des quatre témoins majeurs du TO, le codex de Bèze et le codex copte G[67] n'ont plus ces chapitres 27-28 des Actes. Le palimpseste de Fleury devient lacuneux à partir de 27,13. La Syriaque Harkléenne ne s'intéresse pas aux textes courts tels que les donnent Eth.2.3 (elle n'a aucune des variantes "courtes" attestées par le palimpseste de Fleury en 27,1-13a). À partir de 27,13b, aucun des témoins majeurs du TO ne reste donc sur la scène.

- Dans l'ensemble des Actes, la version éthiopienne offre des contacts certains avec le TO, spécialement en ce qui concerne les leçons longues (cf. en 5,15; 8,1.37; 14,10.19; 15,23.29.34; 18,21). En certains cas, certains manuscrits de la version éthiopienne sont presque les seuls témoins à soutenir le codex de Bèze. Ainsi, en 21,39, la moitié des manuscrits éthiopiens que nous avons inventoriés omettent, avec D, la précision οὐκ ἀσήμου πόλεως πολίτης. En 13,27, au lieu de τοῦτον ἀγνοήσαντες καὶ τὰς φωνὰς τῶν προφητῶν, on lit μὴ συνίεντες τὰς γραφὰς τῶν προφητῶν dans le codex de Bèze, un manuscrit de l'ancienne version latine (z) et un manuscrit éthiopien (Eth.5), tandis que Eth.2.3 ont ici une leçon double. Ceci prouve que, en l'absence de D, la version éthiopienne peut être la seule à donner le TO.

- En 27,1-13, le palimpseste de Fleury offre un texte très court dont plusieurs des variantes sont soutenues par Eth.2.3. Après le v. 13, ce manuscrit latin devient lacuneux, mais certaines variantes "courtes" de Eth.2.3 sont soutenues soit directement (cf. 27,37.43b.44) soit indirectement (28,4) par d'autres témoins de l'ancienne version latine, spécialement le codex g.

- Il y a des cas où le texte court attesté seulement par Eth.2.3 donne un style parfaitement lucanien, tandis que le texte long des autres témoins offre une structure grammaticale opposée au style des Actes (cf. 27,15-17; 27,30-31). On peut faire remarquer aussi que Eth.2.3 omettent complètement 28,12-14a. Or, peut-être le v. 12 et sûrement le v. 13 ont un style contraire à celui des Actes, comme nous le signalerons en son temps.

Pour toutes ces raisons, on peut penser qu'il n'est pas déraisonnable de s'appuyer sur Eth.2.3 pour essayer de reconstituer le TO là où ses principaux témoins sont absents.

2. Le TO, témoin de Act II

Nous avons dit plus haut que, d'après nos analyses, le TO nous donnait le texte composé par Act II. Ce n'est que partiellement vrai. En fait, le TO tel que nous pouvons le reconstituer nous donne effectivement le texte composé par Act

II, mais complété de toutes les additions, ou presque, effectuées par Act III. Cette révision du texte primitif de Act II fut effectuée à une époque très ancienne. Le réviseur a pris d'ailleurs quelques libertés avec le texte de Act III qu'il insérait dans la rédaction faite par Act II, d'où un certain nombre de variantes qui affectent, dans le TO actuel et dans le TA, les sections que nous attribuerons à l'activité rédactionnelle de Act III.

C) ANTÉRIORITÉ RESPECTIVE DU TO ET DU TA

On a beaucoup discuté pour savoir lequel, du TA ou du TO, donnait le texte primitif des Actes. Certains ont opté pour le TA, d'autres pour le TO. Notre position est très nuancée et donne raison aux uns et aux autres. Rappelons ce que nous avons dit sur la façon dont nous concevons les rapports entre Act II et Act III. Il est vrai que la source première de Act III est le texte de Act II. Toutefois, il arrive très souvent que Act III a préféré revenir aux textes des sources de Act II, à savoir Act I, ou le Document P, ou le Journal de voyage, plutôt que de reprendre les modifications apportées par Act II à ces sources. On voit tout de suite que le problème de l'antériorité respective du TO et du TA se pose de façon complexe. Lorsque Act III reprend le texte de Act II, le TA (= Act III) sera forcément postérieur au TO (= Act II). En revanche, lorsque Act III revient aux sources utilisées par Act II (Act I, Document P, Journal de voyage), alors le TA (= Act III) donne un texte plus ancien que celui du TO (= Act II). On ne peut donc affirmer, ni que le TA est plus ancien que le TO, ni que le TO est plus ancien que le TA. Leur antériorité respective dépend de la façon dont Act III reprend, soit le texte de Act II, soit le texte de ses sources.

II. NOTRE TRADUCTION DES ACTES

a) La traduction française que nous donnons des Actes des apôtres a pour but de permettre une comparaison stylistique, soit entre le TA et le TO, soit entre divers passages attribués au même niveau rédactionnel. Elle est donc très littérale, s'efforçant de reproduire le plus fidèlement possible les caractéristiques stylistiques du texte grec. Nous avons en particulier respecté les nombreux participes dont le grec est friand, mais qui donnent un français assez lourd. Parfois même, la volonté de reproduire les nuances du grec nous a obligés à sacrifier les règles de la langue française. Par exemple, pour distinguer les verbes λέγειν et λαλεῖν, ce qui est parfois important, nous les avons traduits respectivement par "dire" et "parler", même lorsque ce dernier verbe est suivi d'un complément direct. Que les puristes nous pardonnent! Encore une fois, nous n'avons pas voulu composer une traduction élégante, mais donner un instrument de travail.

Ajoutons un détail. Les Actes des apôtres relient très souvent deux phrases successives grâce à la conjonction δέ, qui a souvent perdu son sens adversatif. D'une façon générale nous omettrons de la traduire, sauf lorsqu'elle introduit une distinction entre le TO et le TA. Dans ce cas, nous la rendrons par le français "or".

b) Pour établir notre traduction, nous avons utilisé un certain nombre de traductions déjà existantes. Mentionnons d'abord une traduction faite à notre intention par mesdames Marie-Charlotte Aussedat et Marie-Pauline Doridot. Elle nous fut un guide précieux. Nous avons aussi repris un certain nombre de trouvailles heureuses que contient la traduction faite par Loisy, qui reste toujours assez littérale. Nous avons consulté aussi les traductions de E. Osty et de J. Dupont dans la BJ. Mais elles sont trop littéraires pour le but que nous nous proposions, comme aussi la traduction de la TOB. Parfois, il était difficile de trouver deux expressions voisines pour rendre une nuance existant entre le TO et le TA. Dans ce cas, la traduction de E. Delebecque nous a rendu quelques services, mais elle tourne trop souvent à la paraphrase sous prétexte de vouloir rendre toutes les subtilités du grec.

III. UN GUIDE DE LECTURE

Voici les principes qui ont commandé l'impression des textes, de façon à faire ressortir leur appartenance aux divers niveaux rédactionnels.

- La colonne de gauche donne le TA et donc, en principe, le texte composé par Act III. S'il arrive que certaines expressions semblent dues à l'activité des scribes recopiant les manuscrits du TA, et ne remontent donc pas à Act III, nous les avons imprimées en corps plus petit, et en retrait.

- La colonne de droite donne le TO, et donc, en principe, le texte composé par Act II. Mais, nous l'avons dit plus haut, ce texte composé par Act II fut complété de façon à y introduire les sections propres à Act III. Nous avons imprimé ces sections en corps plus petit et nous les avons placées en retrait. Pour lire de façon continue les récits de Act II, il suffit donc de sauter tous les passages placés en retrait.

- Lorsque Act II ou Act III reprennent le texte de Act I, celui-ci est imprimé en **caractères gras et italiques**.

- Lorsque Act II ou Act III reprennent le texte, soit du Document P (dans la geste de Pierre), soit du Journal de voyage (dans la geste de Paul), ceux-ci sont <u>simplement soulignés</u>.

- Lorsque les textes de Act I et du Document P (ou du Journal de voyage) sont identiques, ***leurs notes distinctives s'ajoutent***.

- Le texte du Document Johannite, incorporé dans le texte de Act I, est signalé par le redoublement du trait vertical qui sépare le TO du TA.

- Dans une section déterminée, pour lire à la suite un texte, soit de Act I, soit du Document P, soit du Journal de voyage, il faudra souvent passer de la colonne de droite à la colonne de gauche, et vice versa, selon que ce sera Act II ou Act III qui aura conservé le texte de la source. Ainsi, pour le récit de l'ascension (1,6-12), la source est ici Act I comme l'indique le texte imprimé en italiques gras. Pour les vv. 6-7, le lecteur choisira le TA (colonne de gauche) puisque Act II (colonne de droite) a introduit des remaniements dans le texte de sa source, mieux conservé par Act III. En revanche, aux vv. 9-12, il faut suivre le texte dans le TO (colonne de droite) puisque Act III (= TA) a remanié cette section du récit.

- Lorsque la suite d'un texte de tel ou tel niveau rédactionnel se trouve reportée à une distance assez considérable, le lieu où elle se trouve est signalé par une flèche suivie de la référence appropriée. Cette référence est donnée munie des caractéristiques du niveau rédactionnel en cause:

$$(\Rightarrow \underline{18,22})$$

$$(\Rightarrow 18,22)$$

- À l'inverse, lorsque le lecteur se trouve en présence d'un texte de tel niveau rédactionnel abandonné depuis longtemps, une flèche tournée de droite à gauche donne la référence de sa dernière occurrence:

$$(\underline{18,22} \Leftarrow)$$

- Les mots placés (entre parenthèses) ne se lisent pas dans l'original grec mais furent ajoutés pour la clarté de la traduction française.

- Les mots placés [entre crochets] ne se lisent plus dans le texte grec actuel, mais devaient se lire à un niveau plus ancien: Act I, Document P ou Journal de voyage.

LE PROLOGUE DES ACTES

Act

1 1   J'ai fait mon premier livre, Théophile,   J'ai fait mon premier livre, Théophile,
sur toutes les choses que Jésus se mit à   sur toutes les choses que Jésus se mit à
faire et à enseigner   faire et à enseigner

   2   jusqu'au jour où, ayant prescrit aux apôtres,   le jour où il choisit les apôtres
par l'Esprit saint, qu'il avait choisis,   par l'Esprit saint
il fut enlevé (au ciel).   et il leur prescrivit
                                        de proclamer l'évangile.

   3   Et (c'est) à eux qu'il se présenta vivant   Et (c'est) à eux qu'il se présenta vivant
après sa passion, avec de nombreuses   après sa passion, avec de nombreuses
preuves, pendant quarante jours,   preuves, pendant quarante jours,
leur apparaissant et leur disant   leur apparaissant et leur enseignant
ce qui concernait le royaume de Dieu.   ce qui concernait le royaume de Dieu.

LES CONSIGNES DU RESSUSCITÉ

LUC

24 45   *Alors il leur ouvrit l'esprit*   *Alors il leur ouvrit l'esprit*
pour comprendre les Écritures   *pour comprendre les Écritures*

   46   *et il leur dit: «Ainsi est-il écrit que le*   *et il leur dit: «Ainsi est-il écrit que le*
Christ souffrirait et qu'il ressusciterait   *Christ souffrirait et qu'il ressusciterait*
des morts le troisième jour(.)   *des morts le troisième jour(.)*

   47   et que serait proclamé en son nom   et que serait proclamé en son nom
le repentir et la rémission des péchés   le repentir et la rémission des péchés
à toutes les nations,   à toutes les nations,
à commencer par Jérusalem.   à commencer par Jérusalem.

   48   *Vous en êtes témoins.(»)*   *Vous en êtes témoins.(»)*

49 Et voici que moi j'envoie sur vous
la promesse de mon Père.
Mais vous, restez dans la ville
jusqu'à ce que vous soyez revêtus
de la puissance d'en-haut.

Et voici que moi j'envoie sur vous
la promesse de mon Père.
Mais vous, restez dans la ville
jusqu'à ce que vous soyez revêtus
de la puissance d'en-haut.

Act
1 4 *Et*, comme il mangeait avec (eux),
il leur ordonna de ne pas s'éloigner
de Jérusalem mais d'attendre
la promesse du Père «que vous avez
entendue de moi.»

Et, comme il logeait avec eux,
il leur ordonna de ne pas s'éloigner
de Jérusalem mais d'attendre
la promesse du Père «que vous avez
entendue, dit-il, de ma bouche.»

5 Car Jean a baptisé dans l'eau, mais vous,
vous serez baptisés dans l'Esprit saint

dans peu de jours.

Car Jean a baptisé dans l'eau, mais vous,
vous serez baptisés dans l'Esprit saint,
lui que vous allez recevoir
dans peu de jours,
jusqu'à la Pentecôte.

L'ASCENSION

Luc
24 50 *Or il les fit sortir jusqu'à Béthanie*
et ayant levé ses mains il les bénit

Or il les fit sortir jusqu'à Béthanie
et ayant levé ses mains il les bénit

51 Et il arriva, comme il les bénissait, (que)
il fut séparé d'eux
et il était emporté vers le ciel.

Et il arriva, comme il les bénissait, (que)
il fut séparé d'eux.

52 Et eux, s'étant prosternés devant lui,
revinrent à Jérusalem avec grande joie.

Et eux
revinrent à Jérusalem avec grande joie.

53 Et ils étaient sans cesse dans le Temple,
bénissant Dieu.

Et ils étaient sans cesse dans le Temple,
louant Dieu.

(⇒ 2,44)

Act
1 6 *Eux donc*, étant rassemblés,
l'interrogeaient en disant: «Seigneur,
est-ce en ce temps-ci (que) tu rétabliras
le royaume pour Israël?»

Eux donc, étant rassemblés,
l'interrogeaient en disant: «Seigneur,
est-ce en ce temps-ci (que) tu seras rétabli?
Et à quand *le royaume* d'Israël?»[1]

7 *Il leur dit: «Il ne vous appartient pas de*

Mais lui *dit*: «Personne ne peut

---

[1] Au v. 6b, nous avions reconstitué le TO à partir du seul témoignage d'Augustin qui suivait certainement un texte africain archaïque. En fait, les variantes du TO sont soutenues aussi par le codex copte G[67].

connaître les temps et les moments que *le Père a fixés de son propre pouvoir.(»)*	*connaître les temps et les moments que* *le Père a fixés de son propre pouvoir.(»)*

1 8 Mais vous recevrez une puissance,
l'Esprit saint étant survenu sur vous,
et vous serez mes témoins
et à Jérusalem et dans toute la Judée
et la Samarie et jusqu'aux extrémités
de la terre.»

9 Et, ayant dit ces mots,
tandis qu'ils regardaient, il s'éleva
et une nuée le prit par-dessous

(loin) de leurs yeux.

10 *Et comme ils regardaient fixement*
vers le ciel, tandis qu'il s'en allait,
et voici que deux hommes se présen-
tèrent à eux en vêtements blancs.

11 *Et eux de dire: «Hommes de Galilée,*
pourquoi vous tenez-vous (là),
regardant vers le ciel? Ce Jésus qui a été
enlevé (loin) de vous vers le ciel
ainsi il (re)viendra de la même manière
que vous l'avez vu aller vers le ciel.»

12 *Alors ils revinrent à Jérusalem du mont*
appelé de l'olivier *qui est près de*
Jérusalem à une distance sabbatique.

13 *Et quand ils furent entrés, ils montèrent*
à la chambre haute où ils demeuraient:
Pierre et Jean et Jacques et André,
Philippe et Thomas,
Barthélemy et Matthieu,
Jacques d'Alphée et Simon le Zélote,
et Judas de Jacques.

14 Eux tous, *ils étaient assidus* ensemble
à la prière(.)

avec des femmes et Marie la mère de Jésus
et avec ses frères.

Mais vous recevrez une puissance,
l'Esprit saint étant survenu sur vous,
et vous serez pour moi des témoins
et à Jérusalem et (dans) toute la Judée
et la Samarie, jusqu'aux extrémités
de la terre.»

Tandis qu'il disait ces mots,

une nuée le prit par-dessous
et il fut enlevé
(loin) d'eux.

Et comme ils regardaient fixement
vers le ciel, tandis qu'il s'en allait,
et voici que deux hommes se présen-
tèrent à eux en vêtement blanc.

Et eux de dire: «Hommes de Galilée,
pourquoi vous tenez-vous (là),
regardant vers le ciel? Ce Jésus qui a été
enlevé (loin) de vous,
ainsi il (re)viendra de la même manière
que vous l'avez vu aller vers le ciel.»

Alors ils revinrent à Jérusalem du mont
appelé des oliviers qui est près de
Jérusalem à une distance sabbatique.

Et quand ils furent entrés, ils montèrent
à la chambre haute où ils demeuraient:
Pierre et Jean et Jacques et André
et Philippe et Thomas
et Barthélemy et Matthieu
et Jacques d'Alphée et Simon le Zélote
et Judas de Jacques.

Et ils étaient assidus
à la prière(.)

$(\Rightarrow 2,1)$

avec des femmes et Marie la mère de Jésus
et ses frères.

LE CHOIX DE MATTHIAS

1 15 Et en ces jours-ci, Pierre, s'étant levé
au milieu des frères, dit:
- la foule des personnes dans le même (lieu)
était d'environ cent vingt -

16 «Hommes (mes) frères, il fallait que
s'accomplisse l'Écriture qu'a prédite
l'Esprit saint par la bouche de David
au sujet de Judas qui servit de guide à ceux
qui ont arrêté Jésus.

17 Car il avait été compté parmi nous
et il avait reçu (sa) part de ce service.

18 Celui-ci donc acquit un champ avec le salai-
re de l'injustice et, [tombé] la tête
en avant, il craqua par le milieu
et toutes ses entrailles se répandirent.

19 Et ce fut connu de tous ceux qui habitent
Jérusalem en sorte que ce champ-là
fut appelé en leur langue Hakeldamach,
c'est-à-dire: Champ du sang.

20 Il est écrit en effet au livre des psaumes:
"Que son campement devienne désert
et que personne n'habite en lui." Et:
"Qu'un autre reçoive sa charge."

21 Il faut donc que, des hommes qui sont venus
avec nous pendant tout le temps que le
Seigneur Jésus est entré et sorti à notre tête,

22 à commencer au baptême de Jean
jusqu'au jour où il fut enlevé (loin) de nous,
l'un d'eux soit avec nous témoin
de sa résurrection.»

23 Ils en présentèrent deux: Joseph,
nommé Barsabbas, qui fut surnommé Justus,
et Matthias.

24 Et, ayant prié, ils dirent: «Toi, Seigneur,
qui connaît les cœurs de tous,
désigne un de ces deux-là
que tu as choisi

Or en ces jours-ci, Pierre, s'étant levé
au milieu des frères, dit:
- la foule des personnes
était d'environ cent vingt -

«Hommes (mes) frères, il faut que
s'accomplisse cette Écriture qu'Il a prédite
dans l'Esprit saint
au sujet de Judas qui servit de guide à ceux
qui ont arrêté Jésus:

Car il avait été compté parmi nous
(lui) qui avait reçu (sa) part de ce service.

Celui-ci donc acquit un champ avec le salai-
re de son injustice et, [tombé] la tête
en avant, il craqua par le milieu
et ses entrailles se répandirent.

(Ce) qui fut connu de tous ceux qui habitent
Jérusalem en sorte que ce champ-là
fut appelé en leur langue Hakeldamach,
c'est-à-dire: Champ du sang.

Il est écrit en effet au livre des psaumes:
"Que son campement devienne désert
et que personne n'habite en lui." Et:
"Qu'un autre reçoive sa charge."

Il faut donc que, des hommes qui sont venus
avec nous pendant tout le temps que le
Seigneur Jésus est entré et sorti à notre tête,

à commencer au baptême de Jean
jusqu'au jour où il fut enlevé (loin) de nous,
l'un d'eux soit témoin
de sa résurrection.»

Ils en présentèrent deux: José,
nommé Barsabbas, qui fut surnommé Justus,
et Matthias.

Et, ayant prié, ils dirent: «Toi, Seigneur,
qui connaît les cœurs de tous,
désigne de ces deux-là (celui)
que tu as choisi

1 25 pour recevoir la place de ce service
et de cet apostolat qu'a délaissée Judas
pour aller à sa place à lui.»

26 Et ils tirèrent au sort et le sort tomba sur
Matthias et il fut compté avec les onze
apôtres.

pour recevoir la place de ce service
et de cet apostolat qu'a délaissée Judas
pour aller à sa place à lui.»

Et ils tirèrent au sort et le sort tomba sur
Matthias et il fut compté avec les douze
apôtres.

L A   P E N T E C Ô T E

(1,14 ⇐)

2 1 *Et,*
tandis que s'accomplissait le jour de la
Pentecôte, ils étaient tous ensemble
dans le même (lieu).

Et il arriva,
tandis que s'accomplissaient les jours *de la*
Pentecôte, comme ils étaient
dans le même (lieu),

2 *Et il arriva* soudain *du ciel un bruit*
comme d'un violent coup de vent
et il emplit toute la maison où ils étaient
assis.

et voici *du ciel un bruit*
comme d'un violent coup de vent.

3 *Et leur* apparurent des langues divisées,
comme de feu, et il s'en *posa* (une)
sur chacun d'entre eux.

Et leur apparut
comme du feu qui se posa
sur chacun d'entre eux.

4 Et tous furent remplis de l'Esprit saint
et ils se mirent à parler en
d'autres *langues selon que l'Esprit*
leur donnait de s'exprimer.

Et ils se mirent à parler en
langues selon que l'Esprit
leur donnait de s'exprimer.

5 Or il y avait séjournant à Jérusalem des Juifs,
hommes pieux, de toute nation qui (est)
sous le ciel.

À Jérusalem, il y avait des Juifs,
hommes de toute nation qui (est)
sous le ciel.

6 *Ce bruit étant arrivé, la foule se*
rassembla et
elle fut confondue parce que chacun
les entendait parler son propre langage.

Ce bruit étant arrivé, la foule se
rassembla et
elle fut confondue et chacun
les entendait parler en leurs langues.

7 Ils furent stupéfaits et ils s'étonnaient
en disant: «Voici, tous ces (gens) qui
parlent ne sont-ils pas Galiléens?

Ils furent stupéfaits et ils s'étonnaient
en disant l'un à l'autre: «Tous ces (gens)
ne (sont)-ils pas Galiléens?

8 Et comment entendons-nous, chacun,
dans le propre langage dans lequel

Et comment reconnaissons-nous en eux
le langage dans lequel

nous sommes nés?	nous sommes nés?

2 9 Parthes et Mèdes et Élamites
et ceux qui habitent la Mésopotamie,
la Judée et la Cappadoce, le Pont et l'Asie,

Parthes, Mèdes, Élamites,
et ceux qui habitent la Mésopotamie,
l'Arménie, la Cappadoce, le Pont, l'Asie,

10 la Phrygie et la Pamphylie, l'Égypte
et les régions de la Lybie du côté de Cyrène,
et les Romains en résidence,

la Phrygie et la Pamphylie, l'Égypte
et les régions de la Lybie du côté de Cyrène,
et les Romains en résidence,

11 Juifs et prosélytes, Crétois et Arabes,
nous *les* entendons *parler en* nos *langues
les grandeurs de Dieu.»*

Juifs et prosélytes, Crétois et Arabes.»
*ils les entendaient parler en langues
les grandeurs de Dieu.*

12 *Or ils étaient stupéfaits,* tous,
et ils étaient perplexes, *disant*
l'un à l'autre:
«Qu'est-ce que cela peut être?»

Or ils étaient stupéfaits
de ce qui était arrivé, *disant:*

«Qu'est-ce que cela peut être?»

13 *Mais d'autres,* se moquant, disaient
qu'ils sont pleins de *vin doux.*

*Mais d'autres se moquaient en disant:
«Tous ces (gens) sont lourds de vin doux.»*

LE DISCOURS DE PIERRE

14 Or *Pierre, debout avec les* Onze,
leva sa voix et s'exprima à eux:
«Hommes de Judée et vous tous qui
habitez Jérusalem,
que ceci vous soit connu.
        et prêtez l'oreille à mes paroles.

*Alors Pierre, debout avec les dix apôtres,
leva sa voix et dit:*
«Hommes de Judée et vous tous qui
habitez Jérusalem,
        que ceci vous soit connu et
prêtez l'oreille à mes paroles.

15 En effet, ce n'est pas, comme vous le suppo-
sez, que ces (gens) soient ivres; c'est en effet
la troisième heure du jour.

En effet, ce n'est pas, comme vous le suppo-
sez, que ces (gens) soient ivres, tandis que c'est
la troisième heure du jour.

16 Mais c'est ce qui a été dit par le prophète
Joël:

Mais c'est ce qui a été dit par le prophète:

17 "Et il y aura, après cela,
dit Dieu, (que) je répandrai
de mon Esprit sur toute chair
et ils prophétiseront, vos fils et vos filles,
et vos jeunes gens verront des visions
et vos vieillards songeront en songes.

"Il y aura, en ces derniers jours,
dit le Seigneur, (que) je répandrai
mon Esprit sur toute chair
et ils prophétiseront, leurs fils et leurs filles,
et les jeunes gens verront des visions
et les vieillards songeront en songes.

18 Et sur mes serviteurs et sur mes servantes,

Et sur mes serviteurs et sur mes servantes

en ces jours-là, je répandrai de mon Esprit et ils prophétiseront.	je répandrai mon Esprit et ils prophétiseront.

2 19 Et je donnerai des prodiges dans le ciel,
en haut, et des signes sur la terre, en bas:
du sang, du feu et une vapeur de fumée.

Et je donnerai des prodiges dans le ciel,
en haut, et des signes sur la terre, en bas.

20 Le soleil se changera en ténèbres et la lune
en sang, avant que ne vienne le Jour du
Seigneur, le grand et glorieux.

Le soleil se changera en ténèbres et la lune
en sang, avant que ne vienne le Jour du
Seigneur, le grand.

21 Et sera: quiconque aura invoqué le Nom
du Seigneur sera sauvé."

Et quiconque aura invoqué le Nom
du Seigneur sera sauvé."

22 *Hommes d'Israël, écoutez* ces *paroles.*
Jésus le Nazôréen, homme accrédité
par Dieu auprès de vous par les miracles
et les prodiges et les signes
     que Dieu a faits grâce à lui au milieu de
     vous,
comme vous le savez,

Hommes d'Israël, écoutez mes paroles:
Jésus le Nazôréen, homme accrédité

par les signes et les prodiges
qu'Il a faits grâce à lui au milieu de
vous,
comme vous le savez,

23 *cet (homme),*
livré selon le dessein et la prescience de Dieu
vous l'avez supprimé en le clouant
(au bois) par la main des impies,

cet (homme),
livré selon le dessein et la prescience de Dieu
vous l'avez supprimé en le clouant
(au bois) par la main des impies,

24 *(lui) que Dieu a ressuscité(.)*
l'ayant délivré des affres de la mort
parce qu'il n'était pas possible qu'il soit
détenu en son pouvoir.

(lui) que Dieu a ressuscité(.)
l'ayant délivré des affres de l'Hadès
parce qu'il n'était pas possible qu'il soit
détenu en leur pouvoir.

25 David, en effet, dit à son sujet: "Je voyais
le Seigneur devant moi, sans cesse,
car il est à ma droite pour que je ne sois pas
ébranlé.

David, en effet, dit à son sujet: "Je voyais
mon Seigneur devant moi, sans cesse,
car il est à ma droite pour que je ne sois pas
ébranlé.

26 C'est pourquoi mon cœur s'est réjoui
et ma langue a exulté, et de plus ma chair
reposera dans l'espérance

C'est pourquoi mon cœur s'est réjoui
et ma langue a exulté, et de plus ma chair
reposera dans l'espérance

27 parce que tu n'abandonneras pas mon âme
dans l'Hadès et que tu ne donneras pas
à ton saint de voir la corruption.

parce que tu n'abandonneras pas mon âme
dans l'Hadès et que tu ne donneras pas
à ton saint de voir la corruption.

28 Tu m'as fait connaître les chemins de la vie,
tu me rempliras de joie avec ta face."

Tu m'as fait connaître les chemins de la vie,
tu me rempliras de joie avec ta face."

2 29 *Hommes (mes) frères, il est permis de vous dire avec assurance, au sujet du patriarche David, que: et il est mort et il fut enseveli et son tombeau est parmi nous jusqu'à ce jour-ci.*

Hommes (mes) frères, il est permis de vous dire avec assurance, au sujet du patriarche David, que: il est mort et il fut enseveli et son tombeau est parmi nous jusqu'à ce jour-ci.

30 *Étant donc prophète et sachant que Dieu lui avait juré par serment que du fruit de son* rein

il le ferait asseoir sur son trône,

Étant donc prophète et sachant que Dieu lui avait juré par serment que du fruit de son sein il susciterait le Christ et que il le ferait asseoir sur son trône,

31 ayant vu à l'avance, il parla de la résurrection du Christ, qu'il ne serait pas abandonné dans l'Hadès et que sa chair ne verrait pas la corruption.

ayant vu à l'avance, il parla de la résurrection du Christ, qu'il ne serait pas abandonné dans l'Hadès et que sa chair ne verrait pas la corruption.

32 *Ce Jésus, Dieu l'a ressuscité, nous en sommes tous témoins.*

Ce Jésus donc, Dieu l'a ressuscité, nous en (sommes) témoins.

33 Élevé donc à la droite de Dieu et ayant reçu du Père la promesse de l'Esprit, il répandit ce que vous, et vous voyez et vous entendez.

Élevé à la droite de Dieu, ayant reçu du Père la promesse de l'Esprit, il répandit ce don que vous voyez et (que) vous entendez.

34 Car David n'est pas monté aux cieux mais il dit lui-même: "Le Seigneur a dit à mon Seigneur: Siège à ma droite

Car David n'est pas monté aux cieux car il dit lui-même: "Le Seigneur a dit à mon Seigneur: Siège à ma droite

35 jusqu'à ce que je fasse, de tes ennemis, l'escabeau de tes pieds."

jusqu'à ce que je fasse, de tes ennemis, l'escabeau de tes pieds."

36 *Que sache donc avec certitude toute* la maison d'*Israël que Dieu l'a fait et Seigneur et Christ ce Jésus que vous avez crucifié.»*

Que sache donc avec certitude tout Israël que Dieu l'a fait et Seigneur et Christ ce Jésus que vous avez crucifié.»

37

Ayant entendu, ils eurent le cœur transpercé

et ils dirent à Pierre et aux autres *apôtres: «Que ferons-nous, hommes (nos) frères?»*

Alors, tous ceux qui s'étaient rassemblés et avaient entendu *eurent le cœur transpercé* et certains d'entre eux *dirent à Pierre et aux apôtres: «Que ferons-nous donc, hommes (nos) frères? Montrez-le nous.»*

38 *Or Pierre leur (dit):*

Or Pierre leur (dit):

(⇒3,19)

«Repentez-vous et que chacun de vous
soit baptisé par le nom de Jésus Christ
pour la rémission de vos péchés
et vous recevrez le don de l'Esprit saint.

«Repentez-vous et que chacun de vous
soit baptisé au nom de Jésus
et vous seront remis vos péchés
et vous recevrez le don de l'Esprit saint.[1]

2 39 Pour vous en effet est la promesse et pour
vos enfants et pour tous ceux qui (sont)
au loin, tous ceux qu'appellera le Seigneur
notre Dieu.»

Pour vous en effet (est) la promesse et pour
vos enfants et pour tous ceux qui (sont)
au loin, tous ceux qu'appellera le Seigneur
notre Dieu.»

40 Et par beaucoup d'autres paroles il les adju-
rait et les exhortait en disant: «Sauvez-vous
de cette génération dévoyée.»

Par beaucoup d'autres paroles il les adju-
rait et les exhortait en disant: «Sauvez-vous
de cette génération dévoyée.»

41a *Eux donc, ayant accueilli*
sa *parole,*

Eux donc, ayant accueilli avec joie
la Parole, embrassèrent la foi(.)

(⇒ 3,1)

furent baptisés.

et furent baptisés.

LES SOMMAIRES

41b Et, en ce jour-là, s'adjoignirent environ
trois mille personnes.

Et, ce jour-là, s'adjoignirent
trois mille personnes.

42 Or ils étaient assidus à l'enseignement des
apôtres et à la communion (fraternelle),
à la fraction du pain et aux prières.

Et ils étaient assidus à l'enseignement des
apôtres et à la communion (fraternelle),
à la fraction du pain et à la prière.

43 Or il arriva pour toute personne de la frayeur.
Or beaucoup de prodiges et de signes
arrivèrent par les apôtres.

Des signes et des prodiges
arrivèrent par les apôtres à Jérusalem.
Or arriva une grande frayeur sur toute
personne.

(Lc 24,53 ⇐)

44 Or <u>tous</u>
ceux qui avaient cru,
<u>dans le même (lieu),</u>
<u>avaient tout en commun</u>

<u>Et tous</u>
ceux qui croyaient
<u>étaient dans le même (lieu)</u>
<u>et avaient tout en commun</u>

45 <u>et</u>
les <u>biens</u> et les <u>possessions</u>,
<u>ils (les) vendaient et les distribuaient</u> à tous

et tous ceux qui avaient
<u>biens ou possessions</u>
<u>ils (les) vendaient et les distribuaient</u> à ceux

---

[1] Il faut garder dans le TO la finale du v. 38, que nous avions omise en nous appuyant sur 7 citations faites
par Augustin.

selon que quelqu'un était <u>dans le besoin.</u>	<u>qui étaient dans le besoin.</u>
	(⇒ <u>3,1</u>)

2 46 Et chaque jour, assidus ensemble dans le Temple,	Or chaque jour ils étaient assidus dans le Temple et ils étaient dans le même (lieu),
et rompant le pain par maison, ils prenaient (leur) nourriture dans l'allégresse et la simplicité de cœur,	rompant le pain par maison, ils prenaient (leur) nourriture dans l'allégresse et la simplicité de cœur,
47 louant Dieu et ayant la faveur de tout le peuple. Or le Seigneur, chaque jour, adjoignait ceux qui étaient sauvés, dans le même (lieu).	louant Dieu et ayant la faveur de tout le peuple. Or le Seigneur, chaque jour, adjoignait ceux qui étaient sauvés, dans l'église.

GUÉRISON D'UN INFIRME

(<u>2,45</u>; *2,41a* ⇐)

3 1 *Or, Pierre et Jean montaient au Temple à l'heure de la prière,* la neuvième.	Et il arriva, tandis que Pierre et Jean *montaient au Temple le soir, à l'heure de la prière,*
2 *Et un homme,* se trouvant *infirme dès le sein de sa mère, était porté, que l'on plaçait* chaque jour *à la porte du Temple, dite La Belle, pour demander l'aumône à ceux qui entraient dans le Temple.*	*et* voici (que) *un homme, infirme dès le sein de sa mère, était porté, que l'on plaçait à la porte du Temple, dite La Belle, pour demander l'aumône à ceux qui entraient dans le Temple.*
3 Lui, *voyant Pierre et Jean* allant entrer dans le Temple, *demandait* à recevoir *l'aumône.*	*Celui-ci, ayant regardé fixement de ses yeux, voyant Pierre et Jean entrer, leur demandait l'aumône.*
4 Pierre, l'ayant regardé fixement, <u>avec Jean,</u> dit: «Regarde-<u>nous.</u>»	Pierre, l'ayant regardé, avec Jean, dit: «Regarde-nous fixement.»
5 <u>Lui</u> les observait, s'attendant à recevoir d'eux <u>quelque chose.</u>	<u>Lui</u> s'attendait à recevoir <u>quelque chose.</u>
6 *Pierre dit: «Argent et or, je n'en ai pas; mais ce que j'ai, je te le donne: au nom de Jésus* Christ *le Nazôréen, marche!»*	*Pierre lui dit: «Argent et or, je n'en ai pas; mais ce que j'ai, je te le donne: au nom de Jésus le Nazôréen, marche!»*
7 Et l'ayant pris par la main droite il le releva.	Et ayant pris sa main il le releva.

Or aussitôt s'affermirent	*Et aussitôt il fut debout et s'affermirent*
ses pieds et ses chevilles	*ses pieds et ses chevilles*

3 8 et, bondissant, il fut debout et il marchait / et il entra avec eux dans le Temple, / marchant et bondissant et louant Dieu.

et il marchait, joyeux et bondissant, / et il entra avec eux dans le Temple / en louant Dieu.

9 *Et tout le peuple le vit,* / *marchant et louant Dieu,*

Et tout le peuple le vit, / *marchant et louant Dieu,*

10 - or ils le reconnaissaient, que c'était / celui qui était assis à la Belle Porte / du Temple, pour l'aumône - / *et ils furent remplis de frayeur* / et de stupeur sur ce qui / lui était advenu.

or ils le reconnaissaient, qu'il était / (celui) qui était assis à la Belle Porte, / pour l'aumône / *et tous furent remplis de frayeur* / *et ils étaient stupéfaits de ce qu'une* / *guérison lui était advenue.*

(⇒*5,12a*)

11

Or, tandis que Pierre et Jean sortaient, / il sortait avec (eux)

Or tandis qu'il tenait (fermement) / Pierre et Jean, / tout le peuple accourut vers eux / au portique appelé de Salomon, effrayés.

en les tenant (fermement); / mais eux, étant effrayés, se tinrent / dans le portique de Salomon.

DISCOURS DE PIERRE

12 À cette vue, Pierre prit la parole / (en s'adressant) au peuple: / «Hommes d'Israël, / pourquoi vous étonner de cela? / Ou pourquoi nous regarder fixement / comme si (nous) l'avions fait marcher / par notre propre puissance ou piété?

Prenant la parole, Pierre leur dit: / «Hommes d'Israël, / pourquoi vous attacher à nous / comme si nous avions fait cela / par notre propre puissance?

13 Le Dieu d'Abraham et d'Isaac et de Jacob, / le Dieu de nos pères a glorifié son Serviteur / Jésus que vous, vous avez livré et renié / à la face de Pilate alors que celui-là / avait décidé de (le) relâcher.

Le Dieu d'Abraham et d'Isaac et de Jacob, / le Dieu de nos pères a glorifié son Serviteur / que vous, vous avez méprisé et renié / à la face de Pilate / voulant le relâcher.

14 Mais vous, le Saint et le Juste / vous (l')avez renié et / vous avez demandé qu'un meurtrier / vous soit donné en grâce

Mais vous, le Saint et le Juste / vous (l')avez accablé et / vous avez demandé qu'un meurtrier / vive et vous soit donné en grâce

3 15   mais l'auteur de la vie,
    <u>vous (l') avez tué, (lui) que Dieu a ressuscité</u>
    <u>des morts, dont nous, nous sommes témoins.</u>

        mais l'auteur de la vie,
    <u>vous (l') avez tué, (lui) qu'Il a ressuscité</u>
    <u>des morts, dont nous, nous sommes témoins.</u>

16   <u>Et</u>   par la foi en son Nom
    <u>celui-ci,</u> que vous voyez et connaissez,
    son Nom <u>(l')a affermi</u>
    et la foi, celle (qui est) par lui,
    lui a donné cette intégrité
    <u>devant vous tous.</u>

    <u>Et,</u> par la foi en son Nom,
    <u>celui-ci,</u> vous savez
    qu'Il <u>(l')a affermi</u>
    et la foi, celle (qui est) par lui,
    lui a donné l'intégrité
    <u>devant vous tous.(»)</u>

                          ($\Rightarrow$ <u>4,1</u>)

17   Et maintenant, frères,
    je sais que vous avez agi par
    ignorance, tout comme vos chefs.

    Et maintenant, hommes (mes) frères,
    nous savons que vous, vous avez mal agi par
    ignorance, tout comme vos chefs.

18   Mais Dieu, ce qu'il avait annoncé à l'avance
    par la bouche de tous les
    prophètes, que son Christ souffrirait,
    il (l')a accompli ainsi.

    Mais Dieu, ce qu'il avait annoncé à l'avance
    par la bouche de tous les
    prophètes, que son Christ souffrirait,
    il (l')a aussi accompli.

19   *(2,38a* $\Leftarrow$)

    Repentez-vous donc et convertissez
    -vous pour que soient effacés
    vos péchés

    Repentez-vous donc et convertissez[1]
    -vous pour que soient effacés
    vos péchés

20   *afin que* viennent, *de la face*
    du Seigneur, *les temps du réconfort*
    et qu'il envoie celui qui vous a été
    destiné, le Christ Jésus,

    afin que surviennent sur vous, de la face
    de Dieu, les temps du réconfort
    et qu'il envoie celui qui vous a été
    destiné, le Christ,

21   *que* le ciel *doit recevoir jusqu'aux*
    temps de la restauration de tout, dont
    Dieu *a parlé par la bouche de ses saints*
    prophètes, depuis toujours.

    que les cieux doivent recevoir jusqu'aux
    temps de la restauration de tout, dont
    Il *a parlé par la bouche de ses saints*
    prophètes.

22   Moïse a dit que le Seigneur Dieu vous
    suscitera d'entre vos frères un prophète
    comme moi; vous l'écouterez en tout ce
    qu'il vous dira.

    Moïse a dit aux pères: "Dieu
    suscitera d'entre vos frères un prophète
    comme moi; vous l'écouterez en tout ce
    qu'il vous dira.

23   Or il arrivera (ceci): toute personne qui
    n'écoutera pas ce prophète sera retranchée
    du peuple.

    Or, toute personne qui
    n'écoutera pas ce prophète sera retranchée
    du peuple."

---

[1] Ici commence le Document Johannite repris par Act I. Nous l'avons signalé par un double trait vertical.

3 24 Et tous les prophètes, depuis Samuel et ses successeurs, qui ont parlé ont annoncé aussi ces jours.

25 *Vous, vous êtes les fils des prophètes et de l'alliance que Dieu a conclue avec vos pères, disant à Abraham: "Et en ta descendance seront bénies toutes les familles de la terre."*

26 Pour vous d'abord, ayant suscité son Serviteur, Dieu l'a envoyé vous bénir, du moment que chacun de vous se détourne de (ses) perversités.»

Et tous les prophètes, depuis Samuel et ses successeurs, qui ont parlé ont annoncé ces jours.

Vous, vous êtes fils des prophètes et de l'alliance qu'Il a conclue avec les pères, disant à Abraham: "Et en ta descendance seront bénies toutes les tribus de la terre."

(⇒2,41a) [1]

Pour vous d'abord, ayant suscité son Serviteur, Il (l')a envoyé vous bénir, du moment que chacun se détourne de ses perversités.»

CONTROVERSE AVEC LES SADDUCÉENS

(3,16 ⇐)

4 1 Tandis qu'ils parlaient au peuple,

leur survinrent les grands prêtres et le commandant du Temple et les Sadducéens

2 furieux de ce qu'ils enseignaient le peuple et annonçaient en Jésus la résurrection, celle d'entre les morts.

3 Et ils jetèrent les mains sur eux et les mirent en prison jusqu'au lendemain. C'était en effet déjà le soir.

4 Beaucoup de ceux qui avaient entendu la Parole crurent et le nombre des hommes devint environ cinq mille.

5 Or il arriva, le lendemain, (que) s'assemblè- rent leurs chefs et les Anciens et les scribes à Jérusalem

6 et Anne le grand prêtre et Caïphe et Jean et Alexandre et tous ceux qui étaient de la famille pontificale.

Tandis qu'ils parlaient au peuple ces paroles, survinrent les prêtres

et les Saduccéens

furieux de ce qu'ils enseignaient le peuple et annonçaient en Jésus la résurrection, celle d'entre les morts.

Et ils s'emparèrent d'eux et les livrèrent à la prison. C'était le soir.

Beaucoup de ceux qui avaient entendu crurent; or le nombre atteignit cinq mille, des hommes.

Le lendemain, s'assemblè- rent les chefs et les Anciens et les scribes

et le grand prêtre Anne et Caïphe et Jonathan et Alexandre et tous ceux qui étaient de la famille pontificale.

---

[1] Suite du Document Johannite en 7,2b.

4 **7** Et, les ayant placés au milieu, | Et, les ayant placés au milieu,
ils s'enquéraient: «Par quelle puissance | ils s'enquéraient par quelle puissance
ou par quel nom avez-vous fait cela, vous?» | ou par quel nom ils avaient agi.

8 Alors Pierre, rempli de l'Esprit saint, leur dit: | Alors Pierre, rempli de l'Esprit saint, leur dit:
«Chefs du peuple et Anciens, | «Chefs du peuple et Anciens d'Israël,

9 si, aujourd'hui, nous sommes interrogés | voici (que) nous sommes interrogés par vous
au sujet d'un bien fait à un homme malade: | au sujet d'un bien fait à un homme malade:
par quel (moyen) celui-ci a-t-il été sauvé? | par quel (moyen) celui-ci a-t-il été sauvé?

10 Qu'il soit connu de vous tous et de tout le | Qu'il soit connu de tout le
peuple d'Israël que (c'est) au nom de | peuple d'Israël que (c'est) au nom de
Jésus Christ le Nazôréen, que vous, vous avez | Jésus le Nazôréen, que vous, vous avez
crucifié, que Dieu a ressuscité des | crucifié, que Dieu a ressuscité des
morts, (c'est) par lui (que) celui-ci se tient | morts, (c'est) par lui (que) celui-ci se tient
devant vous, en bonne santé. | devant vous, en bonne santé, par nul autre.

11 Celui-ci est la pierre qui, dédaignée par vous, | Celui-ci est la pierre qui, dédaignée par vous,
les bâtisseurs, est devenue une tête d'angle. | les bâtisseurs, est devenue une tête d'angle.

12 Et il n'y a de salut en nul autre |
car il n'y a pas non plus d'autre nom sous le | Il n'y a pas d'autre nom sous le
ciel qui (fut) donné parmi les hommes | ciel donné aux hommes
par lequel il nous faut être sauvés. | par lequel il faut être sauvé.

13 Or, en voyant l'assurance de Pierre et | Or, tous ayant entendu l'assurance de Pierre et
de Jean, et ayant compris que c'étaient des | de Jean, persuadés que c'étaient des
gens illettrés et simples, ils s'étonnaient. | gens illettrés et simples, ils s'étonnèrent.
 | Mais certains d'entre eux
Et ils reconnaissaient qu'ils avaient été avec | reconnaissaient qu'ils avaient vécu avec
Jésus, | Jésus,

14 et voyant avec eux l'homme debout, | et voyant l'homme malade,
celui qui avait été guéri, | guéri,
ils n'avaient rien à répliquer. | ils ne pouvaient rien faire.

15 Leur ayant ordonné de s'en aller hors du |
Sanhédrin, |
ils délibéraient entre eux | Alors ils se parlaient entre eux

16 en disant: «Que ferons-nous à ces gens? | en disant: «Que ferons-nous à ces gens?
En effet, qu'un signe notoire soit arrivé par | En effet, qu'un signe notoire est arrivé par
eux, c'est clair pour tous les habitants de | eux, c'est trop clair pour tous les habitants de
Jérusalem, et nous ne pouvons pas nier. | Jérusalem, et nous ne pouvons pas nier.

17 Mais afin que (cela) ne se répande pas | Mais afin que ces paroles ne se répandent pas

davantage dans le peuple,	davantage dans le peuple,
<u>interdisons-leur</u>	<u>nous leur interdirons</u>
<u>par des menaces de parler encore en ce</u>	<u>par des menaces de parler encore en ce</u>
<u>nom, à qui que ce soit.</u>»	<u>nom, à qui que ce soit.</u>»

4 18

Et les ayant rappelés	Étant tous tombés d'accord
ils leur interdirent absolument de prononcer	ils leur interdirent absolument de prononcer
un mot ou d'enseigner au nom de Jésus.	un mot ou d'enseigner au nom de Jésus.

19

Mais Pierre et Jean, répondant, leur dirent:	Mais répondant, Pierre et Jean dirent:
«S'il est juste, devant Dieu, de vous	«Est-ce que cela vous paraît juste de vous
écouter plutôt que Dieu, jugez-en.	écouter plutôt que Dieu?

20

Car nous ne pouvons pas, nous, taire ce que	Nous, nous ne pouvons pas taire ce que
nous avons vu et entendu.»	nous avons vu et entendu.»

21

Mais eux, (leur) ayant interdit par des	Mais eux, leur ayant interdit par des
menaces,	menaces,
[et] ils les <u>laissèrent aller</u>[1]	[et] ils les <u>laissèrent aller</u>
ne trouvant pas comment les châtier	ne trouvant pas comment les châtier
<u>à cause du peuple parce que tous glorifiaient</u>	<u>à cause du peuple parce que tous glorifiaient</u>
<u>Dieu</u>	<u>Dieu</u>
pour ce qui était arrivé.	pour ce qui était arrivé.

22

En effet il avait plus de quarante ans l'hom-	En effet il avait plus de quarante ans l'hom-
me sur lequel était arrivé ce signe	me sur lequel était arrivé le signe
de guérison.	de guérison.

LE DON DE L'ESPRIT

23

<u>Or, ayant pu s'en aller, ils vinrent vers les</u>	Or ceux-ci, <u>ayant pu s'en aller, vinrent vers les</u>
<u>leurs</u>	<u>leurs.</u>
et ils racontèrent tout ce que les grands	et ils racontèrent tout ce que les grands
prêtres et les Anciens leur avaient dit.	prêtres et les Anciens leur avaient dit.

24

<u>Eux</u>, ayant entendu, ensemble	<u>Eux, ayant reconnu la force de Dieu,</u>
ils <u>élevèrent</u> la <u>voix</u> vers Dieu <u>et dirent:</u>	<u>élevèrent leur voix et dirent:</u>
«<u>Maître, toi qui as fait le ciel et la terre</u>	«<u>Maître, toi, le Dieu qui a fait le ciel et la terre</u>
<u>et la mer et tout ce qui s'y trouve,</u>	<u>et la mer et tout ce qui s'y trouve,</u>

25

toi qui as dit par la bouche de notre père	toi qui as dit par la bouche de notre père
David, ton serviteur: "Pourquoi les nations	David, ton serviteur: "Pourquoi les nations

[1] Ici et au v. 23, au niveau du Document P le verbe ἀπολύειν a le sens de "laisser aller", comme en 13,3; 15,30.33: 17,9; 19,40; 23,22; 28,25. Mais au niveau de Act II, il signifie "délivrer, relâcher de prison", comme en 3,13; 5,40; 16,35.36; 26,32; 28,18.

ont-elles frémi, et les peuples ont-ils
de vains projets?

ont-elles frémi, et les peuples ont-ils
de vains projets?

4 26　Les rois de la terre se sont présentés et les
chefs se sont rassemblés en un même (lieu),
contre le Seigneur et contre son Oint."

Les rois de la terre se sont présentés et les
chefs se sont rassemblés en un même (lieu),
contre le Seigneur et contre son Oint."

27　Car ils se sont rassemblés en vérité dans
cette ville contre ton saint Serviteur Jésus
que tu as oint, Hérode et Ponce Pilate
avec les nations et les peuples d'Israël

ils se sont rassemblés en vérité dans
cette ville contre ton saint Serviteur
que tu as oint, Hérode et Pilate
et le peuple d'Israël

28　pour faire tout ce que ta main et ton conseil
avaient décidé à l'avance qu'il arriverait.

pour faire tout ce que ta main et ton conseil
avaient décidé à l'avance.

29　Et maintenant, Seigneur, considère leurs
menaces et donne à tes serviteurs de parler
ta Parole avec beaucoup d'assurance,

Et maintenant, Seigneur, considère leurs
menaces et donne à tes serviteurs de parler
ta Parole avec assurance,

30　en étendant, toi, la main pour qu'arrivent
guérison, signes et prodiges par le nom de
ton saint Serviteur Jésus.»

en étendant ta main pour qu'arrivent
guérisons, signes et prodiges par le nom de
ton saint Serviteur Jésus.»

31　Et, tandis qu'ils priaient, le lieu où ils étaient
rassemblés fut secoué et ils furent tous
remplis du saint Esprit et ils parlaient la
parole de Dieu avec assurance.

Et, tandis qu'ils priaient, le lieu où ils étaient
rassemblés fut secoué et ils furent
remplis de l'Esprit et ils parlaient
la parole de Dieu avec assurance
à quiconque voulait croire.

SOMMAIRE DE ACT II

32　À la foule de ceux qui avaient cru, il n'y
avait qu'un cœur et qu'une âme,

Pour la foule de ceux qui avaient cru, il n'y
avait qu'une âme et qu'un cœur,
et il n'y avait nulle division parmi eux,

et pas un seul ne disait qu'une de ses pos-
sessions lui était propre, mais tout leur était
commun.

et nul ne disait qu'une de ses pos-
sessions (lui était) propre, mais tout (leur) était
commun.

33　Et avec grande puissance les apôtres
[ils] rendaient témoignage à la résurrection
du Seigneur Jésus.

Et avec grande puissance les apôtres
[ils] rendaient témoignage à la résurrection
de Jésus.

(⇒ 5,12b)

Et une grande grâce était sur eux tous.

Et une grande grâce était sur eux.

34　En effet, il n'y avait aucun indigent parmi
eux. En effet, tous ceux qui se trouvaient

En effet, il n'y avait aucun indigent parmi
eux. Tous ceux qui se trouvaient

possesseurs de terres ou de maisons,
(les) vendant, apportaient le prix
de ce qui avait été vendu

possesseurs de terres[1] ou de maisons,
(les) vendant, (en) apportaient le prix

4 35 et le déposaient aux pieds des apôtres; mais
on donnait à chacun selon qu'il était dans
le besoin.

et le déposaient aux pieds des apôtres;
on donnait à chacun selon qu'il était dans
le besoin.

BARNABÉ - ANANIE ET SAPHIRE

36 Or Joseph, qui avait été surnommé Barnabé
par les apôtres - ce qui se traduit "fils d'exhortation" - un lévite, chypriote de naissance,

Or José, qui avait été surnommé Barnabé
par les apôtres - ce qui se traduit "fils d'exhortation" - chypriote de naissance,

37 comme il possédait un champ, l'ayant vendu,
il en apporta l'argent et le déposa aux pieds
des apôtres.

comme il possédait un champ, l'ayant vendu,
il en apporta l'argent et le déposa aux pieds
des apôtres.

5 1 Or un homme du nom d'Ananie, avec
Saphire sa femme, vendit un bien

Or un homme du nom d'Ananie, avec
Saphire sa femme, vendit un bien

2 et retint sur le prix, de connivence avec sa
femme, et, en ayant apporté une partie, il la
déposa aux pieds des apôtres.

et retint sur le prix, de connivence avec sa
femme, et, en ayant apporté une partie, il la
déposa aux pieds des apôtres.

3 Mais Pierre dit: «Ananie, pourquoi Satan
a-t-il rempli ton cœur pour mentir à l'Esprit
saint et retenir sur le prix du terrain?

Mais Pierre dit à Ananie: «Pourquoi Satan
a-t-il endurci ton cœur pour mentir au saint
Esprit et retenir sur le prix du terrain?

4 Resté (invendu), ne te restait-il pas? Et une
fois vendu, (le prix) ne se trouvait-il pas
en ton pouvoir? Comment as-tu mis dans
ton cœur cette affaire-là? Tu n'as pas menti
aux hommes, mais à Dieu.»

Resté (invendu), ne te restait-il pas? Et une
fois vendu, (le prix) ne se trouvait-il pas
en ton pouvoir? Comment as-tu mis dans
ton cœur d'agir si mal? Tu n'as pas menti
aux hommes, mais à Dieu.»

5 En entendant ces paroles, Ananie étant tombé expira. Et il arriva une grande peur sur
tous ceux qui entendirent (cette nouvelle).

Ayant entendu ces paroles, Ananie étant tombé expira. Et il arriva une grande peur sur
tous ceux qui entendirent (cette nouvelle).

6 Or, s'étant levés, les jeunes gens l'envelop-
pèrent et, l'ayant emporté, l'ensevelirent.

Or, s'étant levés, les jeunes gens l'envelop-
pèrent et, l'ayant emporté, l'ensevelirent.

7 Il y eut un intervalle d'environ trois heures et
sa femme, ignorant ce qui était arrivé, entra.

Il y eut un intervalle d'environ trois heures et
sa femme, ignorant ce qui était arrivé, entra.

[1] Nous avons restitué le grec χωρίων ἤ dans le TO.

5 8   Pierre l'interpella: «Dis-moi si (c'est) pour | Pierre l'interpella: «Est-ce pour
tel prix que vous avez aliéné le terrain.» | tel prix que vous avez aliéné le terrain?»
Elle dit: «Oui, pour tel prix.» | Elle dit: «Oui, pour tel prix.»

9   Pierre lui (dit): «Comment vous êtes-vous | Pierre lui (dit): «Comment vous êtes-vous
mis d'accord pour tenter l'Esprit du Sei- | mis d'accord pour tenter l'Esprit du Sei-
gneur? Voici à la porte les pieds de ceux qui | gneur? Voici à la porte les pieds de ceux qui
ont enseveli ton mari et ils t'emporteront.» | ont enseveli ton mari et ils t'emporteront.»

10   Elle tomba aussitôt à ses pieds et elle expira. | Et elle tomba à ses pieds et elle expira.
En entrant, les jeunes gens la trouvèrent | En entrant, les jeunes gens la trouvèrent
morte et, l'ayant emportée, | morte et, l'ayant emportée,
ils l'ensevelirent près de son mari. | ils l'ensevelirent près de son mari.

11   Et il arriva une grande peur sur toute l'église | Et il arriva une grande peur sur toute l'église
et sur tous ceux qui entendirent cette | et sur tous ceux qui entendirent cette
(nouvelle). | (nouvelle).

SOMMAIRES DE TRANSITION

                                                    (3,10 ⇐ *)*

12   *Or, par la main des apôtres, il arrivait* | *Or, par la main des apôtres, il arrivait*
beaucoup de signes et de prodiges | *des signes et des prodiges*
dans le peuple | *dans le peuple*

                                                    (4,33 ⇐*)*

Et ils étaient ensemble, tous, dans le portique | Et ils étaient ensemble dans le portique
de Salomon. | de Salomon.

13   Des autres, nul n'osait se joindre à eux | Et nul n'osait leur nuire
mais le peuple les magnifiait. | mais le peuple les magnifiait.

                                                        (⇒ 6,1)

14   De plus, s'adjoignaient (à eux) ceux qui | De plus, s'adjoignaient (à eux) ceux qui
croyaient au Seigneur, une foule d'hommes | croyaient au Seigneur, une foule d'hommes
et de femmes. | et de femmes.

15   *au point que* même *dans les rues* | *au point que dans les rues*
on apportait | *on apportait*
les malades et on les plaçait sur des lits | les malades et on les plaçait sur des lits
et des grabats afin que, Pierre passant, | et des grabats afin que, Pierre passant,
au moins (son) ombre couvrît l'un d'eux. | au moins (son) ombre couvrît l'un d'eux
 | et qu'ils soient délivrés de leur maladie.

16   Se rassemblait aussi la foule des villes | Se rassemblait la foule des villes
des environs de Jérusalem, apportant | des environs, à Jérusalem, apportant

des malades et des (gens) tourmentés par | *des malades et des (gens) tourmentés par*
des esprits impurs, qui *tous étaient guéris.* | *des esprits impurs et tous ils étaient guéris.*

C O M P A R U T I O N   D E V A N T   L E   S A N H É D R I N

5 17 S'étant levé, *le grand prêtre et tous ceux* | *Anne le grand prêtre et tous ceux*
qui (étaient) avec lui | *qui (étaient) avec lui*
- à savoir la secte des Sadducéens - | - à savoir la secte des Sadducéens -
furent remplis de jalousie | *furent remplis de jalousie*

18 *et ils jetèrent les mains sur les apôtres* | *et ils jetèrent les mains sur les apôtres*
et les mirent dans la prison publique. | *et les mirent dans la prison publique.*
| Et chacun s'en alla chez soi.

19 Or, l'ange du Seigneur, pendant la nuit, | Alors, pendant la nuit, l'ange du Seigneur
ouvrit les portes de la prison. | ouvrit les portes de la prison
Les ayant fait sortir il dit: | et il dit:

20 «Allez-vous en | «Allez-vous en(.»)
et, vous tenant dans le Temple, dites au | et, vous tenant dans le Temple, dites au
peuple toutes les paroles de cette vie.» | peuple toutes les paroles de cette vie.»

21 Ayant entendu, ils entrèrent à l'aube dans le | Étant sortis à l'aube, ils entrèrent dans le
Temple et ils enseignaient. | Temple et ils enseignaient.
Étant survenu, |
le grand prêtre, et ceux qui étaient | Le grand prêtre et ceux qui étaient
avec lui, | avec lui,
| *s'étant levés à l'aube*
convoquèrent *le Sanhédrin* | *et ayant convoqué le Sanhédrin*
et tout le Sénat des fils d'Israël | et tout le Sénat des fils d'Israël,
et *ils envoyèrent (des gens)* | *(ils) envoyèrent (des gens)*
à la prison pour les amener. | *à la prison pour les amener.*

22 **Mais,** étant arrivés, *les serviteurs* | *Mais les serviteurs,* étant arrivés
ne les trouvèrent pas dans la prison. | et ayant ouvert la prison, ne les trouvèrent pas.
Étant revenus, ils annoncèrent | Étant revenus, ils annoncèrent

23 en disant: «Nous avons trouvé la prison | en disant: «Nous avons trouvé la prison
fermée en toute sécurité et les gardes se | fermée en toute sécurité et les gardes se
tenant aux portes, | tenant devant les portes,
mais ayant ouvert nous n'avons trouvé | mais ayant ouvert nous n'avons trouvé
personne à l'intérieur.» | personne.»

24 Lorsqu'ils eurent entendu | Lorsqu'ils eurent entendu,
ces paroles, | ces paroles
le commandant du Temple et les grands | le grand prêtre et le commandant du Temple

prêtres se demandaient avec embarras
à leur sujet ce que cela signifiait.

se demandaient avec embarras
à leur sujet ce que cela signifiait.

5 25 Or quelqu'un étant arrivé leur annonça:
«Voici: les hommes que vous avez mis
dans la prison se tiennent dans le Temple
et enseignent le peuple.»

Alors on leur annonça:
«Voici: les hommes que vous avez mis
en prison se tiennent dans le Temple
et enseignent le peuple.»

26 Alors le commandant, étant parti avec les
serviteurs, les amena, sans violence car ils
craignaient le peuple, qu'ils ne les lapident.

Alors le commandant, étant parti avec les
serviteurs, les amena, sans violence
craignant qu'il ne soit lapidé par le peuple.

27 Or *les ayant amenés, ils les présentèrent*
dans le Sanhédrin. Et le grand prêtre
les interrogea en disant:

Et quand ils les eurent amenés
devant *le Sanhédrin* le commandant
se mit à leur dire:

28 «Nous vous avions expressément ordonné de ne plus enseigner en ce nom, et
voici que vous avez empli Jérusalem de
votre enseignement et vous voulez ame-
ner sur nous le sang de cet homme.»

«Ne vous avions-nous pas expressément ordonné de ne plus enseigner en ce nom? Mais vous,
voici que vous avez empli Jérusalem de
votre enseignement et vous voulez ame-
ner sur nous le sang de cet homme.»

29 *Répondant, Pierre* et les apôtres dirent:
«Il faut obéir à Dieu plutôt qu'aux hommes.

Répondant, Pierre lui dit:
«À qui faut-il obéir? À Dieu ou aux hommes?»
Lui dit: «À Dieu.» Pierre lui dit:

30 *Le Dieu de nos pères a ressuscité Jésus*
que vous, vous aviez fait mourir en le
suspendant au bois.

«Le Dieu de nos pères a ressuscité Jésus
que vous, vous aviez fait mourir en le
suspendant au bois.

31 *Celui-ci, Dieu l'a exalté à sa droite*
comme chef et sauveur,
pour donner le repentir à Israël
et la rémission des péchés.

Celui-ci, Dieu l'a exalté à sa droite
comme chef et sauveur,
pour donner le repentir à Israël
et la rémission des péchés, par lui.

32 *Et nous, nous (sommes) témoins de*
ces choses (.»)
et l'Esprit saint que Dieu a donné à ceux
qui lui obéissent.»

Et nous, nous (sommes) témoins de
toutes *ces choses (.»)*
et l'Esprit qu'Il a donné à ceux
qui lui obéissent.»

33 Mais eux, ayant entendu, *étaient*
furieux et ils voulaient *les supprimer.*

Mais en entendant cela ils étaient
furieux et ils projetaient de les supprimer.

34 *S'étant levé, quelqu'un* dans le *Sanhédrin,*
un Pharisien du nom de Gamaliel,
un docteur de la Loi estimé de tout
le peuple, ordonna de faire sortir
un moment les hommes.

S'étant levé, quelqu'un du Sanhédrin,
un Pharisien du nom de Gamaliel,
un docteur de la Loi estimé du peuple,
ordonna de faire sortir
les apôtres.

5 35 Et *il* leur *dit:* «*Hommes*
   d'Israël, prenez garde à ce que vous
   allez faire à ces hommes.

   36 En effet, avant ces jours-ci, se leva
   Theudas
   disant qu'il était quelqu'un; à lui s'est rallié
   un nombre d'environ quatre cents hommes.
   Lui, il fut tué et tous ceux qui lui avaient
   obéi furent massacrés et réduits à rien.

   37 Après lui *se leva Judas le Galiléen*
   aux jours du recensement et il entraîna
   du monde derrière lui. Celui-là aussi
   périt et tous *ceux qui lui avaient obéi*
   furent dispersés.

   38 *Et maintenant je vous dis: ne vous*
   occupez pas de ces gens-là et laissez-les
   aller.
   Car, si (c'est) des hommes (que) vient
   cette volonté ou cette entreprise,
   elle disparaîtra.

   39 Mais si c'est
   de Dieu,
   vous ne pourrez pas les faire disparaître,

   de peur que vous ne vous trouviez en guerre
   avec Dieu.»
   Ils furent persuadés par lui

   40 *et, ayant rappelé les apôtres,*
   les ayant fait battre,
   ils leur interdirent de parler
   au nom de Jésus
   et *ils les relâchèrent.*

   41 *Eux donc s'en allaient,*
   joyeux, de devant le Sanhédrin
   parce qu'ils avaient été jugés dignes
   d'être outragés à cause du Nom.

   42 Et chaque jour, dans le Temple
   et par maison, ils ne cessaient d'enseigner

Il dit à tout le Sanhédrin: «*Hommes*
d'Israël, prenez garde à ce que vous
allez faire à ces hommes.

En effet, avant ce temps-ci, se leva
un certain Theudas
disant qu'il était grand; et le suivirent
quatre cents hommes.
Lui, il fut massacré et, à cause de lui,
ils furent réduits à rien.

Ensuite se leva Judas le Galiléen aux jours
du recensement et il entraîna beaucoup
de monde derrière lui. Celui-là aussi
périt et ceux qui lui avaient obéi
furent dispersés.

Et maintenant, frères, je vous dis: ne vous
occupez pas de ces gens-là et laissez-les
sans souiller vos mains.(*)
Car si cette autorité vient
d'une volonté humaine,
sa puissance disparaîtra.

Mais si cette autorité vient d'une volonté
de Dieu,
vous ne pourrez pas les faire disparaître,
ni vous, ni vos chefs.
Ne vous occupez donc pas de ces hommes-là,
de peur que vous ne vous trouviez en guerre
avec Dieu.»
Ils furent persuadés par lui

et, ayant rappelé les apôtres,
les ayant fait battre, ils les relâchèrent,
leur ayant ordonné de ne parler à personne
au nom de Jésus.

Eux donc, ayant été relâchés, *s'en allèrent,*
joyeux, de devant le Sanhédrin
parce que, à cause du Nom, *ils avaient été*
jugés dignes d'être outragés.
                                   (⇒ 6,8)

Or, chaque jour, dans le Temple
et par maison, ils ne cessaient d'enseigner

et d'annoncer le Christ Jésus.	et d'annoncer le Seigneur Jésus.

LE CHOIX DES SEPT

6 1   Or, en ces jours-là, comme se multipliaient les disciples, il y eut des murmures de la part des Hellénistes contre les Hébreux parce qu'étaient oubliées, dans le service quotidien, leurs veuves.

Or, en ces jours-là, comme se multipliait la multitude des disciples, il y eut des murmures

parce qu'étaient oubliées dans le service quotidien, les veuves des Hellénistes par les serviteurs des Hébreux.

2   Ayant appelé [les Douze], la foule des disciples dit: «Il ne convient pas que nous délaissions la parole de Dieu pour servir aux tables.

Les Douze, ayant appelé toute la foule des disciples, dirent: «Il ne convient pas que nous délaissions la parole de Dieu pour servir aux tables.

3   [Cherchons], frères, parmi [nous] sept hommes de bon renom, remplis d'Esprit et de sagesse, que nous chargerons de cette fonction.

Quoi donc, frères? Cherchez parmi vous sept hommes de bon renom, remplis de l'Esprit du Seigneur, que nous chargerons de cette fonction.

4   Quant à nous, nous serons assidus à la prière et au service de la Parole.

Quant à nous, nous (serons) assidus à la prière et au service de la Parole.

5   Le discours plut à toute la foule et ils choisirent Étienne, homme plein de foi et d'Esprit saint, et Philippe et Prochore et Nicanor et Timon et Parmenas et Nicolas, un prosélyte d'Antioche,

Ce discours plut à toute la foule et ils choisirent Étienne, homme plein de foi et d'Esprit saint, et Philippe et Prochore et Nicanor et Timon et Parmenas et Nicolas, un prosélyte d'Antioche.

6   qu'ils placèrent devant les apôtres et ayant prié ils leur imposèrent les mains.

Ils placèrent ceux-ci devant les apôtres et ayant prié ils leur imposèrent les mains.

7   Et la parole de Dieu croissait et se multipliait(.) beaucoup le nombre des disciples à Jérusalem, et une grande foule de prêtres obéissaient à la foi.

Et la parole du Seigneur croissait et se multipliait(.) beaucoup le nombre des disciples; une grande foule de prêtres obéissaient à la foi.

L A   M O R T   D ' É T I E N N E

(5,41 ⇐)

6 8   *Or Étienne, plein de grâce*
et de puissance, faisait des prodiges
et de grands signes *devant le peuple.*

Or Étienne, plein de grâce
et de puissance, faisait des signes
et des prodiges devant le peuple.

9   *Or se levèrent certains* de ceux
de la synagogue dite *des Affranchis*
et des Cyréniens et des Alexandrins
et de ceux de Cilicie et d'Asie,
pour discuter avec Étienne.

Or se levèrent certains
de la synagogue des dits Affranchis,
et d'autres: Cyréniens, et d'Alexandrie
et de Cilicie et d'Asie,
pour discuter avec Étienne(.)

10   Et ils ne pouvaient pas s'opposer à la sagesse

et à l'Esprit qui le faisait parler.

qui ne pouvaient pas s'opposer à la sagesse
qui était en lui
et à l'Esprit qui le faisait parler,
du fait qu'ils étaient réfutés par lui en toute
assurance.

11

Alors ils soudoyèrent des hommes pour dire:
«Nous l'avons entendu dire des paroles
blasphématoires contre Moïse
et contre Dieu.»

Donc, ne pouvant pas regarder en face
la vérité,
ils soudoyèrent des hommes pour dire:
«Nous l'avons entendu dire des paroles
de blasphème contre Moïse
et contre Dieu.»

(⇒ 7,57)

12   Et *ils ameutèrent le peuple et les*
Anciens et les scribes et, survenant,
ils s'emparèrent de lui et l'amenèrent
au Sanhédrin.

Et *ils ameutèrent le peuple et les*
Anciens et les scribes et, survenant,
ils s'emparèrent de lui et l'amenèrent
au Sanhédrin

13   Et ils présentèrent de faux témoins
disant:«*Cet homme ne cesse*
de parler des paroles *contre ce saint Lieu*
et contre la Loi.(»)

Et ils présentèrent de faux témoins
[en] disant:[1] «*Cet homme ne cesse*
de parler contre ce saint Lieu
et contre la Loi.(»)

14   En effet nous l'avons entendu dire que Jésus,
ce Nazôréen, détruira ce Lieu et changera
les coutumes que Moïse nous a transmises.

Nous l'avons entendu dire que Jésus,
ce Nazôréen, détruira ce Lieu et changera
la coutume que Moïse nous a transmise.

15   Et *tous ceux qui* étaient assis *dans le San-*
hédrin, l'ayant regardé fixement, virent
son visage comme un visage d'ange.

Et *tous ceux qui (étaient) dans le San-*
hédrin, l'ayant regardé fixement, virent
son visage comme le visage de l'ange
de Dieu debout au milieu d'eux.

---

[1] Dans le TO, il faut restituer un participe au nominatif pluriel, λέγοντες, qui se rattache au sujet des verbes
du v. 12. On a une construction analogue en 23,18: «il amena... en disant.»

7 1 *Le grand prêtre dit:*
«Est-ce qu'il en est ainsi?»

Le grand prêtre dit à Étienne:
«Est-ce qu'il en est ainsi?»

2 *Or lui* déclara: *«Hommes, (mes) frères et*
pères, écoutez. Le Dieu de gloire est
apparu à notre père Abraham
tandis qu'il était en Mésopotamie, avant
qu'il n'habitât à Harran,

Or lui répondit: «Hommes, (mes) frères et
pères, écoutez. Le Dieu de gloire est
apparu à notre père Abraham[1]

3 *et il lui dit: "Sors de ton pays et de*
ta famille et va dans le pays que je te
montrerai."

et il lui dit: "Sors de ton pays et de
ta famille et va dans le pays que je te
montrerai."

4 Alors, sortant du pays des Chaldéens, il
habita à Harran. Et de là, après que son père
fut mort,
Il le fit habiter dans ce pays dans lequel
vous, vous habitez maintenant.

Et Il le fit habiter dans ce pays dans lequel
vous, vous habitez.

5 *Et là, il ne lui donna pas d'héritage, ni*
de quoi poser le pied, mais il promit de
le lui donner en possession, ainsi qu'à
sa descendance après lui,
(bien que) n'ayant pas d'enfant.

Et là, il ne lui donna pas d'héritage, ni
de quoi poser le pied, mais il promit de
le lui donner en possession, ainsi qu'à
sa descendance après lui.

6 *Or,* Dieu *parla ainsi: "Ta descendance*
sera en exil dans un pays étranger
et ils la réduiront en esclavage et ils la
maltraiteront durant quatre cents ans.

Or, Il lui parla ainsi: "Ta descendance
sera en exil dans un pays étranger
et ils (la) réduiront en esclavage et ils la
maltraiteront durant quatre cents ans.

7 *Et la nation dont ils seront esclaves, je*
la jugerai, moi, dit Dieu,
et après cela ils sortiront
et me rendront un culte dans ce lieu-ci.

Et la nation dont ils seront esclaves, je
la jugerai, moi, dit le Seigneur,
et après cela ils sortiront
et me rendront un culte dans ce lieu-ci.

8 *Et il lui donna l'alliance de la circonci-*
sion. Et ainsi il engendra Isaac et il le
circoncit le huitième jour, et Isaac,
Jacob et Jacob, les douze patriarches.

Et il lui donna l'alliance de la circonci-
sion. Et ainsi il engendra Isaac et il le
circoncit le huitième jour, et Isaac,
Jacob et Jacob, les douze patriarches.

9 *Et les patriarches, jaloux de Joseph, le*
vendirent en Égypte. Et Dieu était
avec lui.

Et les patriarches, jaloux de Joseph, le
vendirent en Égypte. Et Dieu était
avec lui.

---

[1] C'est ici que se poursuit le Document Johannite utilisé par Act I. Le début se lisait en 3,19-21.25. Nous
l'avons signalé par deux traits verticaux.

7 10 *Et il le tira de tous ses tourments et il* | *Et il le tira de tous ses tourments et il*
lui donna grâce et sagesse devant Phara- | *lui donna grâce et sagesse devant*
on *le roi d'Égypte et il l'établit gouver-* | *le roi d'Égypte et il l'établit gouver-*
neur sur l'Égypte et sur *toute sa maison.* | *neur sur l'Égypte et toute sa maison.*

11 *Or vint une famine sur toute* | *Or vint une famine sur tout le pays*
l'Égypte et Canaan et une grande | *d'Égypte et Canaan et une grande*
détresse, et nos pères ne trouvaient pas | *détresse, et nos pères ne trouvaient pas*
de vivres. | *de vivres.*

12 *Or Jacob, ayant entendu (dire) qu'il y* | *Or Jacob, ayant entendu (dire) qu'il y*
avait du blé en Égypte, (y) envoya | *avait du blé en Égypte, (y) envoya*
nos pères une première fois. | *nos pères une première fois.*

13 *Et une seconde fois, Joseph se fit* | *Et une seconde fois, Joseph se fit*
connaître *de ses frères et l'origine* | *reconnaître de ses frères et l'origine*
de Joseph fut révélée au Pharaon. | *de Joseph fut révélée au Pharaon.*

14 *Or Joseph, ayant envoyé (quelqu'un), fit* | *Or Joseph, ayant envoyé (quelqu'un), fit*
venir Jacob *son père et toute la famille,* | *venir son père et toute* sa *famille,*
de soixante-quinze personnes. | *de soixante-quinze personnes.*

15 Or *Jacob descendit et il mourut, lui* | *Jacob descendit* en Égypte *et il mourut, lui*
et nos pères. | *et nos pères.*

16 *Et* ils furent transportés *à Sichem et* | *Et il fut transporté à Sichem et*
ils furent placés *dans le tombeau* | *il fut placé dans le tombeau*
qu'Abraham acheta à prix d'argent | *qu'Abraham acheta à prix d'argent*
aux fils d'Emmor, à *Sichem.* | *aux fils d'Emmor de Sichem.*

17 *Or, comme approchait le temps de la* | *Or, comme approchait le temps de la*
promesse que Dieu *avait* jurée *à Abra-* | *promesse qu'Il avait promise à Abra-*
ham, le peuple s'accrut et se multiplia | *ham, le peuple s'accrut et se multiplia*
en Égypte | *en Égypte*

18 *jusqu'à ce que se levât un* autre *roi* sur | *jusqu'à ce que se levât un roi*
*l'Égypte qui n'*avait *pas* connu *Joseph.* | *qui ne se souvint pas de Joseph.*

19 *Celui-ci, s'étant joué de notre race, mal-* | *Celui-ci, s'étant joué de notre race, mal-*
traita les *pères au point de faire exposer* | *traita nos pères au point de faire exposer*
leurs enfants pour qu'ils ne vécussent | *leurs enfants pour que ne vécussent*
pas. | *pas les mâles.*

20 *En ce temps-là naquit Moïse et il était* | *En ce temps-là naquit Moïse et il était*
gracieux devant Dieu, (lui) qui fut élevé | *gracieux devant Dieu, (lui) qui fut élevé*
durant trois mois dans la maison | *durant trois mois dans la maison*
de (son) père. | *de (son) père.*

7 21 *Or, comme il était exposé, la fille de Pharaon le recueillit et l'éleva pour elle comme un fils.*

Or, exposé dans le fleuve, la fille de Pharaon le recueillit et l'éleva pour elle comme un fils.

22 *Et Moïse fut instruit de toute la sagesse des Égyptiens. Il était puissant en ses paroles et en ses actions.*

Et Moïse fut instruit de toute la sagesse des Égyptiens. Il était puissant en ses paroles et en ses actions.

23 Comme s'achevait pour lui le temps de quarante ans, il lui monta au cœur de visiter ses frères, les fils d'Israël.

Comme s'achevait pour lui le temps de quarante ans, il lui monta au cœur de visiter ses frères, les fils d'Israël.

24 Et, en ayant vu un que l'on maltraitait,

il prit sa défense et vengea l'opprimé en tuant l'Égyptien.

Et, en ayant vu un que l'on maltraitait, (un) de sa race, il prit sa défense et vengea l'opprimé en tuant l'Égyptien.

25 Il pensait que ses frères comprendraient que, par sa main, Dieu leur donnait le salut. Mais ils ne comprirent pas.

Il pensait que ses frères comprendraient que, par sa main, Il leur donnait le salut. Mais ils ne comprirent pas.

26 Et le jour suivant il apparut à eux se battant

et il tentait de les réconcilier (jusqu')à la paix en disant: "Hommes, vous êtes des frères; pourquoi vous maltraitez-vous?"

Or le jour suivant il en vit qui se maltraitaient et il tentait de les réconcilier (jusqu')à la paix en disant: "Hommes, vous êtes des frères; pourquoi vous maltraitez-vous?"

27 Mais celui qui maltraitait son prochain le repoussa en disant: "Qui t'a établi chef et juge sur nous?

Mais celui qui maltraitait son prochain le repoussa en disant: "Qui t'a établi chef et juge sur nous?

28 Ne veux-tu pas, toi, me supprimer comme tu as supprimé hier l'Égyptien?"

Ne veux-tu pas me supprimer comme tu as supprimé hier l'Égyptien?"

29 Or, sur cette parole, Moïse s'enfuit et il s'exila au pays de Madian où il engendra deux fils.

Et, sur cette parole, il (lui) fit prendre la fuite et il s'exila au pays de Madian où il engendra deux fils.

30 *Et quarante ans étant accomplis, un ange lui apparut dans le désert du mont Sinaï dans la flamme d'un buisson en feu.*

Et après cela, ses quarante ans étant accomplis, un ange lui apparut dans le désert dans la flamme d'un buisson en feu.

31 *Or Moïse, ayant vu, s'étonna de la vision. Mais, tandis qu'il s'approchait pour observer, il y eut la voix du Seigneur:*

Or Moïse, ayant vu, s'étonnait de la vision. Et tandis qu'il s'approchait pour observer, il y eut une voix vers lui:

7 32 *"Je (suis) le Dieu de tes pères, le Dieu d'Abraham et d'Isaac et de Jacob." Tout tremblant, Moïse n'osait pas observer.*

"Je (suis) le Dieu de tes pères, le Dieu d'Abraham et d'Isaac et de Jacob." Tout tremblant, Moïse n'osait pas observer.

33 *Mais le Seigneur lui dit:* "Dénoue la sandale de tes pieds, car le lieu où tu te tiens est une terre sainte.

Mais le Seigneur lui dit: "Dénoue la sandale de tes pieds, car le lieu où tu te tiens est une terre sainte.

34 *J'ai bien vu le malheur de mon peuple qui (est) en Égypte et j'ai entendu son gémissement et je suis descendu les délivrer. Et maintenant, va, je t'envoie en Égypte.*

J'ai bien vu le malheur de mon peuple qui (est) en Égypte et j'ai entendu son gémissement et je suis descendu les délivrer. Et maintenant, je t'envoie en Égypte.[1]

35 *Ce Moïse qu'ils ont renié en disant: "Qui t'a établi chef* et *juge?", celui-ci, Dieu l'a envoyé comme* chef et *libérateur avec la main de l'ange qui lui est apparu dans le buisson.*

Ce Moïse qu'ils ont renié en disant: "Qui t'a établi chef ou *juge?", celui-ci Dieu l'a envoyé comme libérateur par la main de l'ange qui lui est apparu dans le buisson.*

36 *Celui-ci, il les a fait sortir en faisant* des prodiges et des signes en *Égypte et dans la mer Rouge et dans le désert durant quarante ans.*

Celui-ci, il les a fait sortir en faisant des signes et des prodiges au pays d'Égypte et dans la mer Rouge et dans le désert durant quarante ans.

37 C'est lui le Moïse qui a dit aux fils d'Israël: "Dieu vous suscitera un prophète d'entre vos frères, comme moi."

C'est lui, Moïse, qui a dit aux fils d'Israël: "Dieu suscitera un prophète d'entre vos frères, comme moi."

38 *C'est lui qui fut dans l'assemblée au dé- sert avec l'ange qui lui parlait au mont Sinaï et (avec) nos pères, qui a reçu les paroles vivantes pour vous les donner,*

C'est lui qui fut dans l'assemblée au dé- sert avec l'ange qui lui parlait au mont Sinaï et (avec) nos pères, qui a reçu les paroles vivantes pour nous les donner,

39 *à qui nos pères ne voulurent pas obéir, mais ils (le) repoussèrent et se tournè- rent* en leurs *cœurs en Égypte,*

à qui nos pères ne voulurent pas obéir, mais ils (le) repoussèrent et se tournè- rent de cœur en Égypte,

40 *disant à Aaron: "Fais-nous des dieux qui marchent devant nous. Car ce Moïse qui nous a fait sortir du pays d'Égypte, nous ne savons pas ce qui lui* arriva.*"*

disant à Aaron: "Fais-nous des dieux qui marchent devant nous. Car ce Moïse qui nous a fait sortir du pays d'Égypte, nous ne savons pas ce qui lui est arrivé."

41 *Et ils fabriquèrent un veau, en ces jours-là, et ils firent monter* un sacrifice *à l'idole et ils se* réjouissaient

Et ils fabriquèrent un veau, en ces jours-là, et ils firent monter des sacrifices à l'idole et ils se réjouirent

---

[1] Le Document Johannite aura sa suite en 13,17.

des œuvres de leurs mains. | *des œuvres de leurs mains.*

7 42 Or Dieu se détourna (d'eux) et les livra
au culte de l'armée du ciel, comme il est
écrit au livre des prophètes: "Ne m'avez-
vous pas offert des victimes et des sacrifices
durant quarante ans, maison
d'Israël?

Mais Dieu se détourna d'eux et les livra
au culte de l'armée du ciel, comme il est
écrit au livre des prophètes: "Ne m'avez-
vous pas offert des victimes et des sacrifices
durant quarante ans dans le désert, maison
d'Israël?

43 Et vous avez porté la tente de Moloch et
l'astre du dieu Rompha, les figures que vous
avez faites pour vous prosterner
(devant elles). Et je vous déporterai
au-delà de Babylone."

Et vous avez porté la tente de Moloch et
l'astre du dieu Remphan, les figures que vous
avez faites pour vous prosterner
(devant elles). Et je vous déporterai
au-delà de Babylone."

44 La tente du témoignage, nos pères
(l')avaient au désert comme celui qui parlait
à Moïse avait ordonné de la faire,
selon le modèle qu'il avait vu.

La tente du témoignage, nos pères
(l') avaient au désert comme, en parlant
à Moïse, Il avait ordonné de la faire,
selon le modèle qu'il avait vu.

45 (Elle) que aussi, l'ayant reçue, nos pères in-
troduisirent avec Josué (dans le pays) en
possession des nations que Dieu chassa de
devant nos pères, jusqu'aux jours de David.

(Elle) que aussi, l'ayant reçue, nos pères in-
troduisirent avec Josué, (dans le pays) en
possession des nations que Dieu chassa de
devant nos pères, jusqu'aux jours de David.

46 (Lui) qui trouva grâce devant Dieu et
demanda à trouver une demeure
pour la maison de Jacob.

(Lui) qui trouva grâce devant Dieu et
demanda à trouver une demeure
pour la maison de Jacob.

47 Or Salomon lui bâtit une maison.

Or Salomon lui bâtit une maison.

48 Mais le Très-Haut n'habite pas dans ce qui
est fait de main d'hommes, comme dit
le prophète:

Or le Très-Haut n'habite pas dans ce qui
est fait de main d'hommes, comme dit
le prophète:

49 "Le ciel (est) mon trône et la terre mon
marchepied. Quelle maison me bâtirez-vous,
dit le Seigneur,
ou quel (sera) le lieu de mon repos?

"Le ciel est mon trône et la terre mon
marchepied. Quelle maison me bâtirez-vous,

ou quel sera le lieu de mon repos?

50 N'est-ce pas ma main qui a fait
toutes ces (choses)?"

N'est-ce pas ma main qui a fait
toutes ces (choses)?"

51 *Nuques raides, incirconcis de cœurs et
d'oreilles, vous, toujours vous résistez
à l'Esprit* saint; *comme vos pères,
ainsi vous (êtes).*

*Nuques raides, incirconcis de cœur et
d'oreilles, vous, toujours vous résistez
à l'Esprit, comme vos pères.*

7 52 Combien de prophètes vos pères n'ont-ils pas persécutés? Et ils ont tué ceux qui prédisaient touchant la venue du Juste, envers lequel vous êtes devenus maintenant des traîtres et des meurtriers.

53 *(Vous) qui avez reçu la Loi en préceptes d'anges et ne l'avez pas observée.»*

54 *En entendant cela, ils étaient furieux dans leurs cœurs et ils grinçaient des dents contre lui.*

55 *Mais, se trouvant* rempli de l'Esprit saint, *ayant regardé fixement vers le ciel, il vit la gloire de Dieu et Jésus* debout *à la droite* de Dieu.

56 *Et il dit: «Voici que je vois les cieux ouverts et le Fils de l'homme debout à la droite de Dieu.»*

57 *Ayant crié à pleine voix, ils se bouchaient les oreilles et ils se précipitèrent* ensemble *sur lui.*

58 *Et, l'ayant traîné hors de la ville, ils (le) lapidaient(,).*
Et les témoins avaient déposé leurs manteaux aux pieds d'un jeune homme [dont le nom est] appelé Saul,

59 et ils lapidaient Étienne *priant et disant: «Seigneur Jésus, reçois mon esprit.»*

60 Or, s'étant mis à genoux, il cria à pleine voix: «Seigneur, ne leur impute pas ce péché.» *Et, ayant dit cela, il s'endormit.*

Combien de prophètes vos pères n'ont-ils pas persécutés? Et ils ont tué ceux qui prédisaient touchant la venue du Juste, envers lequel vous êtes devenus des traîtres et des meurtriers.

(Vous) qui avez reçu la Loi en préceptes d'anges et ne l'avez pas observée.»

Ayant entendu *cela, ils étaient furieux dans leurs cœurs et ils grinçaient des dents contre lui.*

Mais lui, se trouvant dans l'Esprit, ayant regardé fixement vers le ciel, vit la gloire de Dieu et Jésus à la droite.

Et il dit: «Voici que je vois les cieux ouverts et le Fils de l'homme debout à la droite de Dieu.»

(6,11 ⇐)

Mais le peuple, ayant entendu cela, cria à pleine voix *et ils se bouchaient les oreilles et ils se précipitèrent tous sur lui.*

Et, l'ayant traîné hors de la ville, ils le lapidaient(,).
Et les témoins avaient déposé les manteaux aux pieds d'un jeune homme dont le nom est appelé Saoul,

et ils lapidaient Étienne *priant et disant: «Seigneur Jésus, reçois mon esprit.»*

S'étant mis à genoux, il cria à pleine voix: «Seigneur, ne leur impute pas ce péché.» *Et, ayant dit cela, il s'endormit.*

ÉVANGÉLISATION DE LA SAMARIE

8 1   Quant à Saul, il approuvait son meurtre. | Quant à Saul, il approuvait son meurtre.
Or il y eut, en ces jours-là, une grande persé-cution contre l'église qui (est) à Jérusalem. Tous furent dispersés dans les campagnes de Judée et de Samarie, sauf les apôtres. | Or il y eut, en ces jours-là, une grande épreuve contre l'église qui (est) à Jérusalem et tous furent dispersés dans les bourgs de Judée et de Samarie, sauf les apôtres qui restèrent à Jérusalem.

2   Or des hommes pieux ensevelirent Étienne et firent sur lui une grande lamentation. | Or des hommes pieux ensevelirent Étienne et firent sur lui une grande lamentation.

3   *Or Saul ravageait l'église(.)* | *Or Saul ravageait* les églises
                                                           (⇒ 9,3)
entrant de maison en maison, traînant hommes et femmes il (les) jetait en prison. | entrant de maison en maison, jetant hommes et femmes en prison.

4   Ceux donc qui avaient été dispersés passèrent en annonçant la Parole. | Ceux donc qui avaient été dispersés passèrent en annonçant la Parole.[1]

5   Or Philippe, étant descendu dans la ville de Samarie, leur proclamait le Christ. | Or Philippe, étant descendu dans une ville de Samarie, proclamait Jésus.

6   Les foules s'attachaient à ce qui était dit par Philippe, ensemble, du fait qu'ils entendaient et voyaient les signes qu'il faisait. | Alors qu'ils écoutaient, les gens se laissaient persuader par ce qui était dit par lui, ayant vu les signes qu'il faisait.

7   Car beaucoup de ceux qui avaient des esprits impurs sortaient en criant à pleine voix et beaucoup de paralytiques et d'infirmes furent guéris. | Car, de beaucoup, des esprits impurs sortaient en criant à pleine voix et beaucoup de paralytiques et d'infirmes étaient guéris.

8   Or il y eut beaucoup de joie en cette ville. | Et il y eut grande joie en cette ville.
                                                              (⇒ 8,27)

9   Or un homme du nom de Simon se trouvait déjà dans la ville, exerçant la magie et émerveillant le peuple de Samarie, se disant être quelqu'un de grand. | Or un homme du nom de Simon se trouvait déjà dans la ville, exerçant la magie et émerveillant le peuple de Samarie, se disant être quelqu'un de grand.

---

[1] Nous avons abandonné les leçons, faiblement attestées, que nous avions attribuées au TO.

8 10 À lui tous s'attachaient, du petit jusqu'au
grand, en disant: «C'est la Puissance
de Dieu qui (est) appelée Grande.»

À lui ils s'attachaient, du petit jusqu'au
grand, en disant: «C'est la Puissance
de Dieu, la Grande.

11 Ils s'attachaient à lui du fait que depuis
longtemps il les émerveillait
par ses tours de magie.

Ils s'attachaient à lui du fait que depuis
longtemps il les émerveillait.

12 Quand ils eurent cru à Philippe annonçant
(ce qui) touchait le royaume de Dieu
et le nom de Jésus Christ, ils étaient baptisés,
hommes et femmes.

Quand ils eurent cru à Philippe annonçant
ce qui touchait le royaume de Dieu,
au nom de Jésus ils étaient baptisés,
hommes et femmes.

13 Or Simon, lui aussi, crut et, ayant été baptisé,
il s'attachait à Philippe et en voyant les
signes et les grands miracles qui arrivaient
il était émerveillé.

Or Simon, lui aussi, crut et
il s'attachait à Philippe; en voyant les
signes et les grands miracles qui arrivaient
il était émerveillé.

14 Or les apôtres qui (étaient) à Jérusalem,
ayant entendu (dire) que la Samarie
avait accueilli la parole de Dieu,
leur envoyèrent Pierre et Jean

Or les apôtres qui (étaient) à Jérusalem,
ayant entendu (dire) que même la Samarie
avait accueilli la parole de Dieu,
leur envoyèrent Pierre et Jean

15 qui, étant descendus,
priaient pour eux afin qu'ils reçussent
l'Esprit saint.

qui, étant descendus,
priaient pour eux afin qu'ils reçussent
l'Esprit saint.

16 En effet, il n'était encore tombé sur aucun
d'eux, mais ils se trouvaient baptisés
seulement au nom du Seigneur Jésus.

En effet, il n'était encore tombé sur aucun
d'eux, mais ils se trouvaient baptisés
seulement au nom de Jésus.

17 Alors, ils
leur imposaient les mains et ils recevaient
l'Esprit saint.

Alors, ils
leur imposaient les mains et ils recevaient
l'Esprit saint.

18 Or Simon, ayant vu que l'Esprit était donné
par l'imposition des mains des apôtres,
leur apporta de l'argent

Or Simon, ayant vu que l'Esprit était donné
par l'imposition des mains des apôtres,
leur apporta de l'argent

19 en disant: «Donnez, à moi aussi, ce pouvoir
afin que celui à qui j'imposerai
les mains reçoive l'Esprit saint.»

en priant et en disant: «Donnez-moi ce pouvoir
afin que celui à qui, moi aussi, j'imposerai
les mains reçoive l'Esprit saint.»

20 Mais Pierre lui dit:
«Que ton argent, avec toi, aille à sa perte
puisque tu as pensé acquérir le don de Dieu
à prix d'argent.

Mais Pierre lui dit:
«Que ton argent, avec toi, (aille) à sa perte
puisque tu as pensé acquérir le don de Dieu
à prix d'argent.

8 21 Il n'y a pour toi ni part ni héritage en cette affaire
car ton cœur n'est pas droit devant Dieu.

Il n'y a pour toi ni part ni héritage en cette affaire.
(«)Ton cœur n'est pas droit devant Dieu.

22 Repens-toi donc de cette tienne malice
et prie le Seigneur;
peut-être te sera pardonnée la pensée de ton cœur.

Repens-toi donc de cette tienne malice;
peut-être te sera pardonnée la pensée de ton cœur.(»)

23 Car je vois que tu es dans l'amertume du fiel
et le lien de l'iniquité.»

Car je vois que tu es dans l'amertume du fiel
et le lien de l'iniquité.»

24 Or répondant, Simon dit:
«Priez, vous, pour moi vers le Seigneur
afin que rien n'arrive sur moi
de ce que vous avez dit.»

Or répondant, Simon dit: «Je (vous) supplie,
priez, vous, vers Dieu
afin que rien n'arrive sur moi
de ce que vous avez dit.»
Il ne cessait de pleurer beaucoup.

25 Eux donc, ayant attesté et parlé la parole du Seigneur, revinrent à Jérusalem
et ils évangélisaient beaucoup de bourgs de Samaritains.

Eux donc, ayant attesté la Parole,
revinrent à Jérusalem.
Or ils évangélisaient beaucoup de bourgs de Samaritains.

CONVERSION D'UN EUNUQUE

26 Or, l'ange du Seigneur parla à Philippe en disant: «Lève-toi et va au midi, sur la route qui descend de Jérusalem à Gaza;
elle est déserte.»

Or, l'ange du Seigneur parla à Philippe en disant: «T'étant levé, va au midi, sur la route qui descend de Jérusalem à Gaza;
elle est déserte.»

27 Et s'étant levé, il y alla.
Et voici un homme éthiopien, eunuque,
haut fonctionnaire de Candace, reine
des Éthiopiens, qui était sur(intendant de)
tous ses trésors, qui était venu adorer
à Jérusalem.

Et s'étant levé, il y alla.   (8,8 ⇐)
Et voici (qu')un homme éthiopien, eunuque
de Candace, reine
des Éthiopiens, qui était sur(intendant de)
tous ses trésors, était venu adorer
à Jérusalem.

28 Or il s'en retournait et (était) assis sur son char
et il lisait le prophète Isaïe.

Celui-ci, s'en retournant, assis sur (son) char,
lisait Isaïe le prophète.

29 L'Esprit dit à Philippe: «Avance et rejoins ce char.»

L'Esprit dit à Philippe: «Avance et rejoins le char.»

30 Accourant, Philippe l'entendit lire Isaïe le

S'avançant, Philippe l'entendit lire Isaïe le

prophète et il dit: «Est-ce que tu comprends
ce que tu lis?»

8 31 Lui, il dit: «Comment, en effet, le pourrais-je
si personne ne me guide?»
Et il pria Philippe de monter s'asseoir
avec lui.

32 Or, le passage de l'Écriture qu'il lisait était
celui-ci: «Comme une brebis il a été conduit
à la boucherie et comme un agneau muet
devant celui qui le tond, ainsi il n'ouvre pas
sa bouche.

33 Dans l'humiliation, son jugement (lui) a été
enlevé. Sa génération, qui (la) racontera?
Parce que sa vie est enlevée de la terre.»

34 Répondant à Philippe, l'eunuque dit:
«Je te prie, de qui le prophète dit-il (cela)?
De lui-même ou d'un autre?»

35 Or Philippe, ouvrant sa bouche,
et commençant par cette Écriture,
lui annonça Jésus.

36 Comme ils allaient sur la route,
ils vinrent à un point d'eau et l'eunuque dit:
«Voici de l'eau, qu'est-ce qui empêche que
je sois baptisé?»

37

38 Et il ordonna d'arrêter le char
et ils descendirent tous les deux dans l'eau,
Philippe et l'eunuque,
et il le baptisa.

39 Lorsqu'ils remontèrent de l'eau,
l'Esprit

du Seigneur enleva Philippe
et l'eunuque ne le vit plus.
En effet, il allait sa route, joyeux.

40 Or, Philippe se trouva à Azot.

---

prophète et il dit: «Est-ce que tu comprends
ce que tu lis?»

Lui, il dit: «Comment le pourrais-je
si personne ne guide?»
Mais il pria Philippe de monter s'asseoir
avec lui.

Or, le passage de l'Écriture qu'il lisait était
celui-ci: «Comme une brebis il a été conduit
à la boucherie et comme un agneau muet
devant celui qui (le) tond, ainsi il n'ouvre pas
la bouche.

Dans l'humiliation, son jugement (lui) a été
enlevé. Sa génération, qui (la) racontera?
Parce que sa vie est enlevée de la terre.»

Répondant, l'eunuque dit:
«Je te prie, de qui le prophète dit-il (cela)?
De lui-même ou d'un autre?»

Or Philippe, ouvrant sa bouche,
commençant par cette Écriture,
annonça Jésus.

Comme ils allaient sur la route,
ils vinrent à un point d'eau et l'eunuque dit:
«Qu'est-ce qui empêche que
je sois baptisé?»

Alors Philippe dit: «Est-ce que tu crois
de tout ton cœur?» Répondant, il dit:
«Je crois que Jésus est le fils de Dieu.»

Et il ordonna d'arrêter le char
et ils descendirent tous les deux dans l'eau

et Philippe le baptisa.

Lorsqu'ils remontèrent de l'eau,
l'Esprit
saint tomba sur l'eunuque. Or l'ange
du Seigneur enleva Philippe
et l'eunuque ne le vit plus.
En effet, il allait (sa) route, joyeux.

Or, Philippe se trouva arriver à Azot.

Et, en passant, il évangélisait toutes les villes jusqu'à ce qu'il vint à Césarée.	(⟹ 9,32) En revenant de là, il évangélisait de ville en ville jusqu'à ce qu'il vint à Césarée.

CONVERSION DE PAUL

9 1	Or Saul, respirant encore menaces et meurtre contre les disciples du Seigneur, s'approchant du grand prêtre,	Or Saul, respirant menaces et meurtre contre les disciples du Seigneur, s'approchant du grand prêtre,
2	lui demanda des lettres pour Damas, aux synagogues, afin que, s'il trouvait des (gens) étant de la Voie, hommes et femmes, il les amènerait liés à Jérusalem.	lui demanda des lettres pour Damas, aux synagogues, afin que, s'il trouvait des (gens) de cette Voie, hommes et femmes, il les amènerait liés à Jérusalem.
3	*Mais, tandis qu'il allait [à Damas],* il arriva (qu')il approchait de Damas et *soudain une lumière (venue) du ciel brilla autour de lui*	*(8,3 ⟸)* Or il arriva, tandis qu'il approchait de Damas, (que) *soudain une lumière (venue) du ciel brilla autour de lui*
4	*et, étant tombé à terre,* *il entendit une voix lui disant:* «Saoul, Saoul, pourquoi me persécutes-tu?»	*et, étant tombé à terre,* avec beaucoup de stupéfaction *il entendit une voix lui disant:* «Saoul, Saoul, pourquoi me persécutes-tu?»
5	Il dit: «Qui es-tu, Seigneur?» Mais lui: «Je suis Jésus que tu persécutes.	Lui, il répondit en disant: «Qui es-tu, Seigneur?» Mais le Seigneur lui (dit): «Je suis Jésus que tu persécutes.» Lui, tremblant, tout effrayé de ce qui lui était arrivé, dit: «Seigneur, que veux-tu que je fasse?»
6	Mais *lève-toi et entre dans la ville et il te sera dit ce que tu dois faire.»*	Et le Seigneur lui (dit): *«Lève-toi et entre dans la ville;* là, *il te* sera montré *ce que tu dois faire.»*
7	Les gens qui faisaient route avec lui restaient debout, stupéfaits, entendant la voix mais ne voyant personne.	Les gens qui faisaient route avec lui restaient debout, stupéfaits, entendant la voix mais ne voyant personne parler.
8	*Saul se leva de terre mais* ses yeux ouverts *il ne voyait rien.* *L'ayant conduit par la main,*	Il leur dit: «Levez-moi *de terre.»* Et lorsqu'il l'eurent relevé *il ne voyait rien* les yeux ouverts. *L'ayant conduit par la main,*

ils le firent entrer à Damas.	*ils le* conduisirent *à Damas.*

9 9   *Et il était trois jours sans voir(.)*
      et il ne mangeait ni ne buvait.

      Et ainsi il demeura *trois jours sans* rien *voir(.)*
      et il ne mangeait ni ne buvait.

10 Or il y avait un disciple, à Damas, du nom
     d'Ananie, et le Seigneur lui dit en vision:
     «Ananie.» Il dit: «Me voici, Seigneur.»

     Or il y avait un disciple, à Damas, du nom
     d'Ananie, et le Seigneur lui dit en vision:
     «Ananie.» Répondant, il dit: «Oui, Seigneur.»

11 Le Seigneur lui (dit): «T'étant levé, va dans
     la rue qui (est) appelée Droite et cherche
     dans la maison de Juda Saul,
     Tarséen;
     car le voilà qui prie.»

     Le Seigneur lui (dit): «T'étant levé, va dans
     la rue qui (est) appelée Droite et cherche dans
     la maison de Juda un homme du nom de Saul,
     Tarséen de naissance;
     car lui, le voilà qui prie.»

12 *Et il vit un homme, en vision,*
     du nom d'Ananie, entrant et
     lui imposant les mains (.)
     pour qu'il recouvre la vue.

13 Ananie répondit: «Seigneur, de beaucoup
     (de gens) j'ai entendu (dire), à propos de cet
     homme, tout le mal qu'il a fait à tes saints
     à Jérusalem.

     Ananie répondit: «Seigneur,
     j'ai entendu (dire), à propos de cet
     homme, tout le mal qu'il a fait à tes saints
     à Jérusalem.

14 Et ici, il a pouvoir de la part des grands
     prêtres d'enchaîner tous ceux qui invoquent
     ton nom.»

     Et voici qu'il a pouvoir de la part des grands
     prêtres d'enchaîner tous ceux qui invoquent
     ton nom.»

15 Mais le Seigneur lui dit: «Va, car celui-ci
     est pour moi un instrument de choix pour
     porter mon nom devant les gentils et les rois
     et les fils d'Israël.

     Mais le Seigneur lui dit: «Va, car celui-ci
     est pour moi un instrument de choix pour
     porter mon nom devant les gentils et les rois
     et les fils d'Israël.

16 Car je lui montrerai tout ce qu'il doit souffrir
     pour mon nom.»

     Car je lui montrerai tout ce qu'il doit souffrir
     pour mon nom.»

17 Or s'en alla Ananie et il entra dans la
     maison et, lui ayant imposé les mains,
     il dit: «Saoul, (mon) frère, le Seigneur m'a
     envoyé, Jésus, qui t'est apparu sur la route
     par où tu allais, afin que
     tu recouvres la vue et que
     tu sois rempli de l'Esprit saint.»

     Alors, s'étant levé, Ananie s'en alla dans la
     maison et, lui ayant imposé la main,
     il dit: «Saoul, (mon) frère, le Seigneur m'a
     envoyé, Jésus, qui t'est apparu sur la route
     par où tu allais, afin que
        tu recouvres la vue et que
     tu sois rempli de l'Esprit saint.»

18 Et aussitôt tombèrent de ses yeux comme
     des écailles et il recouvra la vue et, s'étant
     levé, il fut baptisé.

     Et aussitôt tombèrent de ses yeux comme
     des écailles et il recouvra la vue et, s'étant
     levé, il fut baptisé.

9 19 Et, ayant pris de la nourriture, il se trouva
fortifié. Il fut avec les disciples à
Damas, quelques jours.

Et, ayant pris de la nourriture, il se trouva
fortifié. Il fut avec les disciples dans la ville
de Damas, de nombreux jours.

20 *Et aussitôt, dans les synagogues,*
il proclamait Jésus, que
c'est lui le Fils de Dieu.

Et, entrant dans les synagogues des Juifs,
il proclama *Jésus* en toute assurance, *que*
c'est lui le Fils de Dieu.

21 Tous ceux qui (l')entendaient étaient
stupéfaits et ils disaient: «N'est-ce pas celui
qui s'acharnait à Jérusalem sur ceux qui
invoquent ce nom, et ici, il est venu dans ce
but: les amener enchaînés aux grands
prêtres.»

Tous ceux qui (l')entendaient étaient
stupéfaits et ils disaient: «N'est-ce pas celui
qui s'acharnait à Jérusalem sur ceux qui
invoquent ce nom, et ici, il est venu dans ce
but: les amener enchaînés aux grands
prêtres.»

22 Or Saul se fortifiait davantage
et il confondait les Juifs qui habitaient
Damas, en prouvant que
c'est lui le Christ.

Or Saul se fortifiait davantage en parole
et il confondait les Juifs qui habitaient
Damas, en prouvant que
c'est lui le Christ(.)
en qui Dieu s'est complu.

23 *Quand se furent passés beaucoup*
de jours, les Juifs se concertèrent
pour le supprimer.

Quand se furent passés beaucoup
de jours, les Juifs se concertèrent
pour le supprimer.

24 Leur complot fut connu de Saul. Or ils gar-
daient même les portes, jour et nuit, afin de
le supprimer.

Leur complot fut connu de Saul. Or ils gar-
daient les portes, jour et nuit, afin de
le supprimer.

25 (L')ayant pris, ses disciples, de nuit, le
descendirent par le rempart, l'ayant laissé
aller grâce à une corbeille.

L'ayant pris, les disciples, de nuit, le
descendirent, l'ayant laissé
aller grâce à une corbeille.

26 Arrivé à Jérusalem, il essayait de se joindre
aux disciples, et tous avaient peur de lui,
ignorant qu'il était disciple.

Arrivé à Jérusalem, il essayait de se joindre
aux disciples, et tous avaient peur de lui,
ignorant qu'il était disciple.

27 Mais Barnabé, l'ayant pris, le
conduisit aux apôtres et il leur raconta comment il avait vu le Seigneur sur la route et
qu'il lui avait parlé, et comment, à Damas,
il était plein d'assurance au nom de Jésus.

Mais Barnabé, l'ayant pris par la main, le
conduisit aux apôtres et il leur raconta comment il avait vu le Seigneur sur la route et
qu'il lui avait parlé, et comment, à Damas,
il était plein d'assurance au nom de Jésus.

28 Et il était avec eux, entrant et sortant à Jérusalem, plein d'assurance au nom du Seigneur.

Et il était avec eux, entrant et sortant à Jérusalem, plein d'assurance au nom de Jésus.

29 Et il parlait et discutait avec les Hellénistes.

Il parlait et discutait avec les Hellénistes.

Mais eux entreprirent de le supprimer. | Mais eux entreprirent de le supprimer.

9 30 *L'ayant appris, les frères*
le firent descendre à Césarée et
l'envoyèrent à Tarse.

L'ayant appris, les frères
le firent descendre à Césarée et
l'envoyèrent à Tarse.

31 L'église donc par toute la Judée et la Galilée et la Samarie jouissait de la paix,
s'édifiant et marchant dans la crainte
du Seigneur; et elle s'accroissait grâce
au réconfort du saint Esprit.

Les églises donc par toute la Judée et la Galilée et la Samarie jouissaient de la paix,
s'édifiant et marchant dans la crainte
du Seigneur; et elles s'accroissaient grâce
au réconfort du saint Esprit.

GUÉRISON D'UN INFIRME

(8,40 ⇐)

32 *Or il arriva (que) Pierre,* passant partout,
descendit
aussi chez les saints qui habitaient
(à) Lydda.

Or il arriva (que) Pierre, tout en circulant,
descendit
aussi chez les saints qui habitaient
(à) Lydda.

33 *Il y trouva un homme, du nom d'Énée,*
gisant depuis huit ans sur un grabat,
qui était paralysé.

Il y trouva un homme, du nom d'Énée,
gisant depuis huit ans sur un grabat,
qui était paralysé.

34 *Et Pierre lui dit:* «*Énée, Jésus Christ te*
guérit. Lève-toi et fais toi-même ton lit.»
Et aussitôt il se leva.

Et Pierre dit: «*Jésus Christ te*
guérit. Lève-toi et fais toi-même ton lit.»
Et aussitôt il se leva.

35 *Et le* virent *tous ceux qui habitaient*
Lydda et Sarona,
qui *se convertirent au Seigneur.*

Et, l'ayant vu, tous ceux qui habitaient
Lydda et Sarona
se convertirent au Seigneur.

(⇒ 9,43)

RÉSURRECTION DE TABITHA

36 *Or à Joppé il y avait une* disciple
[femme] du nom de Tabitha(.)
ce qui, traduit, se dit Dorcas.
Celle-ci était pleine des bonnes œuvres
et des aumônes qu'elle faisait.

Or à Joppé il y avait une disciple
[femme] du nom de Tabitha(.)
ce qui, traduit, se dit Dorcas.
Celle-ci était pleine des bonnes œuvres
et des aumônes qu'elle faisait.

37 *Or il arriva, en ces jours-là, qu'ayant été*
malade elle mourut. (L')ayant lavée,

Or il arriva, en ces jours-là, qu'ayant été
malade elle mourut. L'ayant lavée,

on la plaça dans une chambre haute. | on la plaça dans la chambre haute.

9 38   Or, comme Lydda était près de Joppé, | Or, comme Lydda était près de Joppé,
les disciples, *ayant entendu (dire) que* | les disciples, *ayant entendu (dire) que*
Pierre y était, envoyèrent deux hommes | *Pierre y était, envoyèrent (des gens)*
vers lui le prier: «Ne tarde pas *à passer* | *vers lui le prier de ne pas tarder à passer*
jusqu'à nous.» | *jusqu'à eux.*

39   *S'étant levé, Pierre vint avec eux.* | *S'étant levé, Pierre vint avec eux.*
Une fois arrivé, on le fit monter | *Une fois arrivé, on le fit monter*
à la chambre haute et | *à la chambre haute et*
se tinrent près de lui toutes les veuves | l'entourèrent toutes les veuves
pleurant et lui montrant les tuniques et les | pleurant et lui montrant les tuniques et les
manteaux que faisait Dorcas | manteaux que leur faisait Dorcas.
quand elle était avec elles. |

40   Or Pierre, les ayant tous mis dehors et | Or Pierre, les ayant tous mis dehors,
s'étant agenouillé, il pria et, s'étant | *s'étant agenouillé, il pria et, s'étant*
tourné vers le corps, il dit: «*Tabitha,* | *tourné vers le corps, il dit:* «*Tabitha,*
lève-toi.» Elle ouvrit ses yeux et ayant | *lève-toi.» Elle ouvrit ses yeux et ayant*
vu Pierre elle s'assit. | *vu Pierre elle s'assit.*

41   Lui ayant donné la main, il la releva. | Lui ayant donné la main, il la releva.
Ayant appelé les saints et les veuves | *Ayant appelé* les veuves,
il la leur présenta vivante. | *il la leur présenta* vivante.

42   *(Cela)* fut connu de tout Joppé | *Cela fut connu de tout Joppé*
et beaucoup crurent dans le Seigneur. | *et beaucoup crurent dans le Seigneur.*

                                                          (9,35 ⇐)

43   *Or il arriva (qu')il resta beaucoup* | *Or il arriva (que) lui resta beaucoup*
de jours à Joppé *chez un certain Simon,* | *de jours chez un certain Simon,*
un corroyeur. | *un corroyeur.*

                                                          (⇒ *10,9b*)

CONVERSION D'UN CENTURION

10 1   Or un homme à Césarée, du nom de | Or un homme à Césarée, du nom de
Corneille, centurion de la cohorte appelée | Corneille, centurion de la cohorte appelée
Italique, | Italique,

2   pieux et craignant Dieu avec toute sa maison, | pieux et craignant Dieu avec toute sa maison,
faisant beaucoup d'aumônes au peuple | faisant beaucoup d'aumônes parmi le peuple,
et priant Dieu sans cesse, | priant Dieu sans cesse,

10 3 vit en vision clairement, vers la neuvième
heure du jour, un ange de Dieu entrant
chez lui et lui disant: «Corneille.»

vit en vision clairement, vers la neuvième
heure du jour, un ange entrant
chez lui et disant: «Corneille.»

4 Mais lui, l'ayant regardé fixement et saisi de
crainte, lui dit: «Qu'y a-t-il, Seigneur?»
Il lui dit: «Tes prières et tes aumônes sont
montées en mémorial devant Dieu.

Mais lui, ayant regardé fixement et saisi de
crainte, lui dit: «Qui es-tu, Seigneur?»
Il lui dit: «Tes prières et tes aumônes sont
montées en mémorial devant[1] Dieu.

5 Et maintenant, envoie des hommes à Joppé
et fais venir un certain Simon, qui est
surnommé Pierre.

Et maintenant, envoie (des gens) à Joppé
et fais venir un certain Simon, qui est
surnommé Pierre.

6 Celui-ci loge chez un certain Simon,
un corroyeur,
dont la maison est près de la mer.»

Et lui, il est logé chez un certain Simon,
un corroyeur,
dont la maison est près de la mer.»

7 Lorsque s'en fut allé l'ange qui lui parlait,
ayant appelé deux de ses domestiques et un
pieux soldat, de ceux qui lui étaient attachés,

Lorsque s'en fut allé l'ange qui lui parlait,
ayant appelé deux de ses domestiques et un
pieux soldat, de ceux qui lui étaient attachés,

8 et leur ayant tout raconté, il les envoya
à Joppé.

et leur ayant raconté la vision, il les envoya
à Joppé.

9 Or, le lendemain, tandis que ceux-là
faisaient route et approchaient de la ville,
Pierre

Or, le lendemain, tandis que ceux-là
faisaient route et approchaient de la ville,
Pierre

(9,43 ⇐)

*[il] monta sur la terrasse
pour prier
vers la sixième heure.*

*[il] monta dans la chambre haute
pour prier
vers la sixième heure.*

10 *Or il devint affamé et voulut manger.
Tandis qu'on préparait (le repas),
arriva sur lui une extase.*

*Il devint affamé et voulut manger.
Tandis qu'on lui préparait (le repas),
tomba sur lui une extase.*

11 *Et il voit le ciel ouvert et*

*un objet qui descendait, comme une grande
nappe s'abaissant jusqu'à terre,
par les quatre bouts,*

*Et il voit le ciel ouvert et,
lié aux quatre bouts,
un objet
s'abaissant jusqu'à terre,*

12 *où se trouvaient tous les quadrupèdes et
les reptiles de la terre et les oiseaux du
ciel.*

*où se trouvaient tous les quadrupèdes et
les reptiles et les oiseaux du
ciel.*

---

[1] Dans le TO, il faut lire non pas ἔμπροσθεν, mais ἐνώπιον avec E et la Koinè; c'est la préposition
habituelle de Act II.

10 13 *Et lui arriva une voix: «T'étant levé,* | *Et lui arriva une voix: «T'étant levé,*
Pierre, **tue et mange.»** | *tue et mange.»*

14 *Mais Pierre dit:* «Pas du tout, *Seigneur,* | *Mais Pierre dit:* «*Seigneur,*
car *je n'ai jamais mangé rien de souillé* | *je n'ai jamais mangé rien de souillé*
et d'impur.» | *ou d'impur.»*

15 *Et une voix, de nouveau, pour la secon-* | *Et une voix, de nouveau, pour la secon-*
de (fois), (vint) à lui: «Ce que Dieu | *de (fois), (vint) à lui: «Ce que Dieu*
a purifié, toi, ne le souille pas.» | *a purifié, toi, ne le souille pas.»*

16 *Or ceci arriva jusqu'à trois (fois) et* | *Or ceci arriva jusqu'à trois (fois) et*
aussitôt *l'objet fut enlevé au ciel.* | *l'objet fut enlevé au ciel.*

17 Comme Pierre, en lui-même, se demandait | Comme Pierre se demandait
(avec embarras) ce qu'était la vision | (avec embarras) ce qu'était la vision
qu'il avait vue, voici (que) les hommes | qu'il avait vue, et voici (que) les hommes
qui avaient été envoyés par Corneille, | qui avaient été envoyés par Corneille
ayant enquêté sur la maison de Simon, |
se présentèrent au portail | se présentèrent au portail,

18 et, ayant appelé, ils s'informaient si Simon | s'informant si Simon
qui est surnommé Pierre logeait ici. | logeait ici.

19 *Or, tandis que Pierre* réfléchissait sur | *Or, tandis que Pierre était embarrassé au*
la vision, | *sujet de la vision,*
l'Esprit (lui) dit: «Voici deux <u>*hommes*</u> | *l'Esprit lui dit: «Voici <u>des hommes qui te</u>*
<u>*qui te cherchent.*</u> | <u>*cherchent.*</u>

20 <u>*Mais*</u> t'étant levé, descend et <u>*va avec eux*</u> | *Mais lève-toi, va avec eux*
<u>*sans hésiter, car c'est moi qui les ai*</u> | <u>*sans hésiter, car c'est moi qui les ai*</u>
<u>*envoyés.»*</u> | <u>*envoyés.»*</u>

21 Or *Pierre, étant descendu vers les* | *Alors, Pierre, étant descendu vers les*
hommes, dit: «Voici, c'est moi que vous | *hommes, dit: «C'est moi que vous*
cherchez.(») | *cherchez. Que voulez-vous?»*
Quelle est la raison pour laquelle vous | Ou quelle est la raison pour laquelle vous
êtes ici?» | êtes ici?»

22 *Eux dirent: «Corneille, le centurion,* | *Eux lui dirent: «Corneille, le centurion,*
homme juste et craignant Dieu, et estimé | homme juste et craignant Dieu, estimé
par toute la nation des Juifs, | par toute la nation des Juifs,
a été averti par un saint ange de te faire | *a été averti par un saint ange de te faire*
venir dans sa maison et d'entendre des | *venir dans sa maison et d'entendre des*
paroles de toi.» | *paroles de toi.»*

23 Les ayant donc invités à entrer, *il les* | <u>*Alors,*</u> *les ayant fait entrer, Pierre les*

logea. Or, le lendemain, *s'étant levé, il partit avec eux* *et quelques-uns des frères qui (sont) de* *Joppé vinrent avec lui.*	*logea. Or, le lendemain,* *s'étant levé, il partit avec eux* *et quelques-uns des frères de* *Joppé vinrent avec lui.*

10 24   *Le lendemain, il entra à Césarée.*   Le lendemain, ils entrèrent à Césarée.

Corneille les attendait, ayant convoqué ses parents et ses amis intimes.	Corneille les attendait et, ayant convoqué ses parents et ses amis intimes, il patienta.
25 Lorsqu'il arriva (que) Pierre entra,	Tandis que Pierre approchait de Césarée, l'un des serviteurs, venant en courant, donna des précisions sur son arrivée. Corneille, s'étant élancé et
étant venu à sa rencontre, Corneille, [un homme,] *tombant à ses pieds, se prosterna.*	*étant venu à sa rencontre,* *tombant à ses pieds, se prosterna* (devant) lui.
26 *Mais Pierre le releva en disant: «Lève* *-toi. Et moi aussi, je suis un homme.»*	*Pierre* lui dit: «Que fais-tu? Car *moi, je suis un homme* tout comme toi.»
27 *Et, en conversant avec lui, il entra et il* *trouve beaucoup (de gens) rassemblés.*	*Et,* étant entré, il trouva *beaucoup (de gens).*
28 *Et il leur déclara: «Vous savez qu'il est* *interdit à un homme juif de fréquenter* *ou d'approcher un étranger.* Et *à moi,* Dieu *a montré (qu'il ne faut)* *dire personne souillé ou impur.*	*Il leur déclara: «Vous savez qu'il est* *interdit à un homme juif de fréquenter* *ou d'approcher un étranger.* *Mais à moi,* Il *a montré (qu'il ne faut)* *dire personne souillé ou impur.*
29 *C'est pourquoi, quand on m'a fait venir,* *je suis venu sans discuter.* *Je demande donc: pour quelle raison* *m'avez-vous fait venir?»*	*C'est pourquoi, quand on m'a fait venir,* *je suis venu sans discuter.* *Je demande donc: pour quelle raison* *m'avez-vous fait venir?»*
30 *Et Corneille* [il] *déclara:* «Depuis quatre jours jusqu'à cette heure, *j'étais* à la neuvième priant *dans ma* *maison et voici (que) un homme se tint* *devant moi en vêtement resplendissant*	*Et Corneille* [il] *déclara:* «Depuis quatre jours jusqu'à maintenant *j'étais* jeûnant et priant *dans ma* *maison et voici (que) un homme se tint* *devant moi en vêtement resplendissant*
31 *et il déclara:* "Corneille, ta prière a été exaucée et tes aumônes ont été remémorées devant Dieu.	*et il déclara:* "Corneille, ta prière a été exaucée et tes aumônes ont été remémorées devant Dieu.
32 *(")Envoie* donc *(des gens) à Joppé et con-* *voque Simon, qui est surnommé Pierre.*	*(")Envoie* donc *(des gens) à Joppé et con-* *voque Simon, qui est surnommé Pierre.*

	Celui-ci loge dans la maison de Simon, un corroyeur, près de la mer."	Celui-ci loge dans la maison de Simon, un corroyeur, près de la mer, *qui, en arrivant, te parlera.* "

10 33 Aussitôt donc, je t'ai envoyé (des gens)

et toi, tu as bien fait d'arriver.
Maintenant donc, nous nous tenons tous
devant Dieu pour entendre tout ce qui
t'a été commandé par le Seigneur.»

34 Or *Pierre, ayant ouvert la bouche, dit:*
«En vérité, je comprends que Dieu ne
fait pas acception des personnes,

35 *mais qu'en toute nation celui qui*
le *craint et pratique la justice lui est*
agréable.(»)

36 Il a envoyé la Parole aux fils d'Israël,
annonçant la paix par Jésus Christ.
C'est lui le
Seigneur de tous.

37 Vous connaissez le fait qui est arrivé
dans toute la Judée, commençant
par la Galilée, après le baptême que Jean
a proclamé:

38 Jésus de Nazareth, comment Dieu l'a oint
d'Esprit saint et de puissance, qui a passé
en faisant le bien et en guérissant tous ceux
qui étaient opprimés par le diable,
parce que Dieu était avec lui.

39 Et nous sommes témoins de tout ce qu'il a
fait, et dans le pays des Juifs, et à Jérusalem,
lui que, aussi,
ils ont supprimé en le suspendant au bois.

40 Celui-ci, Dieu (l')a ressuscité le troisième jour et lui a donné de devenir visible

41 non à tout le peuple, mais aux témoins
choisis d'avance par Dieu, à nous qui avons
mangé et qui avons bu avec lui

Aussitôt donc, je t'ai envoyé (des gens)
pour te prier de venir vers nous.
Or toi, tu as bien fait d'arriver rapidement.
Maintenant, nous voici tous
devant toi, voulant entendre de toi ce qui
t'a été commandé par Dieu.»

Ayant ouvert la bouche, Pierre dit:
«En vérité, je comprends que Dieu ne
fait pas acception des personnes,

mais qu'en toute nation celui qui
craint Dieu et pratique la justice lui est
agréable.(»)

Car il a envoyé la Parole aux fils d'Israël,
annonçant la paix par Jésus Christ.
C'est lui le
Seigneur de tous.[1]

Vous connaissez, vous, le fait qui est arrivé
dans toute la Judée, commençant en effet
par la Galilée, après le baptême que Jean
a proclamé:

Jésus de Nazareth, que Dieu a oint
d'Esprit et de puissance, celui-ci a circulé
en faisant le bien et en guérissant ceux
qui furent opprimés par le diable,
parce que Dieu était avec lui.

Et nous sommes ses témoins de ce qu'il a
fait, et dans le pays des Juifs, et (à) Jérusalem,
lui que les Juifs ont repoussé
et ont supprimé en le suspendant au bois.

Celui-ci, Dieu (l')a ressuscité après le troisième jour et (lui) a donné de devenir visible

non à tout le peuple, mais aux témoins
choisis d'avance, à nous qui avons
mangé avec lui et qui avons bu avec (lui)

---

[1] Dans ce verset, le TO contient un relatif qui rend la phrase incompréhensible; nous l'avons supprimé.

après qu'il fut ressuscité des morts.	et qui nous sommes rassemblés avec (lui) après qu'il fut ressuscité des morts, durant quarante jours.

10 42 Et il nous commanda de proclamer au peuple et de témoigner que celui-ci est celui qui a été établi par Dieu juge des vivants et des morts. | Et il nous ordonna de proclamer au peuple et de témoigner que lui, il est celui qui a été établi juge des vivants et des morts.

43 À lui, tous les prophètes rendent témoignage que reçoit la rémission des péchés en son nom tout (homme) qui croit en lui.» | À lui, tous les prophètes rendent témoignage que reçoit la rémission des péchés en son nom tout (homme) qui croit en lui.»

44 *Tandis que Pierre parlait encore ces paroles, l'Esprit saint tomba sur tous ceux qui écoutaient* la Parole. | *Tandis que Pierre parlait encore ces paroles, l'Esprit saint tomba sur tous ceux qui écoutaient* la Parole.

45 *Et furent stupéfaits* les croyants issus de la circoncision *ceux qui étaient venus avec Pierre(.)* parce que même sur les gentils avait été répandu le don de l'Esprit saint. | *Et furent stupéfaits* les croyants issus de la circoncision, *tous ceux qui étaient venus avec Pierre(.)* parce que même sur les gentils avait été répandu le don de l'Esprit.

46 *Car ils les entendaient parler en langues et magnifier Dieu.* Alors Pierre prit la parole: | *Car ils les entendaient parler en langues et magnifier Dieu.* Alors Pierre prit la parole:

47 «Est-ce que, quant à l'eau, quelqu'un peut empêcher que ceux-ci ne soient baptisés, eux qui ont reçu l'Esprit saint tout comme nous?» | «Est-ce que quelqu'un, quant à l'eau, peut empêcher que ceux-ci ne soient baptisés, eux qui ont reçu l'Esprit tout comme nous?»

48 Or il prescrivit qu'ils soient baptisés au nom de Jésus Christ. Alors ils lui demandèrent de rester quelques jours. | Il prescrivit qu'ils soient baptisés au nom de Jésus. Alors ils le prièrent de rester quelques jours.

11 1 Or entendirent (dire) les apôtres et les frères qui étaient en Judée que même les gentils avaient reçu la parole de Dieu. | Or il fut entendu (dire) par les apôtres et les frères qui (étaient) en Judée que même les gentils avaient reçu la parole de Dieu, et ils bénissaient Dieu.

2 *Or, lorsque Pierre monta à Jérusalem,* | Pierre donc, après beaucoup de temps, voulut aller à Jérusalem et, ayant appelé à (lui) les frères et les ayant affermis, il partit, faisant force discours à travers les campagnes pour les enseigner. Et lui, il arriva là et il leur annonça la grâce de Dieu.

(ils) *disputaient contre lui* ceux de la circoncision	Mais les frères de la circoncision *disputaient contre lui*

11 3 *en disant qu'il est entré chez des hommes ayant prépuce* et qu'il a mangé avec eux.

en disant: «Pourquoi es-tu entré *chez des hommes ayant prépuce* et as-tu mangé avec eux? »

4 *Mais Pierre se mit à leur exposer (l'affaire)* point par point *en disant:*

Mais Pierre se mit à leur exposer (l'affaire) en disant:

5 *«J'étais dans* la ville de Joppé, priant, et je vis en extase une vision: un certain objet descendant, comme une grande nappe, par les quatre bouts s'abaissant du ciel, et elle vint jusqu'à moi.

«J'étais dans Joppé, la ville, et je vis une vision: comme une grande nappe, par les quatre bouts s'abaissant du ciel, et elle vint jusqu'à moi.

6 L'ayant regardée fixement, j'observais et je vis les quadrupèdes de la terre et les fauves et les reptiles et les oiseaux du ciel.

L'ayant regardée fixement, je vis les quadrupèdes et les fauves et les reptiles et les oiseaux du ciel.

7 Or j'entendis une voix me disant: "T'étant levé, Pierre, tue et mange."

Et j'entendis une voix me disant: "Lève-toi, Pierre, tue et mange."

8 Mais je dis: "Pas du tout, Seigneur, car du souillé ou de l'impur n'est jamais entré dans ma bouche."

Mais je dis: "Pas du tout, Seigneur, car du souillé ou de l'impur n'est jamais entré dans ma bouche."

9 Mais une deuxième fois la voix répondit, du ciel: "Ce que Dieu a purifié, ne le souille pas."

M'arriva la voix, du ciel: "Ce que Dieu a purifié, ne le souille pas."

10 Or ceci arriva trois fois et de nouveau tout fut retiré au ciel.

Ceci arriva trois fois et (ce) fut retiré au ciel.

11 *Et voici* qu'à l'instant *trois hommes se présentèrent à la maison où* nous étions, *envoyés de Césarée vers moi.*

Et voici que trois hommes se présentèrent à la maison où j'étais, envoyés de Césarée vers moi.

12 *Or l'Esprit me dit de venir avec eux,* sans hésiter. Or *vinrent avec moi aussi ces six frères. Et nous entrâmes dans la maison de l'homme.*

Or l'Esprit me dit de venir avec eux. *Vinrent avec moi aussi ces six frères. Et nous entrâmes dans la maison de l'homme.*

13 Or *il nous annonça comment il vit* l'*ange debout dans sa maison et disant:* *"Envoie (des gens) à Joppé et fais venir*

Il nous annonça comment il vit un ange debout dans sa maison et lui *disant:* *"Envoie (des gens) à Joppé et fais venir*

Simon qui est surnommé Pierre, | *Simon qui est surnommé Pierre,*

11 14 *lui te parlera(.")* | *lui te parlera(.")*
des paroles par lesquelles tu sera sauvé, | des paroles par lesquelles tu seras sauvé,
toi et toute ta maison." | toi et toute ta maison."

15 *Or tandis que je commençais à parler,* | *Or tandis que je commençais à parler,*
l'Esprit saint *tomba sur eux tout comme* | *l'Esprit tomba sur eux tout comme*
sur nous au début. | *sur nous au début.*

16 Je me souvins de la parole du Seigneur, com- | Je me souvins de la parole du Seigneur, com-
me il disait: "Jean a baptisé dans l'eau, mais | me il disait: "Jean a baptisé dans l'eau, mais
vous, vous serez baptisés dans l'Esprit saint." | vous, vous serez baptisés dans l'Esprit saint."

17 Si donc Dieu leur a donné le même don, | Si donc Il leur a donné le même don,
tout comme à nous, ayant cru | tout comme à nous, ayant cru
dans le Seigneur Jésus Christ, | dans le Seigneur Jésus,
étais-je quelqu'un, moi, pouvant empê- | *étais-je quelqu'un, moi, pouvant empê-*
cher Dieu?» | *cher Dieu de leur donner l'Esprit saint?»*

18 *Ayant entendu ces (mots), ils se* | *Ayant entendu ces (mots), ils se*
calmèrent et ils glorifiaient Dieu(.) | *calmèrent et ils glorifiaient Dieu(.)*
                                           | (⇒ *15,5*)

en disant: «Ainsi, | en disant: «Ainsi,
Dieu a donné même aux gentils le repentir | Dieu a donné même aux gentils le repentir
en vue de la vie.» | en vue de la vie.»

ÉVANGÉLISATION D'ANTIOCHE

19 Ceux donc qui avaient été dispersés par | Ceux donc qui avaient été dispersés par
l'épreuve, celle (qui était) arrivée à propos | l'épreuve, celle (qui était) arrivée
d'Étienne, passèrent jusqu'en Phénicie | par Étienne, passèrent jusqu'en Phénicie
et Chypre et Antioche, ne parlant à personne | et Chypre et Antioche, ne parlant à personne
la Parole, sinon seulement aux Juifs. | sinon aux Juifs.

20 *Or il y avait* certains d'entre eux, *des gens* | *Or il y avait des gens*
de Chypre et de Cyrène, qui, étant | *de Chypre et de Cyrène qui, étant*
venus à Antioche, parlaient aussi | *venus à Antioche, parlaient*
aux Hellénistes | *aux* Grecs
pour leur annoncer le Seigneur Jésus. | pour leur annoncer le Seigneur Jésus.

21 *Et la main du Seigneur était avec eux* | *Et la main du Seigneur était avec eux*
et un grand nombre, ayant cru, | *et un grand nombre, ayant cru,*
se convertit au Seigneur. | *se convertit au Seigneur.*

11 22 *Or la nouvelle fut entendue (jusqu')aux* | *La nouvelle fut entendue (jusqu')aux*
oreilles de l'église qui est *à Jérusalem* | *oreilles de l'église qui (est) à Jérusalem*[1]
à leur sujet, et ils envoyèrent Barnabé | *à leur sujet, et ils envoyèrent Barnabé*
jusqu'à Antioche, | *passer jusqu'à Antioche,*

23 *qui, étant arrivé et ayant vu la grâce,* | *qui aussi, étant arrivé et ayant vu la grâce*
celle *de Dieu, se réjouit et il les* | *de Dieu, se réjouit et il les*
exhortait tous à rester, d'un cœur ferme, | *exhortait tous à rester, d'un cœur ferme,*
dans le *Seigneur.* | *(attachés) au Seigneur.*

24 Car c'était un homme bon et rempli d'Esprit | Car c'était un homme bon et rempli d'Esprit
saint et de foi. Et une foule nombreuse | saint et de foi. Et une foule nombreuse
s'adjoignit. | s'adjoignit au Seigneur.

25 | *Or, ayant entendu (dire) que Saul était*
Or il partit à Tarse chercher Saul. | *à Tarse, il partit le chercher.*

26 Et (l')ayant trouvé, il l'amena | *L'ayant rejoint, il le pria de venir*
à Antioche. | *à Antioche.*
Or il leur arriva même *toute une année* | *Or étant arrivés, toute une* année
d'être rassemblés dans *l'église* | *ils furent rassemblés à l'église*
et d'enseigner *une foule nombreuse* | *et ils enseignaient une foule nombreuse.*
 | (⇒ 15,3)
et que, pour la première fois, à Antioche, | Et alors, pour la première fois, à Antioche,
les disciples prirent le nom de chrétiens. | les disciples prirent le nom de chrétiens.

27 En ces jours-là | En ces jours-là
des prophètes descendirent de Jérusalem | *des prophètes descendirent de Jérusalem*
à Antioche. | *à Antioche.*
 | Il y avait grande allégresse.

28 | Tandis que nous étions rassemblés,[2]
 | (⇒ 19,21)
S'étant levé, l'un d'eux, du nom d'Aga- | se leva *l'un d'eux, du nom d'Aga-*
bus, signifia, par l'Esprit, *qu'il allait y* | *bus,* signifiant *qu'il allait y*
avoir une grande famine | *avoir une grande famine*
sur tout le monde habité laquelle arriva | *sur tout le monde habité, laquelle arriva*
sous Claude. | *sous Claude* César.

29 *Des disciples, selon ses moyens,* | *Des disciples, selon les moyens*
de chacun d'eux, *on décida d'envoyer* | *de chacun, on décida d'envoyer*
(de l'argent) pour aider les frères | *(de l'argent) pour aider les frères*
qui habitaient en Judée. | *qui habitaient en Judée.*

---

[1] Au lieu de la forme Ἰερουσαλήμ, ignorée du Document P et de Act I, il faut lire probablement la forme Ἱεροσολύμοις, avec E, la Koinè et quelques témoins latins.

[2] Ce texte souligné appartient, non pas au Document P, mais au Journal de voyage dont il constituait le début.

11 30 Ce que *l'on fit en envoyant (l'argent)* | *Eux le firent en envoyant (l'argent)*
aux Anciens par la main de Barnabé | *aux Anciens par la main de Barnabé*
et de Saul. | *et de Saul.*

PIERRE EST DÉLIVRÉ DE PRISON

12 1 Or, en ce temps-là | En ce temps-là, (15,4 ⇐)
le roi Hérode mit la main à maltraiter | *Hérode mit la main à maltraiter*
certains de l'église. | *certains de l'église qui (est) en Judée.*

2 Or il supprima par le glaive Jacques, le frère | Il supprima par le glaive Jacques, le frère
de Jean. | de Jean.

3 Or, voyant que c'était agréable aux Juifs, | Et voyant qu'était agréable aux Juifs son
 | entreprise sur les fidèles,
il ajouta (à cela) d'arrêter aussi Pierre. | *il ajouta (à cela) d'arrêter aussi Pierre.*
Or c'étaient les jours des Azymes. | *Or c'étaient les jours des Azymes.*

4 *Et l'ayant pris, il le mit en prison(.)* | *Ayant pris celui-ci, il le mit en prison(.)*
l'ayant donné à garder à quatre tétrades de | l'ayant donné à garder à quatre tétrades de
soldats, voulant, après la Pâque, le faire | soldats, voulant, après la Pâque, le faire
comparaître devant le peuple. | comparaître devant le peuple.

5 Pierre donc, était gardé en prison. | Il y avait *une* grande *prière*
Une prière était faite intensément | *pour lui* à Dieu.
par l'église pour lui. |

6 *Or lorsqu'Hérode allait le faire* | *Or lorsqu'Hérode allait le faire*
comparaître, cette nuit-là, | *comparaître, cette nuit-là,*
Pierre dormait entre deux soldats, | *Pierre dormait entre deux soldats,*
lié par deux chaînes(.) | *lié par deux chaînes(.)*
et des gardes, devant la porte, gardaient la | et des soldats devant la porte.
prison. |

7 *Et voici (que) l'ange* du Seigneur *survint* | *Et voici (que) un ange survint*
et une lumière brilla dans le cachot; | *et une lumière brilla;*
ayant tapé *le côté de Pierre, il l'éveilla* | *ayant frappé le côté de Pierre, il l'éveilla*
en disant: «Lève-toi vite.» Et ses chaînes | *en disant: «Lève-toi vite.» Et les chaînes*
(lui) *tombèrent des mains.* | *tombèrent de ses mains.*

8 *L'ange lui dit: «Ceins-toi et chausse tes* | *L'ange lui dit: «Ceins-toi et chausse tes*
sandales.» | *sandales.»*
Il fit ainsi. Et il lui dit:«Enveloppe-toi de ton | Il fit ainsi. Et il lui dit: «Enveloppe-toi de ton
manteau et suis-moi.» | manteau et suis-moi.»

12 9

et, étant sorti, il le suivait.
Et il ne savait pas qu'était vrai ce qui était
arrivé par l'ange, mais il pensait voir une
vision.

Il le saisit et il marcha devant lui
et il le fit sortir
et il ne savait pas qu'était vrai ce qui était
arrivé; il pensait voir une
vision.

10 Passant la première garde et la deuxième,
ils vinrent à la porte de fer menant en ville,
laquelle s'ouvrit d'elle-même à eux
et étant sortis ils s'engagèrent dans une rue
et aussitôt l'ange *(il) le quitta.*

Passant la première et la deuxième garde,
ils vinrent à la porte de fer
laquelle s'ouvrit d'elle-même à eux
et étant sortis ils descendirent les marches
et aussitôt l'ange *(il) le quitta.*

11 Et Pierre, revenu à lui, dit: «Maintenant,
je sais vraiment que le Seigneur a envoyé
son ange et qu'il m'a arraché de la main
d'Hérode et de toute l'attente
du peuple des Juifs.

Alors, revenu à lui, il dit: «Maintenant,
je sais que vraiment le Seigneur a envoyé
son ange et qu'il m'a arraché de la main
d'Hérode et de toute l'attente
des Juifs.

12 Après réflexion, *il vint à la maison*
de Marie, la mère de Jean, qui est
surnommé Marc,
où ils étaient rassemblés, nombreux, et
priaient.

Il vint à la maison
de Marie, la mère de Jean, qui est
surnommé Marc,
où ils étaient rassemblés, nombreux, et
priaient.

13 Or, *comme il avait frappé* à la porte du
portail, *une servante, du nom de Rhodè,*
s'approcha pour écouter

Comme il avait frappé,
une servante, du nom de Rhodè,
s'approcha

14 et, *ayant reconnu la voix* de Pierre,
de joie, elle n'ouvrit pas le portail *mais,*
ayant couru à l'intérieur, elle annonça
que Pierre se tenait au portail.

et, *ayant reconnu la voix,*
de joie, elle n'ouvrit pas et,
ayant couru à l'intérieur, elle annonça
que Pierre se tenait au portail.

15 *Mais eux lui* dirent: *«Tu es folle.»*
Mais elle, elle soutenait qu'il en était
bien ainsi.
Mais eux dirent: *«C'est son ange.»*

Mais eux lui (dirent): «Tu es folle.»
Mais elle, elle soutenait qu'il en était
bien ainsi.
Mais eux disaient: «C'est son ange.»

16 *Mais* Pierre *continuait à frapper. Ayant*
ouvert ils le virent et *furent stupéfaits.*

Mais il continuait à frapper. Ayant
ouvert et l'ayant vu, ils furent stupéfaits.

17 *Leur ayant fait signe de la main de se*
taire, il leur raconta comment le Seigneur
l'avait fait sortir de la prison. Et il dit:
«Annoncez cela à Jacques et aux frères.»
Et, étant sorti, *il partit pour un autre lieu.*

Leur ayant fait signe de la main de se
taire, il entra et raconta comment Il
l'avait fait sortir de la prison. Or il dit:
«Annoncez cela à Jacques et aux frères.»
Et, étant sorti, *il partit pour un autre lieu.*

12 18 Or, le jour venu, il y eut pas mal de trouble
parmi les soldats: qu'est-ce que Pierre
était devenu?

   19 Hérode, l'ayant fait chercher et ne l'ayant
pas trouvé, ayant interrogé les gardes,
ordonna de (les) exécuter. Et étant descendu
de Judée à Césarée, il (y) demeura.

   20 Or il était exaspéré contre les Tyriens et les
Sidoniens. Ensemble,
ils se présentèrent à lui et, ayant persuadé
Blastus, le chambellan du roi,
ils demandaient la paix parce que leur pays
était nourri de celui du roi.

   21 Au jour fixé, Hérode, revêtu d'un vêtement
royal, assis sur une estrade, les haranguait.

   22
Or le peuple vociférait: «(C'est) la voix
d'un dieu et non d'un homme.»

   23 Aussitôt, l'ange du Seigneur le frappa
du fait qu'il n'avait pas rendu la gloire
à Dieu
et,
devenu pâture des vers, il expira.

   24 *Or la parole* du Seigneur *croissait et
se multipliait.*

   25 *Or Barnabé et Saul revinrent*, à Jérusalem
ayant rempli (leur) service(.)
ayant pris avec (eux) Jean,
qui est surnommé Marc.

Le jour venu, il y eut pas mal de trouble
parmi les soldats: qu'est-ce que Pierre
était devenu?

Hérode, l'ayant fait chercher et ne l'ayant
pas trouvé, interrogea les gardes.
Et il descendit
de Judée à Césarée.

Car il était exaspéré contre les Tyriens et les
Sidoniens. Eux, ensemble, des deux villes,
ils se présentèrent au roi et, ayant persuadé
Blastus, son chambellan,
ils demandaient la paix parce que leurs pays
étaient nourris de celui du roi.

Au jour fixé, Hérode, revêtu d'un vêtement
royal, assis sur une estrade, les haranguait.

Comme il s'était réconcilié avec eux,
le peuple vociférait: «(Ce sont) paroles
d'un dieu et non d'un homme.»

Aussitôt, un ange le frappa
du fait qu'il n'avait pas rendu gloire
à Dieu
et, descendu de l'estrade,
devenu pâture des vers, il expira.

*Or la parole de Dieu croissait et
se multipliait.*[1]

*Or Barnabé et Saul revinrent,
ayant rempli leur service(.)*
ayant pris avec (eux) Jean,
qui est surnommé Marc.

L'ENVOI EN MISSION

13 1 *Il y avait à Antioche, dans l'église
qui s'y trouvait, des prophètes et des
didascales*, à savoir: *Barnabé et*

---

*Il y avait à Antioche, dans l'église
qui s'y trouvait, des prophètes et des
didascales parmi lesquels Barnabé et*

---

[1] Ici se termine le Document P.

Siméon qui est appelé Niger et Lucius le Cyrénéen, Manahem, élevé avec le tétrarque Hérode, et Saul.	Siméon qui est appelé Niger et Lucius, Cyrénéen, Manahem, élevé avec le tétrarque Hérode, et Saul.[1]

13 2 Or, tandis qu'ils rendaient culte au Seigneur et qu'ils jeûnaient, l'Esprit saint dit: «Mettez-moi à part Barnabé et Saul en vue de l'œuvre à laquelle je les ai appelés.

Tandis qu'ils rendaient culte au Seigneur, l'Esprit dit: «Mettez-moi à part Barnabé et Saul en vue de l'œuvre à laquelle je les ai appelés.

3 *Alors, ayant* jeûné *et prié et leur ayant imposé les mains, ils les laissèrent aller.*

Alors, ayant jeûné *et prié et leur ayant imposé les mains, ils les laissèrent aller.*

BARNABÉ ET PAUL À CHYPRE

4 Eux *donc, ayant été envoyés par* le saint Esprit, *descendirent à Séleucie et de là ils firent voile vers Chypre.*

Ceux donc qui avaient été envoyés par les saints descendirent à Séleucie et de là ils firent voile vers Chypre.

5 Et, *arrivés à Salamine, ils* annonçaient *la parole* de Dieu *dans les synagogues des Juifs.* Ils avaient aussi Jean comme aide.

Or, arrivés à Salamine, ils annoncèrent la Parole dans les synagogues des Juifs. Ils avaient aussi Jean pour les aider.

6 Ayant traversé *toute l'île jusqu'à Paphos, ils rencontrèrent un homme, un mage juif,* faux prophète, dont le nom (était) Bar-Jésus,

Tandis qu'ils avaient fait le tour de toute l'île jusqu'à Paphos, ils rencontrèrent un homme, un mage juif, appelé du nom de Bar-Iesoua,

7 *qui était avec le proconsul Sergius Paulus, un homme avisé. Celui-ci, ayant fait appeler Barnabé et Saul, chercha à entendre la parole de Dieu.*

qui était avec le proconsul Sergius Paulus, un homme avisé, qui, ayant convoqué Barnabé et Saul, chercha à entendre la parole de Dieu.

8 *Mais Élymas le mage* car ainsi se traduit son nom *s'opposait à eux, cherchant à détourner de la foi le proconsul.*

Mais Élymas le mage car ainsi se traduit son nom *s'opposait à eux, cherchant à détourner de la foi le proconsul,* car il les écoutait volontiers.

9 *Or Saul,* qui est aussi Paul, *rempli de l'Esprit saint, l'ayant regardé*

Or Saul, qui est aussi Paul, *rempli de l'Esprit saint et l'ayant regardé*

---

[1] Pour ce v. 1, nous avons abandonné le texte, péniblement reconstitué, que nous avions adopté jadis, et nous avons traduit celui que nous avions donné comme TO[2], en remplaçant seulement "Paul" par "Saul".

fixemert, dit: | *fixement, dit:*

13 10 *«Ô (toi), plein de toute ruse et de* toute *tromperie, fils du diable, ennemi de toute justice, tu ne cesses de détourner les voies du Seigneur qui (sont) droites.*

«Ô (toi), plein de toute ruse et de tromperie, fils du diable, ennemi de toute justice, tu ne cesses de détourner les voies du Seigneur qui sont droites.

11 *Et maintenant, voici la main du Seigneur sur toi et tu seras aveugle, ne voyant pas le soleil, pour un temps.» Or aussitôt* tomba sur lui obscurité, et ténèbres, et, *tournant en rond, il cherchait des mains qui conduisent.*

Et maintenant, voici la main du Seigneur sur toi et tu seras aveugle, ne voyant pas le soleil, pour un temps.» Aussitôt tomba sur lui obscurité, et ténèbres, et, *tournant en rond, il cherchait des mains qui conduisent.*

12 Alors *le proconsul* ayant vu ce qui était arrivé

crut, frappé par la doctrine du Seigneur.

Or le proconsul ayant vu ce qui était arrivé, fut dans l'étonnement et il *crut au Seigneur.*

ANTIOCHE DE PISIDIE

13 Or de *Paphos, ayant pris le large, Paul et ses compagnons vinrent à Pergé de Pamphylie.* Mais Jean, s'étant séparé d'eux, revint à Jérusalem.

De Paphos, ayant pris le large, Paul et ses compagnons vinrent à Pergé de Pamphylie. Mais Jean, s'étant séparé d'eux, revint à Jérusalem.

14 *Or* eux, *ayant traversé (le pays) à partir de Pergé, (ils) arrivèrent à Antioche de Pisidie et,* étant venus à *la synagogue le jour du sabbat,* ils s'assirent.

Or ceux-ci, ayant traversé (le pays) à partir de Pergé, (ils) arrivèrent à Antioche de Pisidie et ils entrèrent dans la synagogue le sabbat.[1]

15 *Après la lecture de la Loi et des prophètes, les chefs de la synagogue leur envoyèrent dire: «Hommes (nos) frères, si vous avez quelque* parole d'exhortation pour *le peuple, dites(-la).»*

Après la lecture de la Loi et des prophètes, les chefs de la synagogue leur envoyèrent dire: «Hommes (nos) frères, si vous avez quelque sagesse, dites(-la) au peuple.»

16 *Paul s'étant levé et ayant fait signe de la main dit: «Hommes d'Israël et (vous) qui craignez Dieu, écoutez.*

Paul s'étant levé et ayant fait signe de la main de se taire: *«Hommes d'Israël et (vous) qui craignez Dieu, écoutez.*

[1] Il faut supprimer du TO l'expression τῇ ἡμέρᾳ.

13 17 *Le Dieu* de ce *peuple d'Israël a choisi* | *Le Dieu du peuple d'Israël a choisi* [1]
nos pères, et le peuple, il (l')a | *nos pères à cause du peuple et il (l')a*
exalté durant le séjour | *exalté durant le séjour*
en terre d'Égypte | *en Égypte*
et il les en a fait sortir à bras élevé. | *et il les en a fait sortir à bras élevé.*

18 *Et durant* un temps d'environ *quarante* | *Et durant quarante*
ans il les a supportés *dans le désert.* | *ans il les a nourris dans le désert.*

19 *Ayant détruit* sept *nations en terre* | *Et ayant détruit des nations en terre*
de Canaan il leur a donné leur *terre* | *de Canaan et il leur a donné la terre*
en héritage, | *des étrangers en héritage.*

20 pour environ *quatre cent cinquante ans.* | *Et, durant quatre cent cinquante ans,*
Et après cela, *il leur donna des juges* | *il leur donna des juges*
jusqu'à Samuel le prophète. | *jusqu'à Samuel le prophète.*

21 *Et (à dater) de là, ils demandèrent un* | *Et (à dater) de là, ils demandèrent un*
roi et Dieu *leur donna Saül, fils de Cis,* | *roi et Il leur donna Saül, fils de Cis,*
un homme de la tribu de Benjamin, | *un homme de la tribu de Benjamin,*
durant quarante ans. | *durant quarante ans.*

22 *Et, l'ayant écarté, il leur suscita David* | *Et, l'ayant écarté, il leur suscita David*
comme roi, | *comme roi,*
à qui il dit, (lui) ayant rendu témoigna- | *à qui il dit, (lui) ayant rendu témoigna-*

ge: "J'ai trouvé David, le (fils) de Jessé, | *ge: "J'ai trouvé David, le fils de Jessé,*
un homme selon mon cœur qui fera | *un homme selon mon cœur qui fera*
toutes *mes volontés."* | *mes volontés."*

23 *Celui-ci, de (sa) descendance Dieu,* | *Celui-ci, de (sa) descendance Dieu,*
selon sa promesse, a amené à Israël Jésus | *selon sa promesse, a suscité*
comme sauveur, | *le salut(.)*

24 tandis que Jean proclamait, avant son entrée, | tandis que Jean proclamait, avant son entrée,
un baptême de pénitence à tout le peuple | un baptême de pénitence au peuple.
d'Israël.

25 Or, comme Jean achevait sa course, il disait: | Or, comme Jean achevait sa course, il disait:
"Ce que vous pensez que je suis, je ne | "Qui vous pensez que je (suis), je ne
le suis pas. Mais voici (que) vient après moi | le suis pas. Voici (que) vient après moi
celui dont je ne suis pas digne de délier | celui dont je ne suis pas digne de délier
la sandale des pieds." | la sandale des pieds."

26 *Hommes (mes) frères, fils de la race* | *Hommes (mes) frères, fils de la race*
d'Abraham, ceux qui, parmi vous, | *d'Abraham et ceux qui, parmi vous,*

---

[1] Suite du Document Johannite (cf. 7,34). Il est signalé par deux traits verticaux.

craignent Dieu, à nous *la parole*
de ce *salut a été envoyée.*

craignent Dieu, *à vous cette parole*
de salut a été envoyée.

13 27 Car ceux qui habitent à Jérusalem et leurs
chefs, n'ayant pas reconnu celui-ci et
les paroles des prophètes qui sont lues
chaque sabbat
(l')ayant jugé, ils (le) rejetèrent

Car ceux qui habitent Jérusalem et ses
chefs, ne comprenant pas
les écrits des prophètes qui sont lus
chaque sabbat,
ils (les) ont accomplis

28 et,
n'ayant trouvé aucun motif de mort,
ils demandèrent à Pilate qu'il soit mis à mort.

et, l'ayant jugé,
ils le livrèrent à Pilate pour une mise à mort.

29

Or, lorsqu'ils eurent accompli tout ce qui
était écrit à son sujet,
l'ayant descendu du bois, ils le mirent
au tombeau.

Après l'avoir crucifié, ils demandèrent à Pilate
de le descendre du bois et, (l')ayant obtenu

et l'ayant descendu, ils le mirent
au tombeau.

30 Mais Dieu l'a ressuscité des morts,

(Celui) que Dieu a ressuscité,

31 (lui) qui est apparu
pendant de nombreux jours
à ceux qui étaient montés avec lui
de Galilée à Jérusalem,

qui sont ses témoins auprès du
peuple.

celui-ci est apparu

à ceux qui étaient montés avec lui
de Galilée à Jérusalem,
pendant de nombreux jours,
qui maintenant sont ses témoins auprès du
peuple.

32 *Et nous, nous vous annonçons la*
promesse faite aux *pères,*

Et nous, nous vous annonçons la
promesse faite à nos pères,

33 *parce que Dieu l'a accompli pour* nos
enfants en ressuscitant Jésus, comme
il est écrit dans le *psaume deuxième:*
"Tu es mon fils, aujourd'hui je t'ai
engendré."

parce que Dieu l'a accompli pour leurs
enfants en ressuscitant Jésus, comme
il est écrit dans les psaumes:
"Tu es mon fils, aujourd'hui je t'ai
engendré.
Demande-moi et je te donnerai les gentils
en héritage, et en ta possession
les extrémités de la terre."[1]

34 *Or, qu'il l'ait ressuscité des morts sans*
qu'il doive retourner à la corruption,

Or, qu'il [2] *l'ait ressuscité des morts sans*
qu'il doive retourner à la corruption,

[1] Il faut garder au TO la citation du v. 8 de Ps 2, que nous avions reléguée à TO[2]; elle est attestée par les
meilleurs témoins du TO et donne un sens excellent.

[2] Au lieu de ὅτι, le TO a un ὅτε qui ne donne aucun sens et doit être une erreur.

c'est ce qu'il a dit ainsi:
"Je vous donnerai les choses saintes
de David, les fidèles."

13 35 Parce qu'il dit dans un autre (psaume):
*"Tu ne laisseras pas ton saint voir la
corruption."*

36 Car David, en sa génération, ayant servi la
volonté de Dieu, s'est endormi et fut adjoint
à ses pères et il vit la corruption.

37 Mais celui que Dieu a ressuscité n'a pas vu
la corruption.

38 *Qu'il vous soit donc connu, hommes
(mes) frères, que,* pour cela, *vous est
annoncée la rémission des péchés(.»)*
et que, de tout ce dont vous n'avez pas pu
être justifiés par la Loi de Moïse,

39 en celui-ci quiconque croit est justifié.(»)

40 Voyez donc que ne survienne ce qui a été
écrit dans les prophètes:

41 "Voyez, contempteurs, et étonnez-vous et
disparaissez, parce que je fais une œuvre,
moi, en vos jours, une œuvre que vous ne
croirez pas si quelqu'un vous la raconte."»

42 Tandis qu'ils sortaient, ils lui demandaient
de leur parler les mêmes paroles le sabbat
suivant.

43 *L'assemblée s'étant séparée, beaucoup
de Juifs et de prosélytes adorant (Dieu)
suivirent Paul et Barnabé*

*qui, parlant avec eux, les engageaient
à persévérer dans la grâce de Dieu.*

44

Le sabbat suivant, presque toute la ville se
rassembla pour entendre
la parole de Dieu.

---

c'est ce qu'il a dit ainsi:
"Je vous donnerai les choses saintes
de David, les fidèles."

Et il dit autrement:
*"Tu ne laisseras pas ton saint voir la
corruption."*

David, en sa génération, ayant servi la
volonté de Dieu, fut adjoint
à ses pères et il vit la corruption.

Mais celui qu'Il a ressuscité n'a pas vu
la corruption.

*Qu'il vous soit donc connu, hommes
(mes) frères, que, par celui-ci, vous est
annoncée la rémission des péchés(.»)*
et que, de tout ce dont vous n'avez pas pu
être justifiés par la Loi de Moïse,

en celui-ci quiconque croit est justifié.(»)

Voyez donc que ne survienne ce qui a été
écrit dans les prophètes:

"Voyez, contempteurs, et étonnez-vous et
disparaissez, parce que je fais une œuvre,
moi, en vos jours, une œuvre que vous ne
croirez pas si quelqu'un vous la raconte."»
Et il se tut.

Tandis qu'ils sortaient, ils le priaient
de leur parler les mêmes paroles le sabbat
suivant.

*L'assemblée s'étant séparée, beaucoup
de Juifs et de prosélytes adorant (Dieu)
suivirent Paul et Barnabé,*
demandant à être baptisés,
*qui, parlant avec eux, les engageaient
à persévérer dans la grâce de Dieu.*

Or il arriva que la Parole passa par toute
la ville.
Le sabbat suivant, presque toute la ville se
rassembla pour entendre Paul faire
force discours sur le Seigneur.

13 45   Or les Juifs, ayant vu les foules, furent | Et les Juifs, ayant vu la multitude, furent
remplis de jalousie et ils contredisaient | remplis de jalousie, contredisant
ce qui était dit par Paul, en blasphémant. | et blasphémant.

46   Et pleins d'assurance Paul et Barnabé dirent: | Or pleins d'assurance Paul et Barnabé dirent:
«C'est à vous d'abord qu'il était nécessaire | «C'est à vous qu'il était nécessaire
de parler la parole de Dieu. Puisque | d'annoncer la parole de Dieu. Mais puisque
vous l'avez rejetée et que vous ne vous êtes | vous vous êtes
pas jugés dignes de la vie éternelle, voici | jugés indignes, voici
(que) nous nous tournons vers les gentils. | (que) nous nous tournons vers les gentils.

47   En effet, ainsi le Seigneur nous a prescrit: | En effet, ainsi l'Écriture a dit:
"Je t'ai établi comme lumière des | "Voici (que), lumière, je t'ai établi parmi les
gentils pour que tu sois en salut jusqu'aux | gentils pour que tu sois en salut jusqu'aux
extrémités de la terre."» | extrémités de la terre."»

48   En entendant, les gentils se réjouissaient | En entendant, les gentils se réjouissaient
et ils glorifiaient la parole de Dieu | et ils accueillirent la parole du Seigneur
et ils crurent, tous ceux qui étaient destinés | et ils crurent, tous ceux qui étaient destinés
à la vie éternelle. | à la vie éternelle.

49   Or *la parole* du Seigneur *était portée* | *La Parole était portée*
à travers toute la région. | *à travers toute la région.*

50   *Mais les Juifs excitèrent les femmes de* | *Mais les Juifs excitèrent les femmes de*
condition qui adoraient (Dieu) et les | *condition qui adoraient (Dieu) et les*
notables de la ville et ils suscitèrent | *notables de la ville et ils suscitèrent*
une persécution *contre Paul et Barnabé* | *une épreuve contre Paul et Barnabé*
et ils les chassèrent | *et ils les chassèrent*
hors de leur territoire. | *hors de leur territoire.*

51   *Mais eux, ayant secoué contre eux la* | *Mais eux, ayant secoué contre eux la*
poussière des pieds, vinrent | *poussière hors de leurs pieds, arrivèrent*
à Iconium. | *à Iconium.*

52   Et les disciples étaient remplis de joie | Or les disciples étaient remplis de joie
et d'Esprit saint. | et d'Esprit saint.

BARNABÉ ET PAUL À ICONIUM

14 1   *Il leur arriva,* à Iconium, *d'entrer de* | *Il leur arriva d'entrer de*
même dans la synagogue des Juifs et de | *même dans la synagogue des Juifs et de*
parler de telle façon que crurent | *parler de telle façon que* s'étonnèrent
une grande multitude | *une grande multitude*

de Juifs et de Grecs.

de Juifs et de Grecs et qu'ils crurent.

14 2 *Mais les Juifs qui n'avaient pas cru*
suscitèrent et
*indisposèrent les esprits des gentils
contre les frères.*

Mais les chefs de la synagogue et les chefs
suscitèrent une persécution

contre les justes.
Mais le Seigneur donna rapidement la paix.

3 Assez longtemps donc ils restèrent (là),
ayant assurance dans le Seigneur qui rendait
témoignage à la Parole de sa grâce, donnant
que signes et prodiges arrivâssent par leurs
mains.

Assez longtemps donc ils restèrent (là),
ayant assurance dans le Seigneur qui rendait
témoignage à la Parole de sa grâce, donnant
que signes et prodiges arrivâssent par leurs
mains.

4 Mais la foule de la ville se divisa et les uns
étaient avec les Juifs, les autres avec les
apôtres.

Mais la foule de la ville était divisée et les uns
étaient avec les Juifs, mais les autres avec les
apôtres,
attachés (à eux) à cause de la parole de Dieu.

5 *Or, comme il y eut assaut*

*des gentils et des Juifs, avec leurs chefs,
pour les maltraiter et les lapider,*

Et de nouveau suscitèrent une persécution pour
la deuxième fois
les Juifs avec les gentils
et, les ayant lapidés,
ils les jetèrent hors de la ville.

BARNABÉ ET PAUL À LYSTRE

6 *s'en étant rendu compte, ils s'enfuirent
dans les villes de Lycaonie: Lystre
et Derbé et les environs.*

Et, s'étant enfuis, ils arrivèrent
en Lycaonie, dans une ville appelée Lystre.

(⇒ 14,26)

7 Et là, ils annonçaient l'évangile.

Et ils annonçaient l'évangile.
Et toute la population fut remuée par leur
enseignement.

8

Et un homme, à Lystre, perclus des jambes,
était assis, infirme dès le sein de sa mère,
qui n'avait jamais marché.

Or, Paul et Barnabé demeuraient à Lystre.
Il y avait un homme assis, perclus des jambes,
qui, dès le sein de sa mère,
n'avait jamais marché.

9 Celui-ci entendait Paul parler.
Lui, l'ayant regardé fixement et voyant
qu'il a la foi pour être sauvé,

Celui-ci entendit Paul parler, étant en crainte.
Paul, l'ayant regardé fixement et sachant
qu'il a la foi pour être sauvé,

10 dit à voix forte: «Lève-toi droit sur tes
pieds.» Et il bondit et il marchait.

dit à voix forte: «Lève-toi droit sur tes
pieds.» Et il bondit et il marchait.

14 11 Et les foules, ayant vu ce que Paul avait fait, | Or la foule, ayant vu ce que Paul avait fait,
élevèrent leur voix en lycaonien, disant: | élevèrent la voix en lycaonien, disant:
«Les dieux, faits semblables à des hommes, | «Les dieux, faits semblables aux hommes,
sont descendus vers nous.» | sont descendus vers nous.»

12 Et ils appelaient Barnabé Zeus et Paul | Ils appelaient Barnabé Zeus et Paul
Hermès, parce que lui, il était le chef de | Hermès, parce que lui, il était chef de
la Parole. | la Parole.

13 Et le prêtre du Zeus qui était devant la | Or les prêtres de celui qui est Zeus devant la
ville, ayant apporté des taureaux | ville, ayant apporté des taureaux
et des guirlandes devant les portes, | et des guirlandes devant les portes,
voulait sacrifier avec les foules. | voulaient sacrifier avec la foule.

14 L'ayant entendu (dire), les apôtres Barnabé | L'ayant entendu (dire), Paul
et Paul, ayant déchiré leurs manteaux, | et Barnabé, ayant déchiré leurs manteaux,
s'élancèrent vers la foule en criant | s'élancèrent vers la foule en disant
| d'une voix forte:

15 et en disant: «Hommes, pourquoi faites-vous | «Hommes, que faites-vous?
cela? Nous aussi nous sommes des hommes | Nous, nous sommes des hommes
de même condition que vous, | de même condition que vous(.»),
vous annonçant (qu'il faut) | vous annonçant Dieu, afin que
vous convertir de ces vanités, | vous vous convertissiez de ces vanités
vers le Dieu vivant qui a fait le ciel et la | vers Celui qui a fait le ciel et la
terre et la mer et tout ce qui s'y trouve. | terre et la mer et tout ce qui s'y trouve.

16 Lui qui, dans les générations passées, | Lui qui, dans les générations passées,
a laissé toutes les nations aller leurs voies. | a laissé toute race d'hommes aller ses voies.

17 Pourtant, il n'a pas cessé de se rendre témoi- | Pourtant, il n'a pas cessé de se rendre témoi-
gnage en faisant du bien, vous donnant du | gnage en faisant du bien, vous donnant du
ciel pluies et saisons fécondes en fruits, | ciel pluies et saisons fécondes en fruits,
emplissant vos cœurs de nourriture | emplissant vos cœurs de nourriture
et de félicité.» | et de félicité.»

18 Et, ce disant, (c'est) à peine s'ils empê- | Et, ce disant, (c'est) à peine s'ils persua-
chèrent les foules de leur sacrifier. | dèrent les gens de ne pas leur sacrifier.
| Et ils les laissèrent aller (loin) d'eux.

19 | Tandis qu'ils demeuraient (là) et qu'ils
| enseignaient,
Or survinrent, | survinrent quelques Juifs
d'Antioche et d'Iconium, des Juifs | d'Iconium et d'Antioche
et, | et, tandis qu'ils discutaient en public,
ayant persuadé les foules | ils persuadèrent les gens de s'éloigner d'eux,
| disant qu'ils ne disent rien de vrai mais qu'ils

et ayant lapidé Paul, ils le traînèrent
hors de la ville, pensant qu'il était mort.

mentent en tout. Et, ayant excité la foule
pour qu'ils lapidâssent Paul, ils le traînèrent
hors de la ville, ayant pensé qu'il était mort.

14 20 Or, tandis que ses disciples l'entouraient,

s'étant relevé, il entra en ville et le
lendemain il partit avec Barnabé à Derbé.

Or, tandis que ses disciples l'entouraient,
Et, tandis que la foule se retirait, le soir,
s'étant relevé, il entra dans Lystre et le
lendemain il partit avec Barnabé à Derbé.

R E T O U R   À   A N T I O C H E   D E   S Y R I E

21 Et, ayant évangélisé cette ville
et ayant fait beaucoup de disciples, ils revinrent à Lystre et à Iconium et à Antioche

Or évangélisant ceux (qui étaient) dans la ville
et ayant fait beaucoup de disciples, ils revinrent à Lystre et à Iconium et à Antioche

22 affermissant les âmes des disciples et (les)
exhortant à demeurer dans la foi et (disant)
que (c'est) par beaucoup d'épreuves (qu')il
nous faut entrer dans le royaume de Dieu.

affermissant les âmes des disciples et (les)
exhortant à demeurer dans la foi et (disant)
que (c'est) par beaucoup d'épreuves (qu')il
faut entrer dans le royaume de Dieu.

23 Leur ayant, par églises, désigné des Anciens,
ayant prié avec des jeûnes, ils les remirent
au Seigneur en qui ils avaient cru.

Leur ayant, par églises, désigné des Anciens,
ayant prié avec des jeûnes, ils les remirent
au Seigneur en qui ils avaient cru.

24 Et, ayant traversé la Pisidie, ils vinrent
en Pamphylie

Or, ayant traversé la Pisidie, ils vinrent
en Pamphylie

25 et, ayant parlé la Parole à Pergé,
ils descendirent à Attalie

et, ayant parlé la Parole à Pergé,
ils descendirent à Attalie, les évangélisant,

(14,6 ⇐ *)*

26 *et de là à Antioche(.)*

d'où ils avaient été remis à la grâce de Dieu
en vue de l'œuvre qu'ils avaient accomplie.

et de là ils firent voile vers ***Antioche(.)***

(⇒ 15,35)

d'où ils avaient été remis à la grâce de Dieu
en vue de l'œuvre qu'ils avaient accomplie.

27 Étant arrivés et ayant réuni l'église,
ils annoncèrent tout ce que Dieu avait fait
avec eux, et qu'il avait ouvert
aux gentils la porte de la foi.

Étant arrivés et ayant réuni l'église,
ils annoncèrent tout ce que Dieu avait fait
avec leurs personnes, et qu'il avait ouvert
aux gentils la porte de la foi.

28 Or ils demeuraient un certain temps avec les
disciples.

Or ils demeuraient un certain temps avec les
disciples.

L'ASSEMBLÉE DE JÉRUSALEM

15 1 Et certains, descendus de Judée, enseignaient | Et certains, descendus de Judée, enseignaient
aux frères: «Si vous n'êtes pas circoncis | aux frères: «Si vous n'êtes pas circoncis
| et si vous ne marchez pas
selon la coutume de Moïse | selon la coutume de Moïse
vous ne pouvez pas être sauvés.» | vous ne pouvez pas être sauvés.»

2 Or, s'étant produites agitation et vive | Or, s'étant produites agitation et vive
discussion de Paul et de Barnabé contre eux, | discussion de Paul et de Barnabé avec eux,
| - car Paul disait, en insistant, (qu'ils devaient)
| demeurer comme (lorsqu')ils avaient cru -
| ceux qui étaient venus de Jérusalem
on décida que Paul et Barnabé et quelques | leur commandèrent ainsi qu'à quelques
autres d'entre eux monteraient à Jérusalem | autres de monter à Jérusalem
vers les apôtres et les Anciens | vers les apôtres et les Anciens
| pour y être jugés devant eux
au sujet de cette question. | au sujet de cette question.

(11,26a ⇐)

3 Eux donc, ayant été escortés par l'église, | Eux donc, ayant été escortés[1] par l'église,
traversaient et la Phénicie et la Samarie en | traversaient la Phénicie et la Samarie en
racontant la conversion des gentils et ils | racontant la conversion des gentils et ils
donnaient grande joie à tous les frères. | donnaient de la joie aux frères.

4 Étant arrivés à Jérusalem, ils furent reçus | Étant arrivés à Jérusalem, ils furent reçus
par l'église | magnifiquement par l'église
et les apôtres et les Anciens | et les apôtres et les Anciens,
et ils annoncèrent tout ce que Dieu avait fait | annonçant tout ce que Dieu avait fait
avec eux. | avec eux.

(⇒ 12,1)
(11,18a ⇐)

5 *Or se levèrent certains* de ceux *du parti* | *Or se levèrent certains du parti*
des Pharisiens, qui avaient cru, disant | *des Pharisiens, qui avaient cru, disant*
qu'il faut les circoncire et (leur) | *qu'il faut les circoncire et*
commander d'*observer la Loi de Moïse.* | *observer la Loi de Moïse.*

6 Les apôtres et les Anciens s'assemblèrent | Les apôtres et les Anciens s'assemblèrent,
pour examiner cette affaire. | avec la foule, pour examiner cette question.

7 *Or, une grande discussion s'étant* | Or, tandis qu'ils étaient dans le plus grand
produite, | embarras,
s'étant levé, Pierre leur dit: «Hommes | s'étant levé, Pierre leur dit en Esprit: «Hommes
(mes) frères, vous, vous savez que dès les | (mes) frères, vous, vous savez que dès les
jours anciens Dieu parmi vous a fait choix | jours anciens Dieu a fait choix
pour que, par ma bouche, les gentils | pour que, par ma bouche, les gentils

---

[1] Nous avons adopté pour le TO le même participe que pour le TA.

entendent la parole de l'évangile et croient. | entendent la parole de l'évangile et croient.

15 8 Et Dieu qui connaît les cœurs leur a rendu
témoignage en leur donnant l'Esprit saint
tout comme à nous

Et Dieu qui connaît les cœurs leur a rendu
témoignage en leur donnant l'Esprit saint
tout comme à nous

9 et il n'a fait aucune différence entre eux et
nous, ayant purifié leurs cœurs par la foi.

et il n'a fait aucune différence entre eux et
nous, ayant purifié leurs cœurs par la foi.

10 Maintenant donc pourquoi tentez-vous Dieu,
d'imposer sur le cou des disciples un joug
que ni nos pères ni nous n'avons pu porter?

Et maintenant pourquoi essayez-vous[1]
d'imposer un joug
que pas même nos pères n'ont pu porter?

11 Mais (c'est) par la grâce du Seigneur Jésus
que nous croyons de façon à être sauvés,
de la même manière que ceux-ci.»

Mais (c'est) par la grâce de Jésus
que nous croyons de façon à être sauvés,
de la même manière que ceux-ci.»

12

Or, comme les Anciens étaient d'accord sur ce
qui avait été dit par Pierre,
la foule se tut(.)

Or toute la foule se tut
et ils écoutaient Barnabé et Paul raconter
combien de signes et de prodiges Dieu avait
faits par eux parmi les gentils.

et ils écoutaient Barnabé et Paul raconter
combien de signes et de prodiges Il avait
faits par eux parmi les gentils.

13 Quand ils se furent tus
Jacques prit la parole en disant: «*Hommes
(mes) frères, écoutez-moi.*

Quand ils se furent tus
*s'étant levé, Jacques dit: «Hommes
(mes) frères, écoutez-moi.*

14 *Siméon a raconté comment d'abord Dieu
a pris soin de prendre parmi les gentils
un peuple à son nom.*

*Siméon a raconté comment d'abord Dieu
a pris soin de prendre parmi les gentils
un peuple à son nom.*

15 Et à cela s'accordent les paroles des
prophètes, selon qu'il est écrit:

Et ainsi s'accordent les paroles des
prophètes, selon qu'il est écrit:

16 "Après cela je reviendrai
et je reconstruirai la tente de David, qui est
tombée, et ses ruines je (les) reconstruirai
et je la redresserai,

"Or après cela je reviendrai
et je reconstruirai la tente de David, qui est
tombée, et ses ruines je (les) reconstruirai
et je la redresserai,

17 afin que le reste des hommes recherchent
le Seigneur, et tous les gentils sur lesquels
a été invoqué mon nom sur eux, dit le
Seigneur qui a fait ces choses

afin que le reste des hommes recherchent
Dieu, et tous les gentils sur lesquels
a été invoqué mon nom sur eux, dit le
Seigneur qui a fait ces choses.

18 connues dès l'éternité."

Son œuvre est connue du Seigneur dès l'éter-

---

[1] Le même verbe grec signifie "tenter" (TA) et "essayer" (TO).

nité."

15 19 *C'est pourquoi, moi, je suis d'avis de ne* | *C'est pourquoi, moi, je suis d'avis de ne*
pas tracasser ceux des gentils qui se con- | *pas tracasser ceux des gentils qui se con-*
vertissent à Dieu, | *vertissent à Dieu,*

20 *mais de leur prescrire de s'abstenir des* | *mais de leur prescrire de s'abstenir des*
souillures des idoles et de la fornication | *souillures des idoles et de la fornication*
et des (chairs) étouffées et du sang.(») | *et du sang.(»)*

21 Car Moïse, depuis les générations anciennes, | Car Moïse, depuis les générations anciennes,
a dans chaque ville ses prédicateurs, étant lu | a ses prédicateurs, étant lu
chaque sabbat dans les synagogues.» | chaque sabbat dans les synagogues.»

22 *Alors il parut bon* | *Alors il parut bon*
aux apôtres et aux Anciens avec | aux apôtres et aux Anciens avec
(à) toute l'église d'envoyer des hommes | *(à) toute l'église d'envoyer des hommes,*
choisis parmi eux | *qu'ils avaient choisis*
à Antioche avec Paul et Banabé: | à Antioche, avec Paul et Barnabé:
Jude appelé Barsabbé et Silas, hommes | *Jude appelé Barsabbé et Silas, hommes*
d'autorité parmi les frères(.) | *d'autorité parmi les frères(.)*

23 ayant écrit par leur main: | ayant écrit par leur main une lettre ainsi
 | conçue:
«Les apôtres et les Anciens, frères, aux frè- | «Les apôtres et les Anciens, frères, aux frè-
res d'Antioche et de Syrie et de Cilicie, | res d'Antioche et de Syrie et de Cilicie,
ceux d'entre les gentils, salut. | salut.

24 Puisque nous avons entendu (dire) que | Puisque nous avons entendu (dire) que
certains d'entre nous vous ont troublés par | certains ont troublé[1] vos âmes
des paroles, ayant bouleversé vos âmes, | par des paroles
que nous n'avons pas prescrites, | que nous n'avons pas prescrites,

25 il nous a paru bon, étant tombés d'accord, de | il nous a paru bon, étant tombés d'accord, de
vous envoyer des hommes choisis, | vous envoyer des hommes, les ayant choisis,
avec nos bien-aimés Barnabé et Paul, | avec nos bien-aimés Barnabé et Paul,

26 des gens qui ont exposé leur vie pour le nom | des gens qui ont exposé leur vie pour le nom
de notre Seigneur Jésus Christ. | du Seigneur Jésus, pour toute épreuve.

27 Nous avons donc envoyé Jude et Silas qui | Nous avons donc envoyé Jude et Silas qui
de vive voix vous annonceront les mêmes | de vive voix vous annonceront.
choses. |

28 En effet il a paru bon à l'Esprit saint et à | Il a paru bon au saint Esprit et à
nous de ne pas vous imposer d'autre fardeau | nous de ne pas vous imposer d'autre fardeau

---

[1] Dans le TO, lire ἐτάραξαν au lieu de ἀνεσκεύασαν.

que ces (observances) indispensables: | que ces (observances) indispensables:

15 29 s'abstenir des idolothytes et du sang et des (chairs) étouffées et de la fornication, | s'abstenir des idolothytes et du sang et de la fornication,
et tout ce que vous ne voulez pas qu'il vous arrive, ne le faites pas aux autres,

de quoi vous gardant, vous ferez bien. Portez-vous bien.» | de quoi vous gardant, vous ferez bien, portés par le saint Esprit. Portez-vous bien.»

30 *Eux donc, ayant été congédiés,* | *Eux donc, ayant été congédiés,*
en peu de jours

descendirent à [Césarée] Antioche et ayant réuni la foule, ils leur remirent la lettre. | *descendirent à [Césarée]* Antioche et ayant réuni la foule ils leur remirent la lettre.

31 L'ayant lue, ils se réjouirent de l'exhortation. | L'ayant lue, ils se réjouirent de l'exhortation.[1]

32 Jude et Silas
et comme ils étaient eux aussi prophètes, avec force discours (ils) exhortèrent les frères et les fortifièrent. | *Avec force discours ils exhortèrent les frères et les fortifièrent, comme ils étaient eux aussi prophètes.*

33 *Ayant passé quelque temps, ils furent congédiés en paix par les frères vers ceux qui les avaient envoyés.* | *Ayant passé quelque temps,*

                               (⇒ 11,19)

| Jude retourna à Jérusalem

34 | mais il parut bon à Silas de rester là.

PAUL ET BARNABÉ SE SÉPARENT

35 Or Paul et Barnabé | Or Paul et Barnabé

                                             (14,26a ⇐)

(Ils y) demeuraient à Antioche, *enseignant et évangélisant* avec encore beaucoup d'autres *la parole du Seigneur.* | *(Ils y) demeuraient* à Antioche, *enseignant et évangélisant* avec encore beaucoup d'autres *la parole du Seigneur.*

36 Or, après quelques jours, Paul dit à Barnabé: | Or, après quelques jours, Paul dit:
                               à Barnabé

---

[1] Pour ce verset, le TO avait probablement un texte identique à celui du TA. La reconstitution du texte, que nous avions proposée, est trop peu sûre pour pouvoir être retenue.

«Étant retournés, visitons les frères en chacune des villes dans lesquelles nous avons annoncé la parole du Seigneur: comment vont-ils?»	«Étant retournés, visitons les frères qui (sont) en chacune des villes dans lesquelles nous avons annoncé la Parole: que font-ils?» Le projet plut aussi à Barnabé.

15 37 Or Barnabé voulait emmener aussi Jean, appelé Marc. | Il voulait emmener Jean, surnommé Marc.

38 Mais Paul estimait que celui qui s'était séparé d'eux depuis la Pamphylie et qui n'était pas venu avec eux pour l'œuvre, celui-là n'était pas à emmener. | Mais Paul ne voulait pas, disant: «Celui qui s'est séparé de nous depuis la Pamphylie et qui n'est pas venu avec nous pour l'œuvre,[1] celui-là n'est pas à emmener.»

39 Il y eut irritation au point qu'ils se séparèrent l'un de l'autre et que Barnabé, ayant pris Marc, fit voile vers Chypre. | Il y eut irritation au point qu'ils se séparèrent l'un de l'autre. Alors Barnabé, ayant pris Marc, fit voile vers Chypre.

40 *Or Paul, ayant fait choix de Silas, partit, remis par les frères à la grâce* du Seigneur. | *Or Paul, ayant fait choix de Silas, partit, remis par les frères à la grâce de Dieu.*

41 Il traversa la Syrie et la Cilicie, affermissant les églises. | Ils traversèrent la Syrie et la Cilicie, affermissant les églises, transmettant les commandements des Anciens.

PAUL ET SILAS À LYSTRE

16 1 Il arriva et à Derbé et à Lystre. Et voici (que) un disciple était là, du nom de Timothée, fils d'une femme juive, croyante, mais de père grec, | Or, en traversant ces régions, ils arrivèrent à Derbé et à Lystre. Et voici un disciple, du nom de Timothée, fils d'une femme veuve, juive, croyante, mais de père grec(.)

2 qui était estimé des frères de Lystre et d'Iconium. | qui était estimé des frères de Lystre et d'Iconium.

3 Celui-ci, Paul voulut qu'il partît avec lui et, l'ayant pris, il le circoncit à cause des Juifs qui étaient dans ces parages, car tous savaient que son père était grec. | Celui-ci, Paul voulut qu'il partît avec lui et, il le prit et le circoncit à cause des Juifs qui étaient dans ces parages, car tous savaient, son père, qu'il était grec.

---

[1] Dans le TO, nous n'avons pas retenu l'omission des mots εἰς τὸ ἔργον, peu attestée, et par des témoins très secondaires du TO.

16 4 Or, comme ils traversaient *les villes*, | *Or, traversant les villes,*
ils proclamaient avec beaucoup
d'assurance le Seigneur Jésus Christ.

ils leur transmettaient à observer les décrets
arrêtés par les apôtres et les Anciens qui
(sont) à Jérusalem.

5 Les églises donc se fortifiaient dans la foi | Les églises donc se fortifiaient
et croissaient en nombre chaque jour. | et croissaient en nombre chaque jour.

DE LYSTRE À PHILIPPES

6 *Or ils traversaient la région* | *Or ils traversaient la région*
phrygienne et galate | *phrygienne et galate*
empêchés par le saint Esprit de parler | empêchés par l'Esprit de parler
la Parole en Asie. | la Parole à quelqu'un en Asie.

(27,7a ⇐)

7 Étant venus en vue de la Mysie, | Parvenus en vue de la Mysie,
ils essayaient d'aller en Bithynie et l'Esprit | ils voulaient aller en Bithynie et l'Esprit
de Jésus ne (le) leur permit pas. | de Jésus ne (le) leur permit pas.

8 *Ayant longé la Mysie,* | Ayant traversé la Mysie,
ils descendirent à Troas. | ils arrivèrent [nous arrivâmes] à Troas.

9 Et durant la nuit une vision apparut à Paul: | Et en vision apparut à Paul:
un homme macédonien était (là) debout | comme un homme macédonien debout
devant lui,
et le priant et disant: «Étant passé en | priant et disant: «Étant passé en
Macédoine, viens à notre secours.» | Macédoine, viens à notre secours.»

10 Or, quand il eut vu la vision, | Réveillé, donc, il nous raconta la vision
aussitôt nous cherchâmes
[ils cherchèrent] à partir en
Macédoine.
persuadés que Dieu nous appelait | et nous comprîmes qu'Il nous appelait
à les évangéliser. | à évangéliser ceux (qui étaient) en Macédoine.

11 *De Troas ayant pris le large* | Or le lendemain, de Troas ayant pris le large,
(⇒ *17,1b*)
nous courûmes droit sur Samothrace, | nous courûmes droit sur Samothrace
le (jour) suivant sur Néapolis | et le (jour) suivant sur Néapolis,

12 et de là sur Philippes, qui est la première | de là sur Philippes qui est une ville du
ville du district de Macédoine, une colonie. | premier district de Macédoine, une colonie.

Nous restâmes dans cette ville quelques
jours.

Nous restâmes dans cette ville quelques
jours.

CONVERSION DE LYDIE

16 13 Et le jour du sabbat, nous sortîmes hors de la
porte, près d'une rivière, où nous pensions
qu'il y avait un lieu de prière(.)
et, nous étant assis, nous parlions
aux femmes qui s'(y) étaient réunies.

Or le jour du sabbat, nous sortîmes hors de la
porte, près de la rivière, où il semblait
qu'il y eut un lieu de prière(.)
et, nous étant assis, nous parlions
aux femmes qui s'(y) étaient réunies.

14 Et une femme du nom de Lydie, marchande
de pourpre de la ville de Thyatire, adorant
Dieu, écoutait, dont le Seigneur ouvrit le
cœur pour qu'elle s'attachât aux (choses)
parlées par Paul.

Et une femme du nom de Lydie, marchande
de pourpre de la ville de Thyatire, adorant
Dieu, écouta, dont le Seigneur ouvrit le
cœur pour qu'elle s'attachât aux (choses)
parlées par Paul.

15 Lorsqu'elle eut été baptisée, et sa
maison, elle (nous) pria en disant: «Si vous
m'avez jugée croyante au Seigneur,
étant entrés dans ma maison, restez(-y).
Et elle nous (y) contraignit.

Lorsqu'elle eut été baptisée, et toute sa
maison, elle (nous) pria en disant: «Si vous
m'avez jugée croyante,
étant entrés dans ma maison, restez(-y).
Et elle nous (y) contraignit.

EXORCISME DE LA PYTHONISSE

16 Or il arriva, tandis que nous allions au lieu
de prière, (que)
Vint à notre rencontre une servante
ayant un esprit python, qui procurait
un grand profit à ses maîtres en
rendant des oracles.

Or il arriva, tandis que nous allions au lieu
de prière, (que)
Vint à notre rencontre une servante
ayant un esprit de python, qui procurait
un grand profit à (ses) maîtres en
rendant des oracles.

17 Elle, ayant suivi Paul et nous, criait en
disant: «Ces hommes sont des serviteurs
du Dieu Très-Haut, qui vous annoncent
la voie du salut.»

Elle, ayant suivi Paul et nous, cria en
disant: «Ces hommes sont des serviteurs
du Dieu Très-Haut, qui vous évangélisent
la voie du salut.»

18 Or elle faisait cela durant beaucoup de jours.
Mais excédé et
S'étant tourné Paul dit à l'esprit:
«Je te commande au nom de Jésus Christ de
sortir d'elle.» Et il sortit à l'instant.

Elle faisait cela durant beaucoup de jours.
Excédé,
Paul dit, en esprit:
«Je te commande au nom de Jésus de
sortir d'elle.» Et à l'instant il sortit.

16 **19** Et ses maîtres, ayant vu que partait l'espoir de leur profit, s'étant saisis de Paul et de Silas, (les) traînèrent à l'agora devant les magistrats

Ses maîtres, ayant vu qu'ils étaient privés de leur profit qu'ils avaient grâce à elle, s'étant saisis de Paul et de Silas, (les) tirèrent à l'agora

20 et, les ayant amenés aux stratèges, ils dirent: «Ces gens troublent notre ville, étant juifs,

et, les ayant amenés aux stratèges, ils dirent: «Ces gens troublent notre ville, étant juifs,

21 et ils annoncent des coutumes qu'il ne nous est pas permis d'accepter ou de pratiquer, étant des romains.

annonçant des coutumes qu'il ne nous est pas permis de pratiquer, étant des romains.

22 Et la foule se souleva contre eux. Et les stratèges, ayant arraché leurs vêtements, ordonnaient de (les) battre de verges.

Et une foule nombreuse se soulevèrent contre eux en criant. Alors les stratèges, ayant arraché leurs vêtements, ordonnèrent qu'ils soient battus de verges.

23 Et, leur ayant imposé beaucoup de coups, ils les jetèrent en prison(.)

commandant au geôlier de les garder en sûreté.

Et, leur ayant imposé beaucoup de coups, ils les jetèrent en prison(.)

(⇒ 16,35)

commandant au geôlier qu'ils soient gardés en sûreté.

24 Lui, ayant reçu un tel ordre, les jeta dans la prison intérieure et il assujettit leurs pieds au billot.

Or lui, ayant reçu un tel ordre, les jeta dans la prison intérieure et il assujettit leurs pieds au billot.

25 Vers le milieu de la nuit, Paul et Silas en priant louaient Dieu par des chants; les prisonniers les écoutaient.

Vers le milieu de la nuit, Paul et Silas en priant louaient Dieu par des chants et les prisonniers les écoutaient.

26 Or, soudain, il y eut un grand séisme au point que les fondations de la prison furent ébranlées. Toutes les portes s'ouvrirent et les liens de tous furent relâchés.

Or, soudain, il y eut un grand séisme au point que les fondations de la prison furent ébranlées. Toutes les portes s'ouvrirent et les liens de tous furent desserrés.

27 Le geôlier, s'étant réveillé et voyant les portes de la prison ouvertes, ayant tiré son épée, allait se supprimer, pensant que les prisonniers s'étaient enfuis.

Le geôlier, s'étant réveillé et voyant les portes ouvertes, ayant tiré son épée, allait se supprimer, pensant que les prisonniers s'étaient enfuis.

28 Paul cria à grande voix en disant: «Ne te fais aucun mal, car tous nous sommes ici.»

Paul cria à grande voix en disant: «Ne te fais aucun mal, tous nous sommes ici.»

29

Ayant demandé de la lumière, il se précipita

Ayant entendu cela, le geôlier demanda de la lumière et se précipita

et, devenu tremblant, il tomba devant Paul et Silas.	et, étant tremblant, il tomba devant Paul et Silas.

16 30 Et, les ayant amenés dehors,

Et il les amena dehors,
s'étant assuré des autres,

il déclara: «Seigneurs, que me faut-il faire pour être sauvé?»

et il leur dit: «Seigneurs, que me faut-il faire pour être sauvé?»

31 Eux dirent: «Crois au Seigneur Jésus et tu seras sauvé, toi et ta maison.»

Eux dirent: «Crois au Seigneur Jésus et tu seras sauvé, toi et ta maison.»

32 Et ils lui parlèrent la parole de Dieu, et à tous ceux qui (étaient) dans sa maison.

Et ils lui parlèrent la Parole, et à tous ceux qui (étaient) dans sa maison.

33 Et les ayant accueillis en cette heure de la nuit, il lava leurs plaies et il fut baptisé lui et tous les siens, aussitôt.

Et les ayant accueillis en cette heure de la nuit, il lava leurs plaies et il fut baptisé lui et sa maison.

34 Et les ayant amenés dans sa maison, il dressa la table et il fut dans l'allégresse, avec sa famille, d'avoir cru à Dieu.

Or, les ayant amenés dans sa maison, il dressa la table et il était dans l'allégresse, avec sa famille, d'avoir cru au Seigneur.

(16,23a ⇐)

35 Or, le jour étant arrivé,

Or, le jour étant arrivé,
les stratèges se réunirent ensemble sur l'agora
et s'étant souvenus du séisme qui était arrivé,
ils eurent peur(.)

les stratèges envoyèrent les licteurs pour dire: «Relâche ces gens.»

et ils envoyèrent les licteurs pour dire:
«Relâche ces gens que tu as reçus hier.»

36 Or le geôlier annonça à Paul les paroles que les stratèges avaient envoyé (dire): «que vous soyez relâchés. Maintenant donc, étant sortis, allez en paix.»

Et le geôlier, étant entré, annonça à Paul les paroles que les stratèges avaient envoyé (dire): «que vous soyez relâchés. Maintenant donc, allez.»

37 Mais Paul leur déclara: «Nous ayant battus en public, sans avoir été jugés, nous qui sommes des romains, ils (nous) ont jetés en prison et maintenant ils nous chassent en cachette? Eh bien non! Mais, étant eux-mêmes venus, qu'ils nous fassent sortir.»

Mais Paul leur déclara: «Nous ayant battus en public, innocents, nous qui sommes des romains, ils (nous) ont jetés en prison et maintenant ils nous chassent en cachette? Non! mais, étant eux-mêmes venus, qu'ils nous fassent sortir.»

38

Or les licteurs annoncèrent aux stratèges ces paroles. Ils eurent peur, ayant entendu (dire) qu'ils étaient romains.

Étant partis vers les stratèges, les licteurs leur annoncèrent ce qui avait été dit.
Mais eux, ayant entendu (dire)
qu'ils étaient romains, eurent peur.

39 Et étant venus

Et étant arrivés avec de nombreux amis à la

<table>
<tr>
<td>

ils leur demandaient

et, (les) ayant fait sortir, ils (les) priaient
de partir de la ville.

</td>
<td>

prison, <u>ils leur demandaient</u> de sortir, disant:
«Nous avons ignorés, quant à vous, que vous
êtes des hommes justes.

Sortez <u>de la ville</u>, de peur que ceux qui ont
crié contre vous ne se rassemblent.»

</td>
</tr>
</table>

16 40 | Étant sortis de la prison,
ils entrèrent chez Lydie
et, (les) ayant vus,

ils exhortèrent les frères et partirent.

Étant sortis de la prison,
ils entrèrent chez Lydie
et, ayant vu les frères,
ils leur racontèrent ce que
le Seigneur avait fait pour eux.
Les ayant exhortés, <u>ils partirent.</u>

(⇒ 20,2b)

PAUL ET SILAS À THESSALONIQUE

17 1 | Ayant fait route par Amphipolis
et Apollonie,

*ils vinrent à Thessalonique où il y avait
une synagogue des Juifs.*

Ayant fait route par Amphipolis,
ils descendirent à Apollonie et de là

(16,11a ⇐)

*à Thessalonique où il y avait
une synagogue des Juifs.*

2 | *Or, selon une habitude à Paul, il entra
chez eux et durant trois sabbats* il discuta
avec eux à partir des Écritures,

*Et, selon une habitude à Paul, il entra
chez eux. Durant trois sabbats, il*
discuta[1] *avec eux à partir des Écritures,*

3 | *ouvrant (leur esprit) et établissant que le
Christ devait souffrir et ressusciter des
morts et que «celui-ci est* le *Christ,
Jésus que je vous annonce.»*

*ouvrant (leur esprit) et établissant que le
Christ devait souffrir et ressusciter
et que «celui-ci est
Jésus que je vous annonce.»*

4 | *Et certains d'entre eux furent persuadés*
et furent gagnés à Paul et à Silas,
une grande foule *de grecs adorant (Dieu)
et bon nombre* des femmes *des notables.*

*Et certains d'entre eux furent persuadés
par l'enseignement,
beaucoup de grecs adorant (Dieu)
et les femmes des notables en bon
nombre.*

5 | *Mais les Juifs, pris de jalousie et ayant
ramassé quelques vauriens de place
publique et ayant fait un attroupement,*
troublaient *la ville et, survenant
à la maison de Jason, ils les cherchaient*

Mais les Juifs qui n'avaient pas cru, *ayant*
rassemblé *quelques vauriens de place
publique,*
troublèrent *la ville et, survenant
à la maison de Jason, ils les cherchaient*

---

[1] Au lieu de la forme moyenne διελέξατο (= TA), le TO a la forme passive διελέχθη (cf. Mc 9,34).

pour les amener devant l'assemblée du peuple.	pour les amener devant l'assemblée du peuple.

17 6 Mais ne les ayant pas trouvés, ils traînèrent Jason et quelques frères devant les politarques en criant que ceux qui bouleversent le (monde) habité, ils sont même ici, présents,

Mais ne les ayant pas trouvés, ils traînèrent Jason et quelques frères devant les politarques en criant et en disant que ceux qui bouleversent le (monde) habité, ils sont même ici, présents,

7 (eux) que Jason a reçus. Et tous ces (gens)-ci agissent contre les édits de César, disant Jésus être un autre roi.

(eux) que Jason a reçus. Et tous ces (gens)-ci agissent contre César, disant Jésus être roi.

8 Or ils troublèrent la foule
et les politarques
qui écoutaient cela

Et ils troublèrent la foule
et les politarques
en disant cela.

9

et, ayant reçu une caution de Jason et des autres, ils les congédièrent.

Les politarques donc,
ayant reçu une caution de Jason et des autres, les congédièrent.

PAUL ET SILAS À BÉRÉE

10 Mais les frères, aussitôt, de nuit, firent partir Paul et Silas pour Bérée, qui, étant arrivés, entrèrent dans la synagogue des Juifs.

Mais les frères
firent partir Paul et Silas pour Bérée, qui arrivèrent
dans la synagogue des Juifs.

11 Or ceux-ci étaient plus généreux que ceux de Thessalonique; ils reçurent la Parole avec beaucoup d'empressement, examinant chaque jour les Écritures (pour voir) si c'était ainsi.

Or ceux-ci étaient plus généreux que ceux de Thessalonique; ils reçurent la Parole avec beaucoup d'empressement, examinant chaque jour les Écritures (pour voir) si c'était ainsi que Paul l'annonce.

12 Beaucoup d'entre eux, donc, crurent(.)

et bon nombre de femmes grecques de qualité et d'hommes.

Beaucoup d'entre eux, donc, crurent.
Mais quelques-uns ne crurent pas.

13 Mais lorsque les Juifs de Thessalonique connurent qu'à Bérée aussi était annoncée par Paul la parole de Dieu, ils y vinrent aussi pour agiter et

Mais lorsque les Juifs de Thessalonique connurent qu'à Bérée aussi était annoncée la Parole, ils y vinrent aussi pour agiter et ils ne *troubler* [1] les foules. | *cessaient pas de troubler la foule.*

17 14 *Alors aussitôt les frères envoyèrent Paul* | *Paul donc, les frères (l')envoyèrent*
aller jusqu'à la mer. | *s'en aller à la mer.*
Et restèrent *là Silas* et Timothée. | *Mais resta là Silas,* et Timothée.

PAUL À ATHÈNES

15 | Or il évita la Thessalie, car il avait été
| empêché de leur proclamer la Parole.

Ceux qui escortaient Paul le menèrent | *Ceux qui escortaient Paul le menèrent*
jusqu'à Athènes(.) | *jusqu'à Athènes(.)*
et ayant reçu un ordre pour Silas et Timo- | et ayant reçu un ordre pour Silas et Timo-
thée, qu'ils viennent au plus vite vers lui, | thée, qu'ils viennent vite vers lui,
ils s'en allèrent. | ils s'en allèrent.

16 Or à Athènes, tandis que Paul les attendait, | Or Paul, attendant à Athènes,
son esprit s'irritait en lui en voyant la ville | s'irritait en son esprit, voyant la ville
remplie d'idoles. | remplie d'idoles.

17 *Il discutait donc dans la synagogue* avec | *Il discutait donc dans la synagogue des*
les *Juifs* et ceux qui adoraient (Dieu), | *Juifs(.)*
| *(⇒ 17,34)*
et sur l'agora, chaque jour, avec ceux qui se | et sur l'agora, chaque jour, avec ceux qui se
trouvaient là. | trouvaient là.

18 Or quelques-uns aussi des philosophes épicu- | Or quelques-uns des philosophes épicu-
riens et stoïciens conféraient avec lui et cer- | riens et stoïciens conférèrent avec lui et cer-
tains disaient: «Que veut dire ce phraseur?» | tains disaient: «Que veut dire ce phraseur?»
Et d'autres: «(C'est) de divinités étrangères | Et d'autres: «(C'est) de divinités étrangères
(qu')il paraît être annonciateur.» | (qu')il paraît être annonciateur.»
Car il annonçait Jésus et la résurrection.

19 | Après quelques jours,
L'ayant pris, ils le menèrent | l'ayant pris, ils le menèrent
à l'Aréopage en disant: «Pouvons-nous | à l'Aréopage en demandant «Pouvons-nous
savoir quelle (est) cette nouvelle doctrine(?) | savoir quelles (sont) ces choses
qui est dite par toi? | qui (sont) dites par toi?

20 Car (ce sont) des choses étranges (que) tu | Car (ce sont) des choses étranges (que) tu
apportes à nos oreilles. | apportes à nos oreilles.(»)
Nous voulons donc savoir ce que cela | Nous voulons donc savoir ce que cela
peut être.» | peut être.»

---

[1] Dans le TA, le verbe οὐ διελίμπανον est tombé par saut du même au même.

17 21 Tous les Athéniens et les étrangers de
passage n'avaient d'autre loisir que de dire
ou d'écouter du nouveau.

22 Or Paul, se tenant au milieu de l'Aréopage,
déclara:
«Hommes d'Athènes, je vous vois en tout
comme les plus religieux (des hommes).

23 En effet, en passant et en observant vos mo-
numents sacrés, j'ai trouvé même un autel
sur lequel était inscrit: Au Dieu inconnu.
Cet (être) donc que, en l'ignorant, vous
adorez, celui-là, moi, je vous l'annonce.

24 Le Dieu qui a fait le monde et tout ce qui
est en lui, celui-là qui est le Seigneur du ciel
et de la terre, (ce n'est) pas dans des temples
faits à la main (qu')il habite,

25 ni par des mains humaines (qu')il est servi,
(comme) ayant besoin de quelque chose, lui
qui donne à tous vie et souffle
et toutes choses.

26 Et il a fait (que), issu d'un seul,
toute gent d'hommes
habite sur toute la face de la terre,
ayant fixé des temps réglés et
les limites de leur habitat,

27 et qu'ils cherchent Dieu, si toutefois ils le
(pouvaient) palper et trouver,
lui qui n'est pas loin de chacun de nous.

28 En lui, en effet, nous vivons et nous nous
mouvons et nous sommes, comme
même certains de vos poètes l'ont dit:
"Car de sa race aussi, nous sommes."

29 Étant donc de la race de Dieu, nous ne
devons pas penser que l'être divin soit
semblable à l'or ou à l'argent ou à la pierre,
image due à l'art et au génie de l'homme.

30 Dédaignant donc les temps de l'ignorance,
Dieu maintenant annonce aux hommes

Les Athéniens et les étrangers de
passage n'avaient d'autre loisir que de dire
ou d'écouter du nouveau.

Or Paul, se tenant au milieu de l'Aréopage,
déclara:
«Hommes d'Athènes, je vous vois en tout
comme les plus religieux (des hommes).

En circulant et en examinant vos mo-
numents sacrés, j'ai trouvé un autel
sur lequel était inscrit: Au Dieu inconnu.
Cet (être) donc que, en l'ignorant, vous
adorez, celui-là, moi, je vous l'annonce.

Le Dieu qui a fait le monde et tout ce qui
est en lui, celui-là qui est le Seigneur du ciel
et de la terre, (ce n'est) pas dans des temples
faits à la main (qu')il habite,

ni par des mains humaines (qu')il est servi,
(comme) ayant besoin de quelque chose, lui
qui a donné à tous souffle et vie
et toutes choses.

Il a fait (que), issu d'un seul sang,
toute la race des hommes
habite sur la face de toute la terre,
ayant fixé des temps réglés d'avance et,
selon des limites, leur habitat,

et qu'ils cherchent le Divin, si toutefois ils le
(pouvaient) palper ou trouver,
bien qu'il ne soit pas loin de chacun de nous.

En lui, en effet, nous vivons et nous nous
mouvons et nous sommes chaque jour, comme
même certains d'entre vous l'ont dit:
"Car de sa race aussi, nous sommes."

Étant donc de la race de Dieu, nous ne
devons pas penser que l'être divin soit
semblable à l'or ou à l'argent ou à la pierre,
image due à l'art ou au génie de l'homme.

Dédaignant donc les temps de l'ignorance,
Dieu maintenant annonce aux hommes

d'avoir à se repentir, tous et partout, | d'avoir à se repentir, tous et partout,

17 31 parce qu'il a fixé un jour où il va juger le (monde) habité avec justice par un homme qu'il a désigné, offrant une garantie à tous, l'ayant ressuscité des morts.»

parce qu'il a fixé un jour pour juger le (monde) habité avec justice par un homme qu'il a désigné, offrant une garantie à tous, l'ayant ressuscité des morts.»

32 Mais en entendant (parler de) résurrection des morts, les uns se moquaient, les autres dirent: «Nous t'écouterons là-dessus une autre fois.»

Mais en entendant (parler de) résurrection des morts, les uns se moquaient, les autres dirent:«Nous t'écouterons là-dessus .»

33 Ainsi, Paul sortit du milieu d'eux. | Et ainsi Paul sortit du milieu d'eux.

(17,17a ⇐)

34 *Certains* hommes, s'étant joints à lui, *crurent, parmi lesquels* aussi Denys l'Aréopagite et *une femme du nom de Damaris(.)* et d'autres avec eux.

Certains *crurent, parmi lesquels* un certain Denys l'Aréopagite et *une femme du nom de Damaris(.)* et beaucoup d'autres avec eux.

PAUL À CORINTHE

18 1 Après cela, s'étant éloigné *d'Athènes,* *il vint à Corinthe.*

Or, s'étant retiré d'Athènes, *il vint à Corinthe.*

2 Et ayant trouvé un certain Juif du nom d'Aquila, originaire du Pont, récemment venu d'Italie, et sa femme Priscille,

- du fait que Claude avait ordonné que tous les Juifs s'éloignassent de Rome -

il s'approcha d'eux.

Et ayant trouvé Aquila, originaire du Pont, un Juif récemment venu d'Italie avec sa femme Priscille, il les salua. Ceux-ci étaient partis de Rome du fait que Claude César, avait ordonné que tous les Juifs s'éloignassent de Rome; et eux habitèrent l'Achaïe.

3 Et du fait qu'il était du même métier il demeurait chez eux et ils travaillaient; ils étaient en effet fabricants de tentes.

Or Paul était connu d'Aquila du fait qu'il était de même tribu et il demeura chez lui.

4 *Il discutait dans la synagogue chaque sabbat*

et il persuadait Juifs

Entrant dans *la synagogue chaque sabbat, il discutait,* ayant introduit le nom du Seigneur Jésus. Or il persuadait non seulement les Juifs

et Grecs.	mais aussi les Grecs.

18 5 Or, lorsque furent descendus de Macédoine Silas et Timothée,
Paul était absorbé par la Parole,

attestant aux Juifs que le Christ, (c')est Jésus.

Alors descendirent de Macédoine Silas et Timothée.
Comme il y avait force discours,
et que l'on interprétait les Écritures,

6 *Comme ils s'opposaient
et blasphémaient,
ayant secoué ses vêtements,
il leur dit: «Votre sang (soit) sur votre tête; moi, je suis pur.(»)*
Dès maintenant, j'irai aux gentils.»

quelques Juifs s'opposaient -
et blasphémaient. Alors Paul,
ayant secoué son vêtement,
leur dit: «Votre sang (soit) sur votre tête; moi, je suis pur.(»)
Maintenant, je vais aux gentils.»

7 Et, étant passé de là, il vint
dans la maison
de quelqu'un du nom de Justus Titius
qui adorait Dieu, dont la maison était
contiguë à la synagogue.

Or, étant passé de chez Aquila, il s'en alla
dans la maison
de Justus,
qui adorait Dieu. Or sa maison était
contiguë à la synagogue.

8 Crispus, le chef de la synagogue,
crut au Seigneur
avec toute sa maison
et beaucoup de Corinthiens,
en entendant, croyaient
et étaient baptisés.

Un certain chef de synagogue, du nom de
Crispus, crut dans le Seigneur
avec toute sa maison
et une grande foule de Corinthiens,
en entendant la parole du Seigneur,
étaient baptisés,
croyant à Dieu, au nom de Jésus Christ.

9 Or la nuit, par une vision, *le Seigneur dit à Paul: «Ne crains pas mais parle et ne te tais pas,*

Or, en vision, le Seigneur dit à Paul: «Ne crains pas mais parle et vois, ne te tais pas,

10 *parce que je suis avec toi et nul ne s'attaquera à toi pour te nuire.(»)*
parce que j'ai un peuple nombreux en cette ville.»

parce que je suis avec toi et nul n'essayera de te nuire.(»)
parce que j'ai un peuple nombreux en cette ville.»

11 Or Paul s'établit un an et six mois,
enseignant parmi eux la parole de Dieu.

Paul s'établit un an et six mois,
leur enseignant la parole de Dieu.

12 *Or, tandis que Gallion était proconsul d'Achaïe, les Juifs se dressèrent*
ensemble
*contre Paul et
le conduisirent au tribunal*

*Tandis que Gallion était proconsul d'Achaïe, les Juifs se dressèrent,
s'étant concertés entre eux,
contre Paul. Ayant jeté les mains sur lui,
ils (le) conduisirent au proconsul*

18 13 en disant que cet (homme) persuade
les gens d'adorer Dieu (d'une manière)
contraire à la Loi.

en vociférant et en disant qu'il persuade
les gens d'adorer Dieu (d'une manière)
contraire à la Loi.

14 Mais tandis que Paul allait ouvrir la
bouche, Gallion dit aux Juifs:
«S'il y avait quelque délit ou quelque
mauvais coup, ô Juifs, je supporterais
comme de raison votre (cause).

Mais tandis que Paul allait ouvrir la
bouche, Gallion dit aux Juifs:
«S'il y avait quelque délit ou quelque
mauvais coup, ô hommes Juifs, je supporterais
comme de raison votre (cause).

15 Mais si (ce) sont des questions à propos
d'une parole et de noms et de Loi
à vous propres, voyez vous-mêmes,
(«) Je ne veux pas, moi, être juge de ces
choses.»

Mais si (ce) sont certaines questions à propos
d'une parole et de noms et de Loi
à vous propres, voyez vous-mêmes,
(«) Je ne consens pas à être juge de ces
choses.»

16 Et il les renvoya du tribunal.

Et il les congédia du tribunal.

17 Or tous, s'étant emparés de Sosthène,
le chef de la synagogue, le frappaient
devant le tribunal. Mais Gallion
n'en avait nullement cure.

Or les Grecs, s'étant emparés de Sosthène,
le chef de la synagogue, le frappaient
devant le tribunal. Mais Gallion
feignait de ne rien voir.

FIN DU VOYAGE DE PAUL

18 Paul, étant encore resté beaucoup de
jours, ayant pris congé des frères, faisait
voile vers la Syrie,
et avec lui
Priscille et
Aquila,
s'étant tondu la tête à Cenchrées,
car il avait un vœu.

Paul, étant resté beaucoup de
jours, ayant pris congé des frères, faisait
voile vers la Syrie,
et avec lui
           Priscille et
Aquila,
qui, ayant fait un vœu à Cenchrées,
s'était tondu.

19 Or ils arrivèrent à Éphèse

et là il laissa ceux-ci.
Mais lui, étant entré dans la synagogue,
il discuta avec les Juifs.

Or étant arrivé à Éphèse,
le sabbat suivant,

Paul (il) entra dans la synagogue
et il discutait avec les Juifs.

20 Or, tandis qu'ils lui demandaient de rester plus longtemps, il n'y consentit pas

Or, tandis qu'ils lui demandaient de rester plus longtemps, il n'y consentit pas

21 mais, ayant pris congé et disant:

mais il prit congé en disant:
«Il me faut absolument passer à Jérusalem

«De nouveau je reviendrai chez vous, Dieu le voulant»,	*la fête qui vient.(»)* Je reviendrai chez vous, Dieu le voulant.» Or il laissa Aquila à Éphèse, mais lui,
il prit le large **à Éphèse**	*ayant pris le large [à Éphèse],*

18 22 et étant descendu à **Césarée, étant monté** et ayant salué *l'église,*

il descendit à Antioche.

il vint à Césarée et étant monté et ayant salué *[il salua] l'église(.)*

$(\Rightarrow 21,26)$

il descendit à Antioche.

APOLLOS À ÉPHÈSE

23 Et, ayant passé quelque temps, il partit, traversant successivement la région galate et phrygienne, affermissant tous les disciples.

Et, ayant passé quelque temps, il partit, traversant successivement la région galate et phrygienne, affermissant les disciples.

24 Or un certain Juif, du nom d'Apollos, d'origine alexandrine, homme instruit, arriva à Éphèse, étant puissant dans les Écritures.

Or un certain Juif, du nom d'Apollônios, alexandrin, homme instruit, arriva à Éphèse, étant puissant dans les Écritures,

25 Celui-ci avait été instruit de la voie du Seigneur et, bouillant d'esprit, il parlait et il enseignait exactement ce qui concernait Jésus, connaissant seulement le baptême de Jean.

qui avait été instruit dans sa patrie de la parole du Seigneur et, bouillant d'esprit, il discourait et il enseignait exactement ce qui concernait Jésus, connaissant seulement le baptême de Jean.

26 Et celui-ci se mit à être plein d'assurance dans la synagogue. Or, l'ayant entendu, Priscille et Aquila l'accueillirent et lui exposèrent plus exactement la voie de Dieu.

Celui-ci se mit à être plein d'assurance dans la synagogue. Et, l'ayant entendu, Aquila l'accueillit et lui exposa plus exactement la Voie.

27

Or, comme il voulait passer en Achaïe,

les frères, (l'y) ayant encouragé, écrivirent aux disciples de le recevoir.

Lui, étant arrivé, rendit grand service à ceux qui avaient cru par la grâce.

Certains Corinthiens qui résidaient à Éphèse et qui l'avaient écouté le priaient de passer avec eux dans leur patrie. Comme il était d'accord avec (eux), les Éphésiens écrivirent aux disciples de Corinthe qu'ils reçussent l'homme. Lui, étant (parti) résider en Achaïe, rendit grand service dans les églises.

28 Car il réfutait vigoureusement les Juifs en public, prouvant par les Écritures

Car il réfutait vigoureusement les Juifs en public, discutant, prouvant par les Écritures que Jésus était le Christ. | que Jésus était le Christ.

LES JOHANNITES D'ÉPHÈSE

19 1 | Or tandis que Paul voulait, selon sa propre volonté, aller à Jérusalem, l'Esprit lui dit de retourner en Asie.

Or il arriva, tandis qu'Apollos était à Corinthe, (que) Paul, traversant les régions hautes, vint à Éphèse | Or, ayant traversé les régions hautes, il vient à Éphèse

et (y) trouva quelques disciples | et

2 et il leur dit: «Est-ce que vous avez reçu l'Esprit saint, ayant cru?» Mais eux lui (dirent): «Mais nous n'avons pas même entendu (dire) qu'il y eut un Esprit saint.» | il dit aux disciples: «Est-ce que vous avez reçu l'Esprit saint, ayant cru?» Mais eux lui (dirent): «Mais nous n'avons pas même entendu (dire) qu'il y eut un Esprit.»

3 Et il dit: «À quoi donc avez-vous été baptisés?» Eux dirent: «Au baptême de Jean.» | Mais Paul leur (dit): «À quoi donc avez-vous été baptisés?» Eux disaient: «Au baptême de Jean.»

4 Paul dit: «Jean a baptisé un baptême de pénitence disant au peuple qu'ils croient en celui qui venait après lui, c'est-à-dire en Jésus » | Il dit: «Jean a baptisé un baptême de pénitence disant au peuple qu'ils croient en celui qui venait après lui, c'est-à-dire en Jésus.»

5 Ayant entendu, ils furent baptisés au nom du Seigneur Jésus. | Ayant entendu cela, ils furent baptisés au nom de Jésus, pour la rémission des péchés.

6 Et, Paul leur ayant imposé les mains, l'Esprit saint vint sur eux et ils parlaient en langues | Et, Paul leur ayant imposé la main, l'Esprit tomba sur eux; ils parlaient en langues et eux-mêmes les interprétaient

et prophétisaient. | et prophétisaient.

7 Or tous (ces) hommes étaient environ douze. | Or (ces) hommes étaient douze.

PAUL À ÉPHÈSE

8 Étant entré dans la synagogue, il était plein d'assurance, pendant trois mois discutant et persuadant au sujet du royaume de Dieu. | Étant entré dans la synagogue, avec grande puissance il était plein d'assurance, pendant trois mois discutant et persuadant au sujet du royaume de Dieu.

19 9 Mais comme certains s'endurcissaient et
ne croyaient pas, disant du mal de la Voie
devant la foule,
s'étant séparé d'eux,
il prit à part les disciples, discutant chaque
jour dans l'école de Tyrannus.

Certains d'entre eux, donc, s'endurcissaient et
ne croyaient pas, disant du mal de la Voie
devant la foule des gentils.
Alors Paul, s'étant séparé d'eux,
prit à part les disciples, discutant chaque
jour dans l'école d'un certain Tyrannus,
de la cinquième heure jusqu'à la dixième.

10 Ceci eut lieu durant deux ans, au point que
tous ceux qui habitaient l'Asie
entendirent la parole du Seigneur,
Juifs et Grecs.

Ceci eut lieu durant deux ans, jusqu'à ce que
tous ceux qui habitaient l'Asie
eussent entendu la Parole.

11 Dieu faisait des miracles peu ordinaires par
les mains de Paul

Il faisait des miracles peu ordinaires par
les mains de Paul

12 au point que, sur les malades, on appliquait
des mouchoirs ou des linges
en (provenance) de son corps
et les maladies les quittaient
et les esprits mauvais sortaient.

au point que, sur les malades, on appliquait
des mouchoirs ou des linges
en (provenance) de (son) corps
et les maladies les quittaient
et les esprits mauvais sortaient.

LES EXORCISTES JUIFS

13 Or, quelques-uns aussi des Juifs exorcistes
ambulants entreprirent de nommer sur ceux
qui avaient des esprits mauvais le nom du
Seigneur Jésus en disant: «Je vous
adjure, par Jésus que Paul proclame.»

Or, quelques-uns des Juifs exorcistes
ambulants entreprirent de nommer sur ceux
qui avaient des esprits mauvais le nom du
Seigneur Jésus en disant: «Nous vous
adjurons, par Jésus que Paul proclame.»

14 Or les sept fils d'un certain
Scévas, grand prêtre juif, faisaient cela.

Entre temps aussi les fils d'un certain
Scévas, prêtre, voulurent faire la même
chose ayant l'habitude d'exorciser de tels
gens. Et étant entrés chez un démoniaque
ils se mirent à invoquer le Nom en disant:
«Nous te commandons de sortir, par Jésus
que Paul proclame.»

15 Répondant, l'esprit mauvais leur dit: «Jésus,
je (le) connais, et Paul, je sais (qui il est).
Mais vous, qui êtes-vous?»

Répondant, l'esprit mauvais leur dit: «Jésus,
je (le) connais, et Paul, je sais (qui il est).
Mais vous, qui êtes-vous?»

16 Et l'homme en qui était l'esprit mauvais
ayant bondi sur eux, les ayant maîtrisés l'un

Et l'homme en qui était l'esprit mauvais
ayant bondi, les ayant maîtrisés l'un

et l'autre, leur imposa sa force au point qu'ils s'enfuirent de cette maison nus et blessés.	et l'autre, leur imposa sa force au point qu'ils s'enfuirent de cette maison nus et blessés.

19 17 Ceci devint connu de tous ceux, Juifs et Grecs, qui habitaient Éphèse et une crainte tomba sur eux tous et le nom du Seigneur Jésus fut magnifié.

Ceci devint connu de tous ceux, Juifs et Grecs,[1] qui habitaient Éphèse et une crainte tomba sur eux tous et le nom de Jésus fut magnifié.

18 Et beaucoup de ceux qui avaient cru venaient avouer et annoncer leurs pratiques.

Or beaucoup de ceux qui croyaient venaient avouer leurs pratiques.

19 Or bon nombre de ceux qui avaient exercé la magie, ayant apporté leurs livres, les brûlaient devant tous, et l'on estima leur prix et l'on trouva cinquante mille (pièces) d'argent.

Bon nombre de ceux qui avaient exercé la magie, ayant apporté leurs livres, les brûlaient devant tous, et, ayant estimé leur prix, on trouva cinquante mille (pièces) d'argent.

20 Ainsi, puissamment, la parole du Seigneur croissait et se fortifiait.

Ainsi se fortifiait la foi en Dieu(.) elle croissait et se multipliait.

PAUL RESTE EN ASIE

21 Or, lorsque ces choses furent accomplies,

Alors

(11,28a ⇐)

Paul se mit dans l'esprit, ayant traversé la Macédoine et l'Achaïe, d'aller à Jérusalem, disant: «Après que j'aurai été là, il me faut aussi voir Rome.»

Paul se mit dans l'esprit de traverser la Macédoine et l'Achaïe et d'aller à Jérusalem, disant: «Après que j'aurai été là, il me faut aussi voir Rome.»

(⇒ 27,2a)

22 Ayant envoyé en Macédoine deux de ceux qui le servaient, Timothée et Éraste, lui-même s'attarda en Asie.

Ayant envoyé en Macédoine deux de ceux qui le servaient, Timothée et Éraste, lui-même s'attarda en Asie.

L'ÉMEUTE DES ORFÈVRES

23 Il y eut en ce temps-là pas mal de trouble au sujet de la Voie.

Il y eut en ce temps-là pas mal de trouble au sujet de la Voie.

24 Un certain Démétrius, de (son) nom,

Un certain orfèvre du nom de Démétrius,

---

[1] Dans une partie du TO, les mots Ἰουδαίοις τε καὶ Ἕλλησιν sont tombés par saut du même au même.

en faisant des temples d'argent d'Artémis, procurait aux artisans un profit assez grand.	faisait des temples d'argent d'Artémis et procurait aux artisans un profit assez grand.

19 25 Les ayant rassemblés, eux et les ouvriers (employés) à de telles choses, il dit: «Hommes, vous savez que nous avons aisance de ce profit.

Celui-ci, ayant rassemblé les artisans, leur déclara: «Hommes, co-artisans, vous savez que nous avons aisance de ce profit.

26 Et vous voyez et vous entendez (dire) que ce Paul-là a par persuasion détourné une grande foule non seulement d'Éphèse mais de presque toute l'Asie, disant que ne sont pas des dieux ceux qui sont faits par les mains [des hommes][1].

Et vous voyez et vous entendez (dire) que ce Paul-là, qui enfin?, a par persuasion détourné une grande foule non seulement d'Éphèse mais même de presque toute l'Asie, disant que ne sont pas des dieux ceux qui sont faits par les mains des hommes.

27 Or ceci risque, non seulement de faire venir le discrédit pour nous sur la profession, mais encore de faire compter pour rien le temple de la grande déesse Artémis et d'aller détruire sa [grandeur][2] qu'adore toute l'Asie, et le (monde) habité.

Or ceci risque, non seulement de faire venir le discrédit sur la profession, mais encore de faire compter pour rien le temple de la grande déesse Artémis et va être détruite sa grandeur qu'adore toute l'Asie, et le (monde) habité.

28 Ayant entendu et devenus remplis de colère, ils criaient en disant: «Grande est l'Artémis des Éphésiens.»

Ayant entendu cela et devenus remplis de colère, accourus au quartier (de la ville), ils criaient en disant: «Grande est l'Artémis des Éphésiens.»

29 Et la ville fut remplie de tumulte et ils se précipitèrent ensemble au théâtre, s'étant emparés de Gaïus et d'Aristarque, macédoniens compagnons de Paul.

Et toute la ville fut en tumulte. Or ils se précipitèrent ensemble au théâtre, s'étant emparés de Gaïus et d'Aristarque le Macédonien, compagnons de Paul.

30 Tandis que Paul voulait entrer dans l'assemblée du peuple, les disciples ne le lui permirent pas.

Tandis que Paul voulait entrer dans l'assemblée du peuple, les disciples (l'en) empêchaient.

31 Quelques-uns aussi des Asiarques, qui étaient amis de Paul, lui ayant envoyé (des gens), le priaient de ne pas s'exposer au théâtre.

Quelques-uns aussi des Asiarques, qui étaient amis de Paul, lui ayant envoyé (des gens), le priaient de ne pas s'exposer au théâtre.

32 Ils criaient, les uns ceci, les autres cela, car l'assemblée était en confusion et la plupart ne savaient pas pourquoi ils étaient rassemblés.

Ils criaient, les uns ceci, les autres cela, car l'assemblée était en confusion et la plupart ne savaient pas pourquoi ils étaient rassemblés.

---

[1] Ce mot est tombé par saut du même au même dans le TA.

[2] Le TA est ici corrompu; il faut lire un accusatif et non un génitif.

19 33 De la foule on convainquit Alexandre, les Juifs l'ayant mis en avant. Alexandre, ayant fait signe de la main, voulait s'expliquer devant l'assemblée du peuple.

De la foule on fit descendre Alexandre, les Juifs l'ayant mis en avant. Alexandre, ayant fait signe de la main, voulait s'expliquer devant l'assemblée du peuple.

34 Mais ayant reconnu qu'il était juif, il y eut une seule voix de tous criant pendant environ deux heures: «Grande est l'Artémis des Éphésiens.»

Mais ayant reconnu qu'il était juif, il y eut une voix de tous criant pendant environ deux heures: «Grande est l'Artémis des Éphésiens.»

35 Mais ayant calmé la foule, le chancelier déclare: «Hommes d'Éphèse, qui est (celui) des hommes, qui ne sait pas que la ville des Éphésiens est la gardienne du temple de la grande Artémis et de sa statue tombée du ciel?

Mais ayant calmé la foule, le chancelier déclare: «Hommes d'Éphèse, qui est l'homme qui ne sait pas que notre ville est la gardienne du temple de la grande Artémis et de sa statue tombée du ciel?

36 Ces choses donc étant incontestables, il vous faut être tranquilles et ne rien faire de précipité.

Ces choses étant incontestables, il vous faut être tranquilles et ne rien faire de précipité.

37 En effet, vous avez amené ces hommes, ni sacrilèges, ni blasphémateurs de notre déesse.

En effet, vous avez amené ces hommes ici, ni sacrilèges, ni blasphémateurs de notre déesse.

38 Si donc Démétrius et les artisans qui (sont) avec lui ont un grief contre quelqu'un, il y a des jours d'audience et il y a des pro-consuls, qu'ils s'accusent les uns les autres.

Si donc ce Démétrius-là et les artisans qui (sont) avec lui ont un grief contre quelqu'un, il y a des jours d'audience et il y a des pro-consuls, qu'ils s'accusent les uns les autres.

39 Mais si vous avez quelqu'autre question,

elle sera résolue dans l'assemblée légale.

Mais si vous avez quelque question sur d'autres (points), elle sera résolue dans l'assemblée légale.

40 Et en effet nous risquons d'être accusés de sédition pour celle d'aujourd'hui, alors qu'il n'y a aucun motif par lequel nous pourrions rendre compte de cet attroupement.» Et ayant dit cela, il congédia l'assemblée.

Et en effet nous risquons d'être accusés de sédition pour celle d'aujourd'hui, alors qu'il n'y a aucun motif par lequel nous pourrions rendre compte de cet attroupement.» Et ayant dit cela, il congédia l'assemblée.

D'ÉPHÈSE À TROAS

20 1 Après que le trouble eut cessé, Paul, ayant fait venir les disciples et (les) ayant exhor-

Après que le trouble eut cessé, ayant convoqué les disciples et (les) ayant exhortés, (les) ayant salués, partit pour aller en Macédoine.

tés, (les) ayant salués, il partit pour la Macédoine.

20 2   Ayant traversé ces régions,
et les ayant exhortés avec force discours,

il vint en Grèce.

Ayant traversé ces régions,
et ayant usé de force discours,

(16,40 ⇐)

il vint en Grèce.

3   Et, <u>ayant passé trois mois, un complot étant
advenu contre lui de la part des Juifs alors
qu'il allait prendre le large vers la Syrie,</u>
il eut l'idée de revenir par la Macédoine.

Or, <u>ayant passé trois mois, un complot étant
advenu contre lui de la part des Juifs,</u>
il voulut <u>prendre le large vers la Syrie,</u> mais
l'Esprit lui dit <u>de revenir par la Macédoine.</u>

4   Or
l'accompagnaient:
Sopater (fils) de Pyrrhus, béréen;
des Thessaloniciens: Aristarque et Secundus;
et Gaïus, derbéen; et Timothée;
les Asiates Tychique et Trophime.

Or, tandis qu'il allait partir,
l'accompagnaient jusqu'en Asie:
Sosipater, (fils) de Pyrrhus, béréen;
des Thessaloniciens: Aristarque et Secundus;
et Gaïus, doubérien; et Timothée;
les Éphésiens Tychique et Trophime.

5   Or ceux-ci, venus à notre rencontre,
nous attendaient à Troas.

Ceux-ci, ayant pris les devants,
l'attendaient à Troas.

6   Quant à nous,
<u>nous fîmes voile de Philippes après les jours
des Azymes et nous vînmes</u> vers eux
<u>à Troas en cinq</u> jours,
où nous restâmes sept jours.

Quant à nous,
<u>nous fîmes voile de Philippes après les jours
des Azymes et nous vînmes</u> vers eux
<u>à Troas en cinq (jours),</u>
et nous restâmes sept jours.

RÉSURRECTION D'EUTYCHE

7   Le premier jour de la semaine, tandis que
nous étions réunis pour rompre le pain, Paul
discutait avec eux, devant partir
le lendemain, et il prolongea son discours
jusqu'au milieu de la nuit.

Le premier jour de la semaine, tandis que
nous étions réunis pour rompre le pain, Paul
discutait avec eux, devant partir
le lendemain; il prolongea son discours
jusqu'au milieu de la nuit.

8   Il y avait beaucoup de lampes
dans la chambre haute où nous étions réunis.

Il y avait beaucoup de lampes
dans la chambre haute où nous étions réunis.

9   Un jeune homme du nom d'Eutyche, assis
sur la fenêtre, emporté par un profond sommeil, tandis que Paul discutait longuement,
ayant été emporté par le sommeil, tomba
du troisième étage en bas et fut relevé mort.

Un jeune homme du nom d'Eutyche, assis
sur la fenêtre, pris d'un pesant sommeil, tandis que Paul discutait,
ayant été emporté par le sommeil, tomba
du troisième étage en bas et fut relevé mort.

20 10 Paul étant descendu se jeta sur lui
et l'ayant pris (dans) ses bras il dit: «Ne
vous troublez pas, car son âme est en lui.»

Paul étant descendu se jeta sur lui
et l'ayant pris (dans) ses bras il dit: «Ne
vous troublez pas, son âme est en lui.»

11 Étant remonté et ayant rompu le pain
et ayant mangé et ayant conversé un bon
moment jusqu'au jour, ainsi il partit.

Étant remonté et ayant rompu le pain
et ayant conversé un bon
moment jusqu'au jour, ainsi il partit.

12

Ils amenèrent l'enfant vivant et ils furent
consolés sans mesure.

Tandis qu'ils saluaient,
il amena le jeune homme vivant et ils furent
consolés sans mesure.

DE TROAS À MILET

13 Quant à nous, nous étant approchés
du bateau,
nous prîmes le large pour Assos, devant
y reprendre Paul. En effet, il en avait décidé
ainsi, devant lui-même aller à pied.

Quant à nous, étant descendus
vers le bateau,
nous prîmes le large vers Assos, devant
y reprendre Paul. Il en avait décidé
ainsi, comme devant lui-même aller à pied.

14 Lorsqu'il nous eut rejoint à Assos,
l'ayant repris, nous vînmes à Mitylène.

Lorsqu'il nous eut rejoint à Assos,
l'ayant repris, nous vînmes à Mitylène.

15 Et de là, ayant fait voile, le (jour) suivant
nous arrivâmes en face de Chios; le soir,
nous nous dirigeâmes vers Samos

le (jour) suivant, nous vînmes à Milet.

Et de là, ayant fait voile, le (jour) suivant nous
arrivâmes en face de Chios; le surlendemain,
nous nous dirigeâmes vers Samos
et, étant restés à Trogylion,
le (jour) suivant, nous vînmes à Milet.

16 En effet, Paul avait jugé bon de passer au
large d'Éphèse, pour qu'il ne lui arrive pas
de perdre du temps en Asie. Car il se hâtait
si cela lui était possible
pour être le jour de la Pentecôte à Jérusalem.

Paul avait jugé bon de passer au
large d'Éphèse, de peur qu'il ne lui
arrivât quelque retard en Asie. Car il se hâtait

pour être le jour de la Pentecôte à Jérusalem.

LE DISCOURS DE MILET

17 De Milet, ayant envoyé (des gens) à Éphèse,
il convoqua les Anciens de l'église.

De Milet, ayant envoyé (des gens) à Éphèse,
il fit venir les Anciens de l'église.

18 Quand ils furent arrivés près de lui

Quand ils furent arrivés près de lui
Tandis qu'ils étaient ensemble,

il leur dit: «Vous, vous savez comment, du premier jour où j'ai mis le pied en Asie	il leur dit: «Vous, vous savez, frères, du premier jour où j'ai mis le pied en Asie pendant trois ans environ ou même plus,
je me suis comporté avec vous tout le temps,	quelle sorte (d'homme) j'étais avec vous, durant tout le temps,

20 19 servant le Seigneur avec beaucoup
d'humilité et de larmes
et tandis que des épreuves m'arrivaient par
les complots des Juifs(.)

servant le Seigneur avec beaucoup
d'humilité et de larmes
et tandis que des épreuves m'arrivaient par
les complots des Juifs(.)

20 comment je n'ai rien omis de ce qui (vous)
était utile, pour vous annoncer et vous
enseigner en public et par maison,

comment je n'ai rien omis de ce qui (vous)
était utile, pour vous annoncer et
enseigner par maison et en public,

21 attestant aux Juifs et aux Grecs le repentir
vers Dieu et la foi en notre Seigneur
Jésus.

attestant aux Juifs et aux Grecs le repentir
vers Dieu et la foi, celle dans le Seigneur
Jésus.

22 Et maintenant, voici (que) moi, lié en esprit,
je vais à Jérusalem, ne sachant pas ce
qui m'y arrivera.

Et maintenant, lié en esprit,
je vais à Jérusalem, ne connaissant pas ce
qui m'arrivera.

23 Sauf que l'Esprit saint, dans chaque ville,
me certifie en (me) disant que des liens
et des épreuves m'attendent.

Sauf que l'Esprit
me certifie en disant: «Des liens
et des épreuves t'attendent à Jérusalem.»

24 Mais en aucun cas je ne tiens ma vie pour
précieuse, du moment que j'achève ma cour-
se et le ministère que j'ai reçu
du Seigneur Jésus: attester
l'évangile de la grâce de Dieu.

Mais en rien je n'estime ma vie pour
précieuse, en sorte que j'achève ma cour-
se et le ministère de la Parole que j'ai reçue
du Seigneur: attester aux Juifs et aux Grecs
l'évangile de la grâce de Dieu.

25 Et maintenant, voici (que) moi, je sais que
vous ne verrez plus mon visage, vous tous
parmi lesquels je suis passé en proclamant
le royaume.

Et maintenant, je sais que
vous ne verrez plus mon visage, vous tous
parmi lesquels je suis passé en proclamant
le royaume de Jésus.

26 C'est pourquoi je vous atteste
aujourd'hui que je suis pur du sang
de tous

Donc jusqu'à aujourd'hui je suis pur du sang
de tous:

27 car je n'ai pas omis de vous annoncer toute
la volonté de Dieu.

je n'ai pas omis d'annoncer toute
la volonté de Dieu.

28 Prenez garde à vous et à tout le troupeau où
l'Esprit saint vous a établis comme gardiens,
pour paître l'église de Dieu qu'il s'est

Prenez garde à vous et à tout le troupeau où
le saint Esprit vous a établis comme gardiens,
pour paître l'église du Seigneur qu'il s'est

acquise par son propre sang. | acquise par son propre sang.

20 29 Moi, je sais qu'après mon départ entreront chez vous des loups redoutables, n'épargnant pas le troupeau, | Moi, je sais qu'après mon départ entreront des loups redoutables, n'épargnant pas le troupeau,

30 et que, d'entre vous, se lèveront des hommes disant des choses perverses pour détourner les disciples derrière eux-mêmes. | et que, d'entre vous-mêmes, se lèveront des hommes disant des choses perverses pour détourner les disciples derrière eux.

31 Aussi, veillez, vous souvenant que durant trois ans, nuit et jour, je n'ai pas cessé de reprendre avec larmes un chacun. | Aussi, veillez, vous souvenant que durant trois ans, nuit et jour, je n'ai pas cessé de reprendre avec larmes chacun de vous.

32 Et maintenant, je vous remets au Seigneur et à la parole de sa grâce, lui qui peut édifier et donner l'héritage parmi tous les sanctifiés. | Et maintenant, je vous remets à Dieu et à la parole de sa grâce, lui qui peut édifier et donner l'héritage de tous les sanctifiés.(»)

33 Je n'ai convoité argent ou or ou vêtement de personne. | Je n'ai convoité argent et or et vêtement d'aucun de vous.

34 Vous-mêmes savez que ces mains ont pourvu à mes besoins et à ceux de mes compagnons. | Vous-mêmes savez que ces mains ont pourvu à mes besoins et à ceux de mes compagnons.

35 Quant à tout, je vous ai montré que (c'est) en travaillant ainsi (qu')il faut venir en aide aux faibles et se souvenir des paroles du Seigneur Jésus, (à savoir) que lui-même a dit: "il y a plus de bonheur à donner qu'à recevoir."» | Quant à tout, je vous ai montré que (c'est) en travaillant ainsi (qu')il faut venir en aide aux faibles, se souvenir des paroles du Seigneur, (à savoir) que lui-même a dit: "Heureux celui qui donne plus que celui qui reçoit."»

36 Et ayant dit cela, s'étant mis à genoux, il pria avec eux tous. | Et ayant dit cela, s'étant mis à genoux, il pria avec eux tous.

37 Il y eut de la part de tous beaucoup de pleurs et se jetant au cou de Paul, ils l'embrassaient, | Il y eut de la part de tous beaucoup de pleurs et se jetant à son cou, ils l'embrassaient,

38 affligés surtout de la parole qu'il avait dite qu'ils n'allaient plus voir son visage. Ils l'escortèrent au bateau. | surtout parce qu'il (avait) dit: «Vous n'allez plus voir mon visage.» Ils l'escortèrent jusqu'au bateau.

DE MILET À CÉSARÉE

21 1 Quand il nous advint de prendre le large, nous étant séparés d'eux, ayant couru en droite ligne, nous vînmes <u>à Cos, et le lendemain à Rhodes et de là à Patara</u>.

Une fois séparés d'eux, nous courûmes en droite ligne à Cos, et le (jour) suivant à Rhodes et de là à Patara et à Myre.

2 <u>Et ayant trouvé un bateau</u> passant en Phénicie, ayant embarqué, nous prîmes le large.

Et ayant trouvé un bateau traversant vers la Phénicie, ayant embarqué, nous prîmes le large.

3 <u>Arrivés en vue de Chypre</u> et l'ayant laissée à gauche, nous fîmes voile vers la Syrie et nous descendîmes <u>à Tyr. Là, en effet, le bateau déchargeait la cargaison</u>.

<u>Arrivés en vue de Chypre</u>, l'ayant laissée à gauche, nous fîmes voile vers la Syrie et nous débarquâmes à Tyr. Là, en effet, le bateau déchargeait la cargaison.

4 Or ayant retrouvé les disciples, nous y restâmes sept jours. Eux <u>disaient à Paul,</u> par l'Esprit, <u>de ne pas monter à Jérusalem</u>.

Et ayant retrouvé des disciples, nous restâmes sept jours. Eux <u>disaient à Paul</u> par l'Esprit <u>de ne pas monter à Jérusalem</u>.[1]

5 Quand il arriva que nous eûmes accompli les jours, étant partis, nous allions, tandis que tous nous escortaient avec femmes et enfants jusqu'en dehors de la ville et, nous étant mis à genoux sur le rivage, ayant prié,

Après avoir accompli les jours, nous allions notre route, tandis que tous nous escortaient avec femmes et enfants en dehors de la ville et, nous étant mis à genoux sur le rivage, nous priâmes

6 nous prîmes congé les uns des autres et nous embarquâmes dans le bateau tandis qu'eux revinrent chez eux.

et ayant pris congé les uns des autres, nous embarquâmes dans le bateau tandis qu'eux revinrent chez eux.

7 <u>Nous, ayant achevé la navigation, de Tyr nous arrivâmes à Ptolémaïs et, ayant salué les frères, nous demeurâmes un jour auprès d'eux</u>.

<u>Nous, ayant achevé la navigation, de Tyr nous arrivâmes à Ptolémaïs et, ayant salué les frères,</u> nous demeurâmes auprès d'eux un jour.

8 <u>Étant partis le lendemain, nous vînmes à Césarée</u> et étant entrés <u>dans la maison de Philippe l'évangéliste, qui était l'un des Sept,</u> nous demeurâmes chez lui.

<u>Étant partis le lendemain, nous vînmes à Césarée</u> et nous entrâmes dans la maison de Philippe l'évangéliste, qui était l'un des Sept,

9 Celui-ci <u>avait quatre filles</u> vierges <u>qui prophétisaient</u>.

qui avait quatre filles qui prophétisaient.[2]

---

[1] Dans le Journal de voyage, cet élément se lisait à la fin du v. 9.

[2] Insérer ici le fragment situé à la fin du v. 4.

LA PROPHÉTIE D'AGABUS

21 10 Tandis que nous demeurions plusieurs jours, un prophète du nom d'Agabus descendit de Judée.

Tandis que nous demeurions plusieurs jours, quelqu'un du nom d'Agabus survint de Judée.

11 Et, étant venu chez nous et ayant pris la ceinture de Paul, s'étant lié les pieds et les mains, il dit: «Ainsi parle l'Esprit saint: l'homme à qui est cette ceinture, ainsi à Jérusalem les Juifs le lieront et le livreront aux mains des gentils.»

Or, étant monté chez nous et ayant pris la ceinture de Paul, s'étant lié les mains et les pieds, il dit:
«L'homme à qui est cette ceinture, ainsi à Jérusalem ils le lieront et le livreront aux mains des gentils.»

12 Quand nous eûmes entendu cela, nous le priâmes, nous et ceux de l'endroit, de ne pas monter à Jérusalem.

Quand nous eûmes entendu cela, nous le priâmes, nous et ceux de l'endroit, de ne pas entrer à Jérusalem.

13 Alors Paul répondit: «Que faites-vous à pleurer et à me briser le cœur? Car moi, je suis prêt, non seulement à être lié, mais aussi à mourir à Jérusalem pour le nom du Seigneur Jésus.»

Paul nous dit: «Que faites-vous à pleurer et à me troubler le cœur? Moi, je souhaiterais, non seulement être lié, mais aussi mourir pour le nom du Seigneur Jésus.»

14 Comme il ne se laissait pas convaincre, nous restâmes cois en disant: «Que la volonté du Seigneur arrive.»

Comme il ne se laissait pas convaincre, nous restâmes cois en disant: «Que la volonté du Seigneur arrive.»

DE CÉSARÉE À JÉRUSALEM

15 Après ces jours-là, ayant préparé (les bagages), nous montâmes à Jérusalem.

Après quelques jours, ayant pris congé, nous montons à Jérusalem.

16 Vinrent aussi avec nous (quelques-uns) des disciples de Césarée, nous conduisant chez qui nous logerions,

un certain Mnason, chypriote, disciple ancien.

Vinrent aussi avec nous (quelques-uns) des disciples de Césarée. Ceux-ci nous conduisirent vers ceux chez qui nous logerions.
Et arrivés dans un certain village, nous nous trouvâmes chez un certain Mnason, chypriote, disciple ancien.

17

Or, nous trouvant à Jérusalem, les frères nous accueillirent avec joie.

Et étant partis de là, nous nous trouvâmes à Jérusalem. Or les frères nous accueillirent avec joie.

PAUL RENCONTRE JACQUES

21 18 Le (jour) suivant, Paul entra avec nous chez Jacques, et tous les Anciens arrivèrent.

Le (jour) suivant, nous entrâmes avec Paul chez Jacques. Or les Anciens étaient réunis près de lui,

19 Et les ayant salués, il raconta en détail ce que Dieu avait fait parmi les gentils grâce à son ministère.

que nous saluâmes. (Après quoi) Paul raconta que Dieu avait agi parmi les gentils grâce à son ministère.

20 Eux, ayant entendu, glorifiaient Dieu et ils lui dirent: «Tu vois, frère, combien de myriades il y a, parmi les Juifs, de ceux qui ont cru et tous sont zélateurs de la Loi.

Eux, ayant entendu, glorifièrent le Seigneur en disant: «Tu vois, frère, combien de myriades il y a de ceux qui ont cru et tous ceux-ci sont zélateurs de la Loi.

21 On leur a rapporté à ton sujet que tu enseignes l'apostasie envers Moïse à tous les Juifs (qui sont) parmi les gentils, (leur) disant de ne pas circoncire les enfants et de ne pas marcher selon les coutumes.

Ils ont rapporté à ton sujet que tu enseignes l'apostasie envers Moïse aux Juifs (qui sont) parmi les gentils: ne pas circoncire les enfants et ne pas marcher dans ses coutumes.

22 Qu'en est-il donc? Sûrement ils entendront (dire) que tu es venu.

Qu'en est-il donc? Sûrement il faut qu'une foule se rassemble, car ils entendront (dire) que tu es venu.

23 Fais donc ce que nous te disons. Nous avons quatre hommes qui ont sur eux un vœu.

Fais donc ce que nous disons. Nous avons quatre hommes qui ont sur eux un vœu.

24 Les ayant pris, purifie-toi avec eux et paie pour eux afin qu'ils se tondent la tête, et tous sauront que tout ce que l'on rapporte sur toi n'est rien, mais que tu marches, toi aussi, en observant la Loi.

Les ayant pris, purifie-toi avec eux et paie afin qu'ils se tondent, et tous sauront que tout ce que l'on rapporte sur toi n'est rien, mais que tu vas, toi aussi, en observant la Loi.

25 Quant aux gentils qui ont cru,

nous avons envoyé (une lettre), ayant décidé qu'ils s'abstiennent et des idolothytes et du sang et des (viandes) étouffées et de la fornication.»

Quant aux gentils qui ont cru, on n'a rien à dire contre toi. En effet, nous avons envoyé (une lettre), ayant décidé qu'ils n'observent rien de tel, sinon qu'ils s'abstiennent des idolothytes et du sang et de la fornication.»

26 Alors Paul, ayant pris les hommes,

le jour suivant purifié avec eux *(il) entra dans le Temple en annonçant l'achèvement des jours de la purifica-*

Alors, ayant pris les hommes

(18,22 ⇐)

le jour suivant purifié avec eux *il entra dans le Temple en annonçant l'achèvement des jours de la purifica-*

tion jusqu'au moment où serait offerte
l'offrande
pour chacun d'eux.

tion jusqu'au moment où serait offerte
une offrande
pour chacun d'eux.

PAUL SAUVÉ PAR LES ROMAINS

21 27 Tandis qu'allaient s'achever les sept jours,
les Juifs d'Asie, l'ayant vu dans le
Temple, ameutèrent toute la foule
et mirent les mains sur lui

Tandis que s'achevait le septième jour,
les Juifs d'Asie, l'ayant vu dans le
Temple, ameutèrent toute la foule
et mettent les mains sur lui

28 *en criant: «Hommes d'Israël,*
à l'aide! Voici l'homme qui enseigne
à tous et partout contre le peuple
et la Loi et ce Lieu(.»)
et encore il a même introduit des Grecs dans
le Temple et il a souillé ce saint Lieu.»

en criant et en disant: «Hommes d'Israël,
à l'aide! Voici l'homme qui enseigne
à tous et partout contre le peuple
et la Loi et ce Lieu(.»)
encore, il a même introduit des Grecs dans
le Temple et il a souillé ce saint Lieu.»

29 En effet ils avaient vu auparavant dans la
ville avec lui Trophime l'Éphèsien que,
pensaient-ils, Paul avait introduit
dans le Temple.

En effet ils avaient vu auparavant
avec lui Trophime l'Éphèsien que,
pensèrent-ils, Paul avait introduit
dans le Temple.

30 Et toute la ville fut en émoi et il y eut
concours du peuple.
Et ayant saisi Paul ils le traînaient
hors du Temple
et aussitôt les portes furent fermées.

Toute la ville fut en émoi et il y eut
concours du peuple.
Et ayant saisi Paul ils (le) traînaient
hors du Temple.

31 Et *tandis qu'ils cherchaient à le tuer,*
[criant et affirmant être romain]
avis (en) parvint au tribun de la cohorte
que tout Jérusalem est en confusion.

Tandis qu'ils cherchaient à le tuer,
[criant et affirmant être romain]
avis (en) parvint au tribun
que Jérusalem est en confusion:
«Vois donc qu'ils ne fassent une émeute.»

32 *qui aussitôt, ayant pris des soldats et des*
centurions, accourut à eux.

Mais eux, ayant vu le tribun et les soldats,
cessèrent de frapper Paul.

qui aussitôt, ayant pris des soldats et des
centurions, accourut à eux.
(⇒ *23,10b*)
Mais eux, ayant vu le tribun et les soldats,
cessèrent de frapper Paul.

33 Alors, s'étant approché, le tribun se saisit de
lui et ordonna qu'il fût lié de deux chaînes et
il demandait qui il était et ce qu'il avait fait.

Alors, s'étant approché, le tribun se saisit de
lui et ordonna qu'il fût lié de deux chaînes et
il demandait qui il était et ce qu'il avait fait.

21 34 Mais ils vociféraient dans la foule (les uns
une chose) les autres une autre chose.
Or comme il ne pouvait pas connaître le
certain à cause du tumulte, il ordonna
de le conduitre dans la caserne.

Mais ils vociféraient (les uns
une chose) les autres une autre (chose).
Et comme il ne pouvait pas connaître le
certain à cause du tumulte, il ordonna
de le conduire dans la caserne.

(⇒ 22,24b)

PAUL RACONTE SA CONVERSION

35 Mais lorsqu'il fut sur les marches, il arriva
qu'il dût être porté par les soldats à cause de
la violence de la foule.

Mais lorsqu'il fut aux marches, il arriva
qu'il dût être porté par les soldats à cause de
la violence du peuple.

36 Car la foule du peuple suivait en criant:
«Enlève-le!»

Car la foule suivait en criant:
«Enlève notre ennemi!»

37 Et, allant être introduit dans la caserne, Paul
dit au tribun: «Est-ce qu'il
m'est permis de te dire quelque (chose)?»
Mais il déclara: «Tu connais le grec?

Or, allant être introduit dans la caserne,
prenant la parole, il dit au tribun: «Est-ce
qu'il m'est permis de te parler?»
Mais il déclara: «Tu connais le grec?

38 Alors, tu n'es pas l'Égyptien qui, ces jours
passés, a soulevé et emmené au désert
les quatre mille hommes des sicaires?»

Tu n'es pas l'Égyptien qui, ces jours
passés, a soulevé et emmené au désert
les quatre mille hommes des sicaires?»

39 Mais Paul dit: «Moi, je suis un homme juif,
Tarséen de Cilicie, citoyen d'une ville assez
connue, or je t'en prie, permets-moi
de parler au peuple.»

Mais Paul dit: «Moi, je suis un homme juif,
Tarséen de Cilicie,
je t'en prie, accorde-moi
de parler au peuple.»

40 Or comme il (le) permettait, Paul, debout
sur les marches, fit signe de la main
au peuple.
Or un grand silence étant arrivé, il (leur)
adressa la parole en langue hébraïque
en disant:

Et comme il (le) permettait, Paul, debout
sur les marches, ayant fait signe de la main
au peuple,
un grand silence étant arrivé, il (leur)
adressa la parole en langue hébraïque
en disant:

22 1 «Hommes (mes) frères et pères, écoutez ma
défense que maintenant je vous (adresse).»

«Hommes (mes) frères et pères, écoutez la
défense que maintenant je vous (adresse).»

2 Ayant entendu qu'il leur adressait la parole
en langue hébraïque, ils gardèrent davantage
le silence, et il dit:

Ayant entendu qu'il leur adressait la parole
en hébreu, ils furent davantage
silencieux, et il dit:

3 «Je suis un homme juif, né à Tarse de Cili-

«Je suis un Juif, né à Tarse de Cili-

cie, mais élevé dans cette ville, instruit aux
pieds de Gamaliel selon toute l'exactitude
de la Loi des pères, étant zélateur de Dieu
comme tous vous l'êtes aujourd'hui.

22 4 (Moi) qui ai persécuté à mort cette Voie,
enchaînant et livrant aux prisons
des hommes et des femmes,

5 comme même le grand prêtre m'en rend
témoignage, et tout le collège des Anciens,
desquels ayant reçu aussi des lettres pour les
frères, j'allais à Damas pour amener liés à
Jérusalem même ceux qui étaient là-bas
afin qu'ils soient châtiés.

6 Or il arriva, à moi qui allais et approchais de
Damas, vers le milieu du jour, (que) soudain
du ciel une grande lumière brilla autour
de moi.

7 Et je tombai sur le sol et j'entendis une voix
me disant: "Saoul, Saoul, pourquoi me
persécutes-tu?"

8 Je répondis: "Qui es-tu, Seigneur?"
Et il me dit: "Je suis Jésus le Nazôréen
que tu persécutes."

9 Ceux qui étaient avec moi virent bien la
lumière, mais ils n'entendirent pas la voix
de celui qui me parlait.

10 Je dis: "Que ferai-je, Seigneur?"
Le Seigneur me dit: "T'étant levé,
va à Damas et là on te parlera de tout
ce qu'il te sera prescrit de faire."

11 Comme j'étais aveuglé par l'éclat de
cette lumière, je vins à Damas conduit
par la main de ceux qui étaient avec moi.

12 Or un certain Ananie, homme pieux selon
la Loi, estimé de tous les Juifs habitant
(la ville),

13 étant venu à moi et m'ayant abordé, me dit:
"Saoul, (mon) frère, recouvre la vue." Et

---

cie, élevé dans cette ville, instruit aux
pieds de Gamaliel selon toute l'exactitude
de la Loi des pères, zélateur
comme vous l'êtes aujourd'hui.

Et j'ai persécuté cette Voie,
enchaînant et livrant à la prison
des hommes et des femmes,

comme même le grand prêtre me rendra
témoignage, et tout le collège des Anciens,
desquels ayant reçu des lettres pour les
frères, j'allais à Damas pour amener liés à
Jérusalem même ceux qui étaient là-bas
afin qu'ils soient châtiés.

Tandis que j'approchais de
Damas, au milieu du jour,
une grande lumière brilla autour
de moi.

Et je tombai sur le sol et j'entendis une voix
me disant: "Saoul, Saoul, pourquoi me
persécutes-tu?"

Je répondis: "Qui es-tu, Seigneur?"
Mais il me dit: "Je suis Jésus le Nazôréen
que tu persécutes."

Ceux qui étaient avec moi virent bien la
lumière, mais ils n'entendirent pas la voix
de celui qui me parlait.

Je dis: "Que ferai-je, Seigneur?"
Il me dit: "T'étant levé,
va à Damas et là on te parlera de tout
ce qu'il te sera prescrit de faire."

M'étant levé, j'étais aveuglé par l'éclat de
cette lumière, j'entrai à Damas conduit
par la main de ceux qui étaient avec moi.

Or un certain homme, Ananie, pieux selon
la Loi, estimé de tous les Juifs de Damas,

étant venu à moi, me dit:
"Saoul, (mon) frère, recouvre la vue." Et

moi, à l'heure même, je recouvris la vue(.)
vers lui.

moi, à l'heure même, je recouvris la vue.

22 14 Il dit: "Le Dieu de nos pères t'a prédestiné à
connaître sa volonté et à voir le Juste et à
entendre une voix de sa bouche

Il dit: "Le Dieu de nos pères t'a prédestiné à
connaître sa volonté et à voir le Juste et à
entendre une voix de sa bouche,

15 parce que tu lui seras témoin auprès de tous
les hommes de ce que tu as vu et entendu.

(toi) qui seras son témoin auprès de tous
les hommes de ce que tu as vu et entendu.

16 Et maintenant, pourquoi tarder? T'étant
levé, sois baptisé et lave tes péchés,
ayant invoqué son nom."

Et maintenant, pourquoi tarder? T'étant
levé, sois baptisé et lave tes péchés
en invoquant son nom."

17 Et il m'arriva, étant revenu à Jérusalem,
et tandis que je priais dans le Temple,
de devenir en extase

Et il m'arriva, étant revenu à Jérusalem,
tandis que je priais dans le Temple,
de devenir en extase

18 et de le voir me dire: "Hâte-toi et sors vite
de Jérusalem parce qu'ils ne recevront pas
ton témoignage sur moi."

et je le vis me dire: "Hâte-toi, sors vite
de Jérusalem parce qu'ils ne recevront pas
ton témoignage."

19 Et moi je dis: "Seigneur, eux-mêmes savent
que moi j'emprisonnais et battais
de par les synagogues
ceux qui croient en toi.

Et je dis: "Seigneur, eux-mêmes savent
que (c'était) moi qui emprisonnais et battais
de par les synagogues
ceux qui croient en toi.

20 Et lorsqu'était versé le sang d'Étienne, ton
témoin, moi aussi j'étais présent et d'accord
avec (eux) et gardant les manteaux de ceux
qui le supprimaient."

Et lorsqu'était versé le sang d'Étienne, ton
témoin, moi aussi j'étais présent et d'accord
avec eux[1] et gardant les manteaux de ceux
qui le supprimaient."

21 Et il me dit: "Va, car moi, vers les
gentils, au loin, je t'enverrai."»

Et il me dit: "Va, car moi, vers les
gentils, au loin, je t'envoie."»

22 Ils l'écoutaient jusqu'à cette parole et ils
élevèrent la voix en disant: «Ôte de la terre
un tel (homme) car il ne convient pas
qu'il vive!»

Ils l'écoutèrent jusqu'à cette parole et ils
élevèrent la voix en disant: «Ôte de la terre
un tel (homme) car il ne convient pas
qu'il vive!»

23 Tandis qu'ils vociféraient et jetaient leurs
manteaux et lançaient de la poussière
en l'air,

Tandis qu'ils vociféraient et jetaient leurs
manteaux et lançaient de la poussière
vers le ciel,

24a le tribun ordonna de l'introduire dans la
caserne

le tribun ordonna de l'introduire dans la
caserne

---

[1] Dans le TO, nous avons restitué l'expression καὶ συνευδοκῶν, tombée par saut du même au même.

PAUL SUR LE POINT D'ÊTRE FLAGELLÉ

(21,34 ⇐)

22 24b disant de le mettre à la question par le fouet
afin qu'il sache pour quelle raison ils
vociféraient ainsi contre lui.

25 Comme ils l'étendaient avec les courroies,
Paul dit au centurion qui se tenait (là):
«Est-ce qu'il vous est permis de fouetter
un homme, romain et non condamné?»

26 Le centurion, ayant entendu,

s'étant approché du tribun, le mit au
courant en disant: «Que vas-tu faire?
Car cet homme est romain.»

27 Or le tribun, s'étant approché, lui dit:
«Dis-moi, es-tu romain?» Lui déclara: «Oui.»

28 Or le tribun répondit: «Moi,
avec une grande somme j'ai acheté ce
droit de cité.» Mais Paul déclara: «Mais moi,
(je l'ai) de naissance.»

29 Aussitôt donc s'écartèrent de lui ceux qui allaient lui donner la question. Or, le tribun
aussi eut peur, ayant appris qu'il était
romain et qu'il l'avait fait attacher.

---

disant de le mettre à la question par le fouet
afin qu'il sache pour quelle raison ils
vociféraient ainsi contre lui.

Comme on l'étendait avec les courroies,
il dit au centurion qui se tenait (là):
«Est-ce qu'il est permis de fouetter
un homme, romain et non condamné?»

Le centurion, ayant entendu cela,
qu'il se disait romain,
s'étant approché du tribun, le mit au
courant: «Vois, que vas-tu faire?
Cet homme est romain.»

Alors le tribun, s'étant approché, lui demanda:
«Est-ce que tu es romain?» Il dit: «Oui.»

Le tribun, répondant, dit: «Moi, je (le) sais,
avec une grande somme j'ai acheté ce
droit de cité.» Mais Paul déclara: «Moi,
(je l'ai) de naissance.»

Alors s'écartèrent de lui ceux qui allaient lui donner la question. Et le tribun
eut peur, ayant appris qu'il était
romain.
Et aussitôt, il le délia.

PAUL DEVANT LE SANHÉDRIN

30 Le lendemain, voulant connaître le certain,
ce pour quoi il était accusé par les Juifs,
il le délia
et il ordonna que se réunissent les grands
prêtres et tout le Sanhédrin et, ayant amené
Paul, il le plaça devant eux.

23 1 Paul, ayant regardé fixement le Sanhédrin,
dit: «Hommes (mes) frères, moi, en toute
bonne conscience je me suis conduit
devant Dieu jusqu'à ce jour.»

Le (jour) suivant, voulant connaître le certain,
ce pour quoi il était accusé par les Juifs,

il ordonna que se réunissent les grands
prêtres et tout le Sanhédrin et, ayant amené
Paul, il le plaça devant eux.

Ayant regardé fixement le Sanhédrin,
il dit: «Hommes (mes) frères, moi, en toute
bonne conscience je me suis conduit
devant Dieu jusqu'à ce jour.»

23 2 Mais le grand prêtre Ananie ordonna à ses
assistants de frapper sa bouche.

Mais le grand prêtre ordonna
de frapper sa bouche.

3 Alors Paul lui dit: «Dieu va te frapper,
muraille recrépie! Et toi, tu sièges pour me
juger selon la loi et en violant la loi
tu ordonnes de me frapper.»

Alors Paul lui dit: «Dieu va te frapper,
muraille recrépie! Et toi, tu sièges pour me
juger selon la loi[1] et au mépris de la loi
tu ordonnes de me frapper.»

4 Mais les assistants dirent: «Tu insultes le
grand prêtre de Dieu?»

Mais les assistants dirent: «Tu insultes le
grand prêtre?»

5 Et Paul déclara: «Je ne savais pas, frères, que
c'était le grand prêtre. Car il est écrit que tu
ne parleras pas mal du chef de ton peuple.»

Il répondit: «Je ne savais pas, frères, que
c'était le grand prêtre. Car il est écrit: Tu
ne parleras pas mal du chef de ton peuple.»

6 Paul, sachant qu'une partie était de Sadducéens mais l'autre de Pharisiens, s'écriait dans
le Sanhédrin: «Hommes (mes) frères, moi,
je suis Pharisien, fils de Pharisien. (C'est) au
sujet de l'espérance et de la résurrection
des morts (que) je suis jugé.»

Sachant qu'une partie était de Sadducéens et l'autre de Pharisiens, il s'écria dans
le Sanhédrin: «Hommes (mes) frères, moi,
je suis Pharisien, fils de Pharisien. (C'est) au
sujet de l'espérance et de la résurrection
(que) je suis jugé.»

7 Alors qu'il parlait cela, il tomba une querel-
le entre les Pharisiens et les Sadducéens.
Et la foule fut divisée.

Alors qu'il disait cela, il y eut une querel-
le entre les Pharisiens et les Sadducéens.
Et la foule fut divisée.

8 Les Sadducéens en effet disent qu'il n'y a
pas de résurrection ni d'ange ni d'esprit.
Mais les Pharisiens reconnaissent les deux.

Les Sadducéens disent qu'il n'y a
pas de résurrection ni d'ange ni d'esprit.
Mais les Pharisiens reconnaissent qu'il y a
résurrection et ange et esprit.

9 Il se produisit une grande clameur

Une clameur s'étant produite,
ils se divisèrent entre eux.

Et, s'étant levés, certains des scribes du parti
des Pharisiens affirmaient énergiquement:
«Nous ne trouvons rien de mal en cet
homme. Mais si un esprit lui avait parlé,
ou un ange?»

Et certains des scribes du parti
des Pharisiens affirmaient énergiquement:
«Que trouvons-nous de mal en cet
homme? Si un esprit lui avait parlé,
ou un ange?»

10 Comme s'était produite une grande
agitation

Comme s'était produite une grande
agitation entre eux,

(21,32a ⇐)

craignant que Paul ne fût mis en pièces
par eux, le tribun ordonna à l'armée,
étant descendue,

craignant que Paul ne fût mis en pièces
par eux, il ordonna à l'armée
de descendre et

---

[1] Remettre cette expression dans le TO.

de l'enlever du milieu d'eux *pour le conduire dans la caserne.*	*de l'enlever du milieu d'eux* *et de le conduire dans la caserne.* (⇒ 23,23)
23 11 La nuit suivante, se tenant près de lui, le Seigneur dit: «Courage! Car comme tu as témoigné de ce qui me regarde à Jérusalem, ainsi te faut-il témoigner aussi à Rome.»	La nuit suivante, se tenant près de lui, le Seigneur dit: «Courage! Car comme tu as témoigné à Jérusalem, ainsi (te) faut-il témoigner aussi à Rome.»

COMPLOT DES JUIFS CONTRE PAUL

12 Le jour étant venu, ayant fait rassemblement, les Juifs s'engagèrent par serment disant ne pas manger et ne pas boire jusqu'à ce qu'ils eussent tué Paul,	Le jour étant venu, s'étant rassemblés, quelques-uns des Juifs s'engagèrent par serment disant ne pas manger et ne pas boire jusqu'à ce qu'ils eussent tué Paul,
13 - ils étaient plus de quarante qui avaient fait cette conjuration -	- ils étaient plus de quarante qui s'étaient engagés par serment -
14 qui, s'étant approchés des grands prêtres et des Anciens, dirent: «Nous nous sommes engagés par serment à ne rien goûter jusqu'à ce que nous ayons tué Paul.	qui, s'étant approchés des grands prêtres et des Anciens dirent: «Nous nous sommes engagés par serment à ne rien goûter du tout jusqu'à ce que nous ayons tué Paul.
15 Maintenant donc, vous, requérez du tribun, avec le Sanhédrin, qu'il vous l'amène comme si vous alliez examiner plus exactement ce qui le concerne. Mais nous, avant qu'il n'approche, nous sommes prêts à le supprimer.»	Maintenant donc, nous vous (le) demandons, faites ceci pour nous. Ayant réuni le Sanhédrin, requérez du tribun qu'il vous l'amène comme si vous alliez examiner ce qui le concerne. Mais nous, nous sommes prêts à le supprimer, même s'il faut mourir.»
16 Ayant entendu (parler) de l'embuscade, le fils de la sœur de Paul, étant arrivé et étant entré dans la caserne, l'annonça à Paul.	Ayant entendu (parler) de leur embuscade, un jeune homme, fils de la sœur de Paul, étant arrivé dans la caserne, l'annonça à Paul.
17 Paul, ayant appelé un des centurions, déclara: «Emmène ce jeune homme au tribun, car il a quelque chose à lui annoncer.»	Paul, ayant appelé un des centurions, dit: «Emmène ce jeune homme au tribun, car il a quelque chose à lui annoncer.»
18 Lui donc, l'ayant pris, le conduisit au tribun et déclare: «Le prisonnier Paul, m'ayant appelé, a demandé de te conduire ce jeune	Lui donc conduisit le jeune homme au tribun en disant: «Le prisonnier Paul, (m')ayant appelé, a demandé de te conduire

homme qui a quelque chose à te dire.» | celui-ci qui a quelque chose à te dire.»

23 19 Le tribun, lui ayant pris la main et s'étant
retiré à l'écart, s'informait: «Qu'est-ce que
tu as à m'annoncer?»

Le tribun, lui ayant pris la main et s'étant
retiré avec lui, s'informait auprès de lui
de ce qu'il avait à lui annoncer.

20 Il dit: «Les Juifs ont décidé de te
demander que demain tu amènes Paul au
Sanhédrin comme si tu allais t'informer
plus exactement à son sujet.

Il dit: «Il a été convenu par les Juifs de te
demander que tu amènes Paul au
Sanhédrin comme s'ils allaient s'informer
plus exactement à son sujet.

21 Toi donc, ne leur fais pas confiance,
car ils sont embusqués contre lui
- plus de quarante hommes d'entre eux -

qui se sont engagés par serment à ne pas
manger ni boire jusqu'à ce qu'ils l'aient
supprimé.
Et maintenant, ils sont prêts, attendant de toi
la promesse.

Toi donc, n'aie pas confiance,
car ils sont
      plus de quarante hommes d'entre eux
prêts à le supprimer.
      qui se sont même engagés par serment à ne
      rien goûter jusqu'à ce qu'ils aient fait
      cela.

22 Le tribun, donc, congédia le jeune homme,
lui ayant commandé de ne dire à personne
«que tu m'as révélé ces choses.»

Le tribun, donc, congédia le jeune homme,
lui ayant commandé que personne ne sache
qu'il lui avait révélé (ces choses).

PAUL EST ENVOYÉ À CÉSARÉE

(23,10 ⇐ *)*

23 *Et ayant convoqué deux des centurions*
il dit:
«Préparez deux cents soldats afin qu'ils
aillent à Césarée, et soixante-dix cavaliers
et deux cents lanciers,
à partir de la troisième heure de la nuit

Et ayant convoqué deux des centurions
il leur prescrivit

24
      et de tenir prêtes des montures
afin que, ayant fait monter Paul, ils le
conduisissent sain et sauf
au procurateur Félix,

d'être prêts à partir
et de tenir prêtes des montures
afin que, ayant fait monter Paul, ils le
conduisissent de nuit sain et sauf
à Césarée au procurateur Félix.

25

Il craignit en effet que les Juifs, l'ayant
enlevé, ne le tuent et que lui-même
ensuite n'encoure l'accusation d'avoir
reçu de l'argent.

ayant écrit une lettre ayant cette forme:	Il écrivit une lettre dans laquelle il était écrit:

23 26

«Claudius Lysias, à l'excellent gouverneur Félix, salut.	«Claudius Lysias, à l'excellent gouverneur, salut.

27

Cet homme, saisi par les Juifs et allant être supprimé par eux, survenant avec l'armée je (l')ai enlevé, ayant appris qu'il était romain.	Cet homme, saisi par les Juifs et allant être supprimé par eux, survenant avec l'armée je (l')ai retiré tandis qu'il criait et disait être romain.

28

Et voulant découvrir la raison pour laquelle ils l'accusaient, je (l')ai amené à leur Sanhédrin	Or, voulant connaître la raison (pour) laquelle ils l'accusaient, je l'ai amené au Sanhédrin

29

(lui) que j'ai trouvé accusé de questions (touchant) leur loi, mais n'ayant aucune accusation méritant la mort ou les chaînes.	(lui) que j'ai trouvé accusé de rien de plus que de questions (touchant) la loi de Moïse et un certain Jésus, mais n'ayant rien méritant la mort; je l'ai fait sortir non sans peine, par force.

30

Mais comme il me fut dénoncé (qu')un complot aurait lieu contre l'homme, aussitôt je te l'ai envoyé, ayant commandé aussi aux accusateurs de parler contre lui auprès de toi.»	Je te l'ai envoyé, ayant commandé aussi aux accusateurs de venir à toi.»

31

Les soldats donc, selon ce qui leur avait été prescrit, ayant repris Paul, le conduisirent de nuit à Antipatris.	*Les soldats donc, selon ce qui leur avait été prescrit, ayant repris Paul, le conduisirent à Antipatris.*

32

Le lendemain, ayant laissé les cavaliers s'en aller avec lui, ils revinrent *à la caserne.*	*Le lendemain, ayant laissé les cavaliers à la caserne,*

33

Eux, étant entrés *à Césarée et* ayant remis la lettre *au procurateur* *ils* lui *présentèrent* aussi *Paul.*	*ils vinrent à Césarée et* ayant remis la lettre *au procurateur* *ils* lui *présentèrent* aussi *Paul.* *(⇒ 25,1)*

34

Ayant lu et ayant demandé de quelle province il était et ayant appris que (il était) de Cilicie,	Ayant lu la lettre il demanda de quelle province il était et (l')ayant appris

35

«Je t'entendrai, déclara-t-il, lorsque tes accusateurs seront également arrivés», ayant ordonné qu'il fût gardé dans le prétoire d'Hérode.	il déclara: «Je t'entendrai lorsque tes accusateurs seront arrivés», ayant ordonné qu'il fût gardé dans le prétoire d'Hérode.

PAUL COMPARAÎT DEVANT FÉLIX

24 1 Après cinq jours, le grand prêtre Ananie | Après cinq jours, le grand prêtre Ananie
descendit avec quelques Anciens et un | descendit avec un
avocat, un certain Tertullus, qui requirent | avocat, Tertullus, qui requirent
auprès du procurateur contre Paul. | auprès du procurateur contre Paul.

2 Celui-ci ayant été appelé, Tertullus se mit à | Celui-ci ayant été appelé, Tertullus se mit à
l'accuser en disant: «Ayant obtenu beaucoup | l'accuser en disant: «Ayant obtenu beaucoup
de paix grâce à toi et des réformes ayant été | de paix et des réformes ayant été
réalisées pour cette nation grâce à ta | réalisées pour cette nation grâce à ta
providence, | providence,

3 et en tout et partout nous (les) recevons, | en tout et partout nous (les) recevons,
excellent Félix, avec pleine action de grâces. | excellent Félix, avec pleine action de grâces.

4 Mais, afin que je ne t'importune pas | Afin que je ne (t') importune pas
à l'excès, je te demande de nous écouter | à l'excès, je te demande de nous écouter
un instant avec ta patience. | avec ta patience.

5 Car, ayant trouvé cet homme, une peste, et | Nous avons trouvé cet homme, une peste, et
qui provoque des émeutes | qui provoque des émeutes
à tous les Juifs | non seulement à notre nation
qui (sont) dans le (monde) habité, | mais encore à presque tout le (monde) habité,
et chef de file de la secte des Nazôréens, | chef de file de la secte des Nazôréens

6 qui a aussi essayé de souiller le Temple, | qui a aussi essayé de souiller le Temple,
que aussi nous avons saisi, | que aussi nous avons saisi
| et que nous voulions supprimer,

7 | mais, étant survenu, le tribun Lysias, en
| grande force, (l')a tiré de nos mains,

8 duquel tu pourras, (l')ayant toi-même | duquel tu pourras, (l')ayant
interrogé au sujet de toutes ces choses, | interrogé au sujet de toutes ces choses,
découvrir ce dont nous, nous l'accusons.» | connaître ce dont nous, nous l'accusons.»

9 Or les Juifs aussi se joignirent (à l'attaque) | Les Juifs aussi se joignirent (à l'attaque)
déclarant que c'était ainsi. | déclarant qu'il (en) était ainsi.

10 Et Paul répondit, le procurateur lui ayant fait | Paul répondit, le procurateur ayant fait
signe de parler: «Sachant que depuis de nom- | signe de parler: «Sachant que depuis de nom-
breuses années tu es juge pour cette nation, | breuses années tu es juge pour cette nation,
(c'est) avec confiance (que) je fais | (c'est) avec confiance (que) je fais
la défense de mon cas, | la défense de mon cas,

11 tandis que tu peux découvrir qu'il n'y a pas | tandis que tu peux découvrir qu'il n'y a pas

plus de douze jours depuis que je suis monté
adorer à Jérusalem.

24 12 Et ils ne m'ont trouvé, ni dans le Temple
discutant avec quelqu'un ou faisant attroupement de foule, ni dans les synagogues,
ni par la ville,

13 ni ils ne peuvent te présenter (ce) dont ils
m'accusent maintenant.

14 Or je t'avoue ceci:
selon la Voie qu'ils disent (être) une secte,
ainsi je sers le Dieu des pères, croyant à
ce qui (est) selon la Loi et à ce qui est écrit
dans les prophètes,

15 ayant espoir en Dieu, (espoir) que ceux-ci
eux-mêmes attendent, qu'il doit y avoir une
résurrection des justes et des injustes.

16 En cela moi aussi je m'efforce d'avoir une
conscience irréprochable devant Dieu
et devant les hommes, sans cesse.

17 Au bout de nombreuses années, je suis arrivé
pour faire des aumônes à ma nation, et des
offrandes.

18 Sur quoi, ils m'ont trouvé purifié dans le
Temple sans foule et sans tumulte,

19 mais (ce sont) certains Juifs d'Asie, eux qu'il
aurait fallu qu'ils comparussent devant toi et
qu'ils accusassent, s'ils avaient quelque
(chose) contre moi.(»)

20 Ou bien, que ceux-ci eux-mêmes disent quel
délit ils ont trouvé tandis que je me tenais
devant le Sanhédrin,

21 ou (serait-ce) à propos de cette seule parole
que j'ai criée, debout parmi eux: «(C'est) au
sujet de la résurrection des morts (que) moi,
je suis jugé aujourd'hui devant vous.»

22 Or Félix les ajourna,
connaissant très exactement

---

plus de douze jours depuis que je suis monté
adorer à Jérusalem.

Et ils ne m'ont trouvé, ni dans le Temple
discutant avec quelqu'un ou faisant attroupement de foule, ni dans les synagogues,
ni par la ville,

ni ils ne peuvent présenter (ce) dont ils
m'accusent.

Selon la Voie qu'ils disent (être) une secte,
ainsi je sers le Dieu des pères, croyant à tout
ce qui (est) selon la Loi et à ce qui est écrit
dans les prophètes,

ayant espoir en Dieu, (espoir) que ceux-ci
eux-mêmes attendent, qu'il doit y avoir une
résurrection des justes et des injustes.

En cela moi aussi je m'efforce d'avoir une
conscience irréprochable devant Dieu
et devant les hommes.

Au bout de nombreuses années, je suis arrivé
pour faire des aumônes à ma nation, et des
offrandes.

Sur quoi, ils m'ont trouvé purifié dans le
Temple sans foule et sans tumulte,

certains Juifs d'Asie, eux qu'il
aurait fallu qu'ils comparussent et
qu'ils accusassent, s'ils avaient quelque
(chose) contre moi.(»)

Ou bien, que ceux-ci eux-mêmes disent quel
délit ils ont trouvé tandis que je me tenais
devant le Sanhédrin,

ou (serait-ce) à propos de cette seule parole
que j'ai criée: «(C'est) au
sujet de la résurrection des morts (que) moi,
je suis jugé devant vous.»

Or Félix les ajourna,
connaissant très exactement

ce qui concernait la Voie,
en disant: «Lorsque Lysias, le tribun, sera
descendu, j'examinerai ce qui vous
concerne»,

ce qui concernait la Voie,
en disant: «Lorsque le tribun sera
descendu, j'examinerai ce qui vous
concerne»,

24 23 ayant prescrit au centurion de le garder
et d'avoir de la souplesse et de n'empêcher
aucun des siens de l'assister.

ayant prescrit au centurion de le garder
et d'avoir de la souplesse et de n'empêcher
personne de l'approcher.

FÉLIX S'ENTRETIENT AVEC PAUL

24 Après quelques jours, Félix étant arrivé
avec Drusilla, sa femme, qui était juive,

fit venir Paul et l'entendit au sujet de
la foi dans le Christ Jésus.

Après quelques jours,
Drusilla, la femme de Félix, qui était juive,
demandait à voir Paul et à entendre la Parole.
Voulant donc lui donner satisfaction,
il fit venir Paul et il entendit de lui au sujet de
la foi dans le Christ.

25 Mais tandis qu'il discutait sur la justice et la
continence et le jugement à venir, Félix,
ayant pris peur, répondit: «Pour le moment,
va; mais ayant trouvé le temps
je te convoquerai.»

Mais tandis qu'il discutait sur la justice et la
continence et le jugement à venir, Félix,
ayant pris peur, répondit: «Pour le moment,
va; mais au temps favorable
je te ferai venir.»

26 Par ailleurs, espérant que de l'argent lui
serait donné par Paul, c'est pourquoi,
l'ayant fait venir assez souvent, il conversait
avec lui.

Par ailleurs, espérant que lui-même allait
recevoir de l'argent de Paul, c'est pourquoi,
l'ayant fait venir en cachette, il conversait
avec lui.

27 Deux années s'étant accomplies, Félix eut
pour successeur Porcius Festus
et, voulant faire une faveur aux Juifs,
Félix abandonna Paul enchaîné.

Deux années s'étant accomplies, Félix eut
pour successeur Porcius Festus.

Quant à Paul, il (le) laissa en prison,
à cause de Drusilla.

PAUL COMPARAÎT DEVANT FESTUS

                                                    (23,33 ⇐)

25 1 *Festus donc,*
ayant fait son entrée dans la province,
après trois jours monta à Jérusalem,
de Césarée.

Or Festus
ayant fait son entrée dans la province,
après trois jours monta à Jérusalem,
de Césarée.

25 2   *Et les grands prêtres et les notables des*   *Or les grands prêtres et les notables des*
Juifs le requirent contre Paul et ils le   *Juifs requirent contre Paul et ils le*
priaient,   *priaient,*

3   *demandant une faveur contre lui, qu'il le*   *demandant une faveur de lui, qu'il le*
fasse venir à Jérusalem, faisant une em-   *fasse venir à Jérusalem, faisant une em-*
buscade pour le supprimer en chemin.   *buscade pour le supprimer en chemin,*
    eux qui avaient fait un vœu afin qu'ils puissent
    l'avoir entre leurs mains.

4   *Festus donc répondit que Paul serait*   *Festus donc répondit que Paul serait*
gardé à Césarée mais que lui-même   *gardé à Césarée mais que lui-même*
allait rapidement partir.   *partirait rapidement.*

5   *«Donc, déclare-t-il, que les (gens)*   *«Donc, déclare-t-il, que ceux qui,*
influents parmi vous, étant descendus   *parmi vous, seront descendus*
avec (moi), l'accusent, s'il y a en   *avec (moi) l'accusent, s'il y a en*
l'homme quelque (chose) de déplacé.»   *cet homme quelque (chose) de déplacé.»*

6   *Or, étant demeuré parmi eux au plus huit*   *Étant donc demeuré huit*
ou dix jours, étant descendu à Césarée,   *ou dix jours, étant descendu à Césarée,*
le lendemain, assis au tribunal, il   *le lendemain, assis au tribunal, il*
ordonna que Paul fût amené.   *ordonna que Paul fût amené.*

7   *Lui étant arrivé, les Juifs qui étaient*   *Lui étant arrivé, les Juifs*
descendus de Jérusalem l'entourèrent,   *de Jérusalem l'entourèrent,*
portant contre (lui)   *portant contre (lui)*
de nombreuses et graves accusations   *de nombreuses et graves accusations*
qu'ils ne pouvaient pas prouver(.)   *qu'ils ne pouvaient pas prouver(.)*

8   tandis que Paul se défendait: «Je n'ai   tandis que Paul se défendait qu'il n'avait
péché ni contre la Loi des Juifs, ni contre le   péché ni contre la Loi des Juifs, ni contre le
Temple, ni contre César.»   Temple, ni contre César.

9   *Or Festus, voulant faire une faveur*   *Festus, voulant faire une faveur*
aux Juifs, répondant *à Paul dit: «Veux-tu,*   *aux Juifs, dit à Paul: «Veux-tu,*
étant monté à Jérusalem, y être jugé   *étant monté à Jérusalem, y être jugé*
devant moi sur ces (choses)?»   *devant moi sur ces (choses)?»*

10   *Mais Paul dit: «Je me tiens devant le*   *Mais Paul dit: «Je me tiens devant le*
tribunal de César, où il me faut être jugé.   *tribunal de César, où il me faut être jugé.*
Je n'ai fait aucun tort aux Juifs, comme toi,   Je n'ai pas fait de tort aux Juifs, comme toi,
tu le sais fort bien.   tu le sais fort bien.

11   Si donc j'ai fait du tort et que j'ai accompli   Si j'ai fait du tort ou que j'ai accompli
quelque chose méritant la mort, je ne refuse   quelque chose méritant la mort, je ne refuse
pas de mourir. Mais s'il n'y a rien   pas de mourir. Mais s'il n'y a rien
de ce dont ceux-ci m'accusent,   de ce dont ils m'accusent,

nul ne peut leur faire don de moi.
J'en appelle à César.»

nul ne peut leur faire don de moi.
J'en appelle à César.»

25 12 *Alors Festus, ayant conféré avec son conseil, répondit: «Tu en as appelé à César, tu iras à César.»*

Alors Festus, ayant conféré avec son conseil, déclara: «Tu en as appelé à César, tu iras à César.»

(⇒ 27,1)

FESTUS ET AGRIPPA

13 Or, quelques jours s'étant passés, le roi Agrippa et Bérénice arrivèrent à Césarée pour saluer Festus.

Quelques jours s'étant passés, le roi Agrippa et Béronice arrivèrent pour saluer Festus.

14 Comme ils y demeuraient plusieurs jours, Festus exposa au roi le cas de Paul en disant: «Il y a un homme laissé enchaîné par Félix,

Comme ils y demeuraient plusieurs jours, Festus exposa au roi le cas de Paul en disant: «Il y a un homme laissé enchaîné par Félix,

15 au sujet duquel, tandis que je fus à Jérusalem, m'ont requis les grands prêtres et les Anciens des Juifs, demandant condamnation contre lui.

au sujet duquel, tandis que je fus à Jérusalem, m'ont requis les grands prêtres et les Anciens des Juifs, demandant condamnation contre lui.

16 À eux, je répondis que les Romains n'ont pas coutume de faire don d'un homme avant que l'accusé n'ait les accusateurs en face et qu'il ne reçoive la faculté d'une défense au sujet de la plainte.

À eux, je répondis que les Romains n'ont pas coutume de faire don d'un homme avant que l'accusé n'ait les accusateurs en face et qu'il ne reçoive la faculté d'une défense au sujet de la plainte.

17 Donc, comme ils étaient venus ici avec (moi), n'ayant fait aucun délai, le lendemain, assis au tribunal, j'ai ordonné que fut amené l'homme

Donc, comme ils étaient venus ici avec (moi), n'ayant fait aucun délai, le lendemain, assis au tribunal, j'ai ordonné que fut amené l'homme

18 autour duquel s'étant tenus, les accusateurs ne portaient aucun motif des (actes) mauvais que je soupçonnais.

autour duquel s'étant tenus, les accusateurs ne portaient aucun motif mauvais, comme je (le) soupçonnais.

19 Mais ils avaient contre lui certaines questions touchant leur propre religion et touchant un certain Jésus, mort, que Paul déclarait vivre.

Mais ils avaient contre lui certaines questions touchant leur propre religion et touchant un certain Jésus, mort, que Paul disait vivre.

20 Mais moi, embarrassé de l'enquête sur ces (choses), je disais s'il voulait aller à Jérusalem et y être jugé sur ces (choses).

Mais moi, embarrassé de l'enquête sur ces (choses), je disais s'il voulait aller à Jérusalem et y être jugé.

25 21 Mais Paul (en) ayant appelé à être gardé en vue de la décision d'Auguste, j'ai ordonné qu'il fût gardé jusqu'à ce que je l'envoie à César.

Mais Paul (en) ayant appelé à être gardé en vue de la décision d'Auguste, j'ai ordonné qu'il fût gardé jusqu'à ce que je l'envoie à César.

22 Agrippa (dit) à Festus: «Je voudrais, moi aussi, entendre l'homme.» «Demain, déclare-t-il, tu l'entendras.»

Agrippa (dit) à Festus: «Je voudrais, moi aussi, entendre l'homme.» «Demain, déclare-t-il, tu l'entendras.»

PAUL DEVANT AGRIPPA

23 Le lendemain donc, Agrippa et Bérénice étant venus en grand apparat et étant entrés dans la salle d'audience avec les tribuns et les hommes les plus éminents de la ville,

et Festus l'ayant ordonné, Paul fut amené.

Or le lendemain, Agrippa et Béronice étant venus en grand apparat et étant entrés dans la salle d'audience avec les tribuns et les hommes qui étaient descendus de la province,
Festus ordonna que Paul fût amené.

24 Et Festus déclare: «Roi Agrippa et tous, hommes (ici) présents avec nous, vous voyez celui au sujet duquel toute la foule des Juifs m'a sollicité et à Jérusalem et ici,

criant qu'il ne faut plus qu'il vive.

Et il déclare: «Roi Agrippa et tous, hommes (ici) présents avec nous, vous voyez celui au sujet duquel toute la foule m'a sollicité et à Jérusalem et ici pour que je le livre sans qu'il se soit défendu. Mais je ne pouvais pas le livrer en raison des ordres que nous avons d'Auguste. Mais si quelqu'un voulait l'accuser, qu'il (m')accompagne jusqu'à Césarée où il est gardé. Eux, étant venus avec moi, crièrent qu'il fût enlevé de la vie.

25

Mais moi je compris qu'il n'avait rien accompli méritant la mort. Mais

celui-ci même, (en) ayant appelé à Auguste, j'ai décidé de l'envoyer.

Ayant entendu l'une et l'autre partie, je compris qu'il n'était en rien coupable de mort. Mais lorsque j'eus dit: "Veux-tu être jugé avec eux à Jérusalem?", il (en) appela à César.

26 À son sujet, je n'ai rien de certain à écrire au Seigneur. Aussi, je l'ai amené devant vous, et surtout devant toi, roi Agrippa, afin que, l'interrogatoire ayant eu lieu, j'aie quelque (chose) à écrire.

À son sujet, je n'ai rien à écrire. Aussi, je l'ai amené devant vous, et surtout devant toi, ô roi, afin que, l'interrogatoire ayant eu lieu, j'aie quelque (chose) à écrire.

25 27 Il me semble en effet déraisonnable d'en- | Il me semble déraisonnable d'en-
voyer un prisonnier et de ne pas signaler | voyer un prisonnier et de ne pas signaler
les motifs contre lui.» | les motifs contre lui.»

PAUL RACONTE SA CONVERSION

26 1 Agrippa déclara à Paul: «Il t'est permis de | Agrippa déclara à Paul: «Il t'est permis de
parler pour toi.» Alors Paul, étendant la | parler de toi.» Alors Paul, étendant la
main, fit sa défense: | main, commença à faire sa défense en disant:

2 «De tout ce dont je suis accusé par les Juifs, | «De tout ce dont je suis accusé,
roi Agrippa, je m'estime heureux de devoir | roi Agrippa, je m'estime heureux de devoir
me défendre aujourd'hui devant toi, | me défendre devant toi,

3 surtout toi étant au courant de toutes | surtout te sachant être au courant
les coutumes et des questions des Juifs. | des coutumes et des questions des Juifs.
Aussi, je (te) prie de m'écouter patiemment. | Aussi, je (te) prie de m'écouter patiemment.

4 Donc, ma vie dès (ma) jeunesse, telle qu'elle | Donc, ma vie telle qu'elle
fut dès le commencement dans ma nation et | fut dès (ma) jeunesse dans ma nation,
à Jérusalem, tous les Juifs (la) savent, | à Jérusalem, tous les Juifs (la) savent,

5 me connaissant dès le début, s'ils veulent | connaissant dès le début, s'ils veulent
(en) témoigner, que j'ai vécu selon la plus | (en) témoigner, que j'ai vécu selon la plus
stricte secte de notre religion, en Pharisien. | stricte secte de notre religion, en Pharisien.

6 Et maintenant, (c'est) sur l'espérance de | Et maintenant, (c'est) sur l'espérance de
la promesse faite à nos pères par Dieu | la promesse faite à nos pères
(que) je me tiens (là), en jugement, | (que) je me tiens (là), en jugement,

7 (promesse) à laquelle nos douze tribus, ser- | (promesse) à laquelle nos douze tribus ser-
vant (Dieu) avec ardeur nuit et jour, | vant (Dieu) nuit et jour dans
espèrent arriver, | l'espoir d'y arriver,
(c'est) au sujet de cette espérance | (c'est) au sujet de cette espérance
(que) je suis accusé par les Juifs, ô roi. | (que) je suis accusé par les Juifs.

8 Pourquoi juge-t-on incroyable parmi vous | Pourquoi juge-t-on incroyable parmi vous
que Dieu ressuscite les morts? | que Dieu ressuscite les morts?

9 Moi donc, j'avais cru devoir faire beaucoup | Moi donc, j'avais cru devoir faire beaucoup
de choses hostiles contre le nom de Jésus | de choses hostiles contre le nom de Jésus,
le Nazôréen, |

10 ce que précisément je fis à Jérusalem, et moi, | ce que précisément je fis à Jérusalem, et
j'ai enfermé en prisons beaucoup des saints, | j'ai enfermé en prisons beaucoup des saints,

ayant reçu pouvoir des grands prêtres, et
tandis qu'ils étaient supprimés, j'ai apporté
(mon) suffrage.

ayant reçu pouvoir des grands prêtres, et
tandis qu'ils étaient supprimés, j'ai apporté
(mon) suffrage.

26 11 Et par toutes les synagogues, souvent, en les
châtiant, je (les) forçais de blasphémer.
Excessivement en fureur contre eux, je
(les) poursuivais jusque dans les villes du
dehors.

Et par toutes les synagogues, souvent, en les
châtiant, je (les) forçais de blasphémer.
Or, excessivement en fureur contre eux, je
(les) poursuivais jusque dans les villes du
dehors.

12 Dans ces (conditions), allant à Damas avec
pouvoir et procuration des grands prêtres,

Dans ces (conditions), allant à Damas avec
pouvoir des grands prêtres,

13 au milieu du jour, sur la route, je vis, ô roi,
venant du ciel une lumière passant l'éclat du
soleil qui enveloppa de son éclat moi
et ceux qui allaient avec moi.

au milieu du jour, sur la route, je vis, ô roi,
venant du ciel une lumière passant l'éclat du
soleil qui enveloppa de son éclat moi
et ceux qui allaient avec moi.

14 Et nous tous étant tombés par terre, j'enten-
dis une voix me disant en langue hébraïque:
"Saoul, Saoul, pourquoi me persécutes-tu?
Il t'est dur de regimber contre l'aiguillon."

Or, nous tous étant tombés par terre, j'enten-
dis une voix me parlant en langue hébraïque:
"Saoul, Saoul, pourquoi me persécutes-tu?
Il t'est dur de regimber contre l'aiguillon."

15 Moi je dis: "Qui es-tu Seigneur?" Le Seigneur dit: "Je suis Jésus que tu persécutes.

Moi je dis: "Qui es-tu Seigneur?" Le Seigneur dit: "Je suis Jésus que tu persécutes.

16 Mais lève-toi et tiens-toi sur tes pieds, car
pour cela je te suis apparu: te choisir comme
ministre et témoin et des (choses) que tu
[m']as vues et des (choses pour lesquelles)
je t'apparaîtrai,

Mais lève-toi et tiens-toi sur tes pieds, car
pour cela je te suis apparu: te choisir comme
ministre et témoin des (choses) que tu
[m']as vues et des (choses pour lesquelles)
je t'apparaîtrai,

17 te retirant
du peuple et
des gentils vers lesquels, moi,
je t'envoie

te retirant
du peuple et
des gentils vers lesquels, moi,
je t'envoie

18 pour ouvrir leurs yeux, pour (les) tourner
des ténèbres vers la lumière
et du pouvoir de Satan vers Dieu,
pour qu'ils reçoivent rémission des péchés
et héritage parmi les sanctifiés,
grâce à la foi en moi.

pour ouvrir leurs yeux, pour (les) détourner
des ténèbres vers la lumière
et du pouvoir de Satan vers Dieu,
pour qu'ils reçoivent rémission des péchés
et héritage parmi les sanctifiés,
grâce à la foi en moi.

19 Dès lors, roi Agrippa, je ne fus pas incrédule
à la vision céleste,

Roi Agrippa, je ne fus pas incrédule
à la vision céleste,

20 mais à ceux de Damas

mais à ceux de Damas

d'abord et à Jérusalem et dans toute la région de Judée et aux gentils j'ai annoncé de se repentir et de se tourner vers Dieu, ayant fait des œuvres dignes du repentir.	d'abord et à Jérusalem et dans toutes les villes de Judée j'ai proclamé de se repentir et de se tourner vers le Dieu vivant, ayant fait des œuvres dignes du repentir.(»)

26 21 À cause de cela les Juifs, m'ayant pris dans le Temple, essayaient de me tuer.

À cause de cela les Juifs, m'ayant pris, étant dans le Temple, essayaient de me tuer.

22 Ayant donc obtenu assistance de la part de Dieu, jusqu'à ce jour j'ai tenu, rendant témoignage au petit et au grand, ne disant rien en dehors de ce que les prophètes ont dit qu'il allait arriver, [Car il est écrit dans Moïse]: et Moïse

Ayant donc obtenu assistance de la part de Dieu, j'ai tenu, rendant témoignage au grand et au petit, ne disant rien en dehors de ce que les prophètes ont dit qu'il allait arriver. Car il est écrit dans Moïse:

23 "Si le Christ doit souffrir, si le premier, en suite de la résurrection des morts, il doit, annoncer la lumière et au peuple et aux gentils."»

"Si le Christ doit souffrir, si le premier, en suite de la résurrection des morts, il doit annoncer la lumière au peuple et aux gentils."»

24 Tandis qu'il faisait cette défense, Festus déclare à haute voix: «Tu es fou, Paul! La grande (connaissance des) lettres t'a tourné (la tête) jusqu'à la folie.»

Tandis qu'il parlait ainsi, Festus s'écria et dit: «Tu es fou, Paul! La grande (connaissance des) lettres t'a tourné (la tête) jusqu'à la folie.»

25 Mais Paul: «Je ne suis pas fou, dit-il, excellent Festus, mais (ce sont) des paroles de vérité et de bon sens que j'exprime.

Mais lui: «Je ne suis pas fou, dit-il, excellent procurateur, mais (ce sont) des paroles de vérité et de bon sens que j'exprime.

26 Car il est au courant de ces choses le roi à qui je parle, plein d'assurance. Car que quelqu'une de ces choses lui échappe, je ne (le) suppose pas. Car cela n'a pas été accompli dans un recoin.

Mais il est au courant de ces choses le roi à qui je parle. Car aucune de ces choses ne lui échappe.

27 Crois-tu, roi Agrippa, aux prophètes? Je sais que tu (y) crois.»

Crois-tu, roi Agrippa, aux prophètes? Je sais que tu (y) crois.»

28 Agrippa (dit) à Paul: «Pour un peu tu me persuades de (me) faire chrétien.»

Il lui déclara: «Pour un peu tu me persuades de (me) faire chrétien.»

29 Mais Paul: «Je demanderais à Dieu que, pour un peu et pour beaucoup, non seulement toi mais aussi tous ceux qui m'écoutent aujourd'hui deviennent tels que je suis, sauf ces chaînes.»

Mais lui: «Je souhaiterais que, pour un peu et pour beaucoup, non seulement toi mais aussi tous ceux qui écoutent deviennent tels que je suis, sauf ces chaînes.»

26 30
Et se leva le roi et le procurateur et Bérénice et ceux qui étaient assis avec eux,	Et, comme il disait cela, se leva le roi et le procurateur et ceux qui étaient assis avec eux;

31
et, s'étant retirés, ils parlaient entre eux en disant que cet homme ne fait rien qui mérite la mort ou les chaînes.»	s'étant retirés, ils parlaient entre eux en disant: «Cet homme ne fait rien qui mérite la mort.»

32
Agrippa déclara à Festus: «Cet homme aurait pu être relâché s'il n'en avait appelé à César.»	Agrippa déclara à Festus: «Cet homme aurait pu être relâché s'il n'en avait appelé à César.»

DE CÉSARÉE À MALTE

27 1
(21,17 ⇐)
Or, lorsqu'il fut décidé que nous naviguerions vers l'Italie,	Et ainsi le procurateur décida qu'il fût envoyé à César.
	(25,12 ⇐)
	Le (jour) suivant, ayant convoqué un centurion du nom de Julius, il lui remit Paul avec d'autres prisonniers.
ils remirent Paul et quelques autres prisonniers à un centurion du nom de Julius, de la cohorte Auguste.	

2
	(19,21 ⇐)
	Devant naviguer,[1]
Ayant embarqué sur un bateau d'Adramyttium devant naviguer vers les côtes d'Asie, nous prîmes le large, étant avec nous Aristarque le Macédonien, de Thessalonique.	nous embarquâmes sur un bateau d'Adramyttium. Or embarqua avec nous aussi Aristarque le Macédonien.

3
Et le (jour) suivant, nous touchâmes à Sidon. Et Julius, ayant usé de bienveillance avec Paul, (lui) permit, étant allé vers ses amis, de recevoir (leurs) soins.	Or nous touchâmes [nous vînmes] à Sidon. Le centurion, ayant usé de bienveillance avec Paul, ordonna à (ses) amis de prendre soin de lui.[2]

4
Et de là, ayant pris le large, nous navigâmes sous (le vent) de Chypre du fait que les vents	Et de là, ayant pris le large, nous navigâmes sous (le vent) de Chypre du fait que les vents

---

[1] Les textes soulignés en pointillé appartiennent au Journal de voyage, comme ceux qui sont soulignés en continu, mais ils ont été déplacés par Act II. Primitivement, ils se lisaient en tête de ce Journal, après 19,21.

[2] Dans le TO, lire ἐπιμελεῖσθαι αὐτοῦ.

étaient contraires.	étaient contraires.

27 5

Ayant navigué à travers la mer, celle en vue de la Cilicie et de la Pamphylie,

nous descendîmes à Myre de Lycie.

Et après cela, ayant navigué à travers le golfe cilicien et la mer pamphylienne, en quinze jours nous arrivâmes à Myre de Lycie.

6 *Et là le centurion, ayant trouvé un bateau alexandrin navigant vers l'Italie,* nous y *fit embarquer.*

Et le centurion, ayant trouvé un bateau alexandrin navigant vers l'Italie, nous *[les] fit embarquer.*

7 En beaucoup de jours, ayant navigué lentement, et avec peine ayant été en vue de Cnide,

le vent ne nous étant pas favorable,

nous navigâmes sous (le vent) de la Crète au large de Salmoné,

Ayant navigué lentement, en beaucoup de jours nous fûmes en vue de Cnide.

(⇒ 16,7a)

Et de là, ayant pris le large, ayant navigué sous (le vent) de la Crète,

8 et, l'ayant longé avec peine, nous vînmes à un lieu appelé Bons-Ports dont était proche la ville de Lasaia.

nous arrivâmes à Bons-Ports, dont une ville était proche.

9 Or, un long temps ayant passé,

et comme la navigation était déjà dangereuse du fait que même le Jeûne était déjà passé, Paul conseillait

Et, comme nous avions passé beaucoup de jours, et comme la navigation était déjà dangereuse du fait que même le Jeûne était passé, Paul s'approcha

10 en leur disant: «Hommes, je vois que (c'est) avec violence et beaucoup de perte, non seulement pour la cargaison et le bateau, mais encore pour nos vies (que) va être la navigation.»

en disant: «Hommes, je vois que (c'est) avec beaucoup de violence et de perte, non seulement pour la cargaison et le bateau, mais encore pour nos vies (que) va être la navigation.»

11 Mais le centurion se fiait plus au *pilote* et au *capitaine* qu'à ce qui avait été dit par Paul.

Or le pilote et le capitaine

12 Mais le port étant impropre pour l'hivernage, la majorité fut d'avis de prendre le large d'ici *s'ils (le) pouvaient,* étant arrivés *à Phénix,* (y) hiverner, *un port de la Crète* regardant vers le sud-ouest

furent d'avis de prendre le large, pour, s'ils le pouvaient, arriver à Phénix, un port de la Crète.

et vers le nord-ouest.

| | Le centurion se fiait à eux plus qu'à ce qui avait été dit par Paul. |

27 13 Un vent du sud soufflant légèrement,
estimant (pouvoir) exécuter leur dessein,
ayant levé l'ancre,
ils longeaient *[ils naviguaient vers]*
la Crète.

	Un vent du sud soufflant légèrement,
	nous longeâmes
	la Crète.

14 *Mais peu après fondit sur* elle *[eux] un*
vent d'ouragan appelé Euraquilon.

| | Or descendit un |
| | vent de tempête du sud-est. |

15 *Tandis que le bateau était entraîné*
et qu'il ne pouvait faire face au vent,
ayant laissé (aller), nous étions emportés.

| | Tandis que le bateau courait sous (le vent),[1] |

16 Ayant couru sous (le vent) d'une certaine île
appelée Cauda,
nous pûmes avec peine nous rendre maîtres
de la chaloupe,

| | nous arrivâmes à une île |
| | appelée Clauda [Gaulos] |

17 qu'ayant remontée
ils utilisaient des moyens de secours en
ceinturant le bateau.
Et craignant qu'ils ne tombassent
sur la Syrte, ayant lancé les agrès,
ainsi ils étaient emportés.

	Or craignant que nous ne fussions emportés
	sur la Syrte,
	[et] nous y restâmes.
	(⇒ 28,2)

18 Comme nous étions
fortement secoués,
le lendemain, ils délestaient (le bateau)

| | Le lendemain, comme le bateau était |
| | fortement secoué, |

19 *et le troisième (jour), de leurs mains, ils*
jetèrent la cargaison du bateau.

| | nous jetâmes la cargaison à la mer. |

20

| | Comme la tempête (nous) pressait pendant de |
| | nombreux jours, |

Comme ni le soleil ni les étoiles ne brillaient
pendant de nombreux jours
et qu'une forte tempête (nous) pressait,
finalement était enlevé tout espoir
que nous soyons sauvés.

	et que ni le soleil ni les étoiles ne brillaient,
	finalement nous était enlevé tout espoir
	de vie.

21 Et comme le manque de vivres était grand,

| | Or, comme le manque de vivres était grand, |

---

[1] Dans le Journal de voyage, les vv. 15-17 se lisaient après les vv. 27.37.

alors Paul, se tenant au milieu d'eux, dit:	Paul, se tenant au milieu, dit:
«Hommes, il fallait, m'ayant fait confiance,	«Hommes, il fallait, m'ayant fait confiance,
ne pas prendre le large (loin) de la Crète	ne pas prendre le large (loin) de la Crète
et faire l'économie de cette violence	et faire l'économie de cette violence
et de (cette) perte.	et de (cette) perte.

27 22 Et maintenant, je vous conseille d'avoir du / courage, car il n'y aura, de vous, / aucune perte de vie, sauf du bateau.

Et maintenant, je vous conseille d'avoir du / courage, car il n'y aura, de nous, / perte d'aucune vie, sauf du bateau.

23 En effet, cette nuit s'est présenté à moi / l'ange du Dieu à qui je suis, qu'aussi je sers,

Cette nuit s'est présenté à moi / l'ange du Dieu que je sers

24 disant: "Ne crains pas, Paul, il faut te présen-/ter à César; et voici que Dieu t'a fait grâce / de tous ceux qui naviguent avec toi."

disant: "Ne crains pas, Paul, il faut te présen-/ter devant César; et voici qu'Il t'a fait grâce / de tous ceux qui (sont) avec toi."

25 Aussi, ayez courage, hommes, car je crois / à Dieu, qu'il en sera de cette façon qu'il m'a / été dit.

Aussi, ayez courage, hommes, car je crois / à mon Dieu: il en sera de cette façon qu'il m'a / été dit.

26 Il nous faut échouer à quelqu'île.»

Il nous faut échouer à quelqu'île.»

27 *Comme c'était la quatorzième nuit,* / tandis que nous étions emportés dans / l'Adriatique, / *vers le milieu de la nuit, les matelots / pressentirent* quelque *terre* leur faire écho.

Comme c'était la quatorzième nuit, / *vers le milieu de la nuit, les matelots / pressentirent une terre.*

28 Et ayant jeté la sonde, ils trouvèrent vingt / brasses. / S'étant un peu avancés et ayant à nouveau / jeté la sonde, ils trouvèrent quinze brasses.

Et ayant jeté la sonde, ils trouvèrent vingt / brasses. / S'étant un peu avancés et ayant à nouveau / jeté la sonde, ils trouvèrent quinze brasses.

29 Et craignant que nous n'échouassions quel-/que part sur des récifs, ayant jeté quatre an-/cres à la poupe, ils priaient que le jour vînt.

Or craignant qu'il ne fut violemment battu, / ils échouèrent le navire / et ils priaient que le jour vînt.

30 Tandis que les matelots cherchaient à fuir du / bateau et avaient descendu la chaloupe / à la mer sous prétexte de tendre les ancres, / de la proue,

Tandis que les matelots cherchaient à fuir / et avaient descendu la chaloupe / à la mer,

31 Paul dit au centurion et aux soldats: «Si ces / (gens) ne restent pas dans le bateau, vous ne / pouvez pas être sauvés.»

Paul dit au centurion et aux soldats: «S'ils / ne restent pas dans le bateau, nous ne / pouvons pas être sauvés.»

32 Alors les soldats coupèrent les cordes

Alors ils coupèrent les cordes

de la chaloupe et la laissèrent tomber. | et laissèrent la chaloupe tomber.

27 33 Jusqu'à ce que le jour allait venir, Paul
exhortait tous à prendre de la nourriture
en disant: «(C'est) aujourd'hui le
quatorzième jour (que), en attendant,
vous passez à jeun, sans rien prendre.

| Lorsque le jour fut venu, Paul
exhortait tous à prendre de la nourriture
en disant: «(C'est) le
quatorzième jour que
vous passez à jeun.

34 Aussi bien, je vous exhorte à prendre de la
nourriture, car c'est pour votre salut, car
d'aucun de vous un cheveu ne tombera
de la tête.

| Aussi, je vous exhorte à prendre quelque
nourriture, car c'est pour votre salut, car
d'aucun de vous un cheveu ne tombera
de la tête.

35 Ayant dit cela et ayant pris du pain,
il rendit grâces à Dieu devant tous
et, (l')ayant rompu, il se mit à manger.

| Ayant dit cela et ayant pris du pain,
il rendit grâces à Dieu devant tous
et, (l')ayant rompu, il se mit à manger,
en (en) donnant à nous aussi.[1]

36 Devenus confiants, tous, eux aussi, prenaient
de la nourriture.

| Devenus confiants, tous prenaient
de la nourriture.

37 Nous étions, toutes les personnes
dans le bateau, deux cent soixante-seize.

| Nous étions
environ soixante-dix personnes.

38 S'étant rassasiés de nourriture,
ils allégeaient *le bateau*
en jetant le blé à la mer.

| Comme ils s'étaient rassasiés,[2]
le bateau était allégé.

39 Lorsque le jour fut venu,
ils ne reconnaissaient pas la terre.
Ils observaient un golfe ayant une grève vers
laquelle ils projetaient, si possible, de sauver
le bateau.

| Ils observaient un golfe ayant une grève vers
laquelle ils voulaient échouer
le bateau.

40 Et, ayant détaché les ancres,
ils (les) laissèrent (aller) à la mer;
relâchant en même temps les attaches
des gouvernails
et ayant levé la voile d'artimon,
ils se laissèrent aller vers la grève.

41 Or, étant tombés sur un banc de sable entre
deux courants,
ils échouèrent le navire(.)

| Et, *étant venus,*[3]
ils échouèrent le navire(.)

---

[1] Cette proposition, que nous avions reléguée dans TO[2], doit être replacée dans le TO.

[2] Lire dans le TO: κορεσθέντων δὲ αὐτῶν.

[3] Dans le TO, lire ἐλθόντες au lieu de ἀπελθόντες.

et la proue, engagée, demeurait non secouée
tandis que la poupe se disloquait
sous la force des vagues.

et il était fortement battu
et il était en pièces.

27 42 La volonté des soldats fut qu'ils tueraient les
prisonniers de peur que l'un (d'eux), en
nageant, ne s'échappât.

La volonté des soldats fut qu'ils tueraient les
prisonniers de peur que l'un (d'eux), en
nageant, ne s'échappât.

43 Mais le centurion, voulant sauver Paul, les
empêcha de (cette) volonté
et il ordonna à ceux qui pouvaient nager,
s'étant jetés les premiers, de gagner la terre,

Mais le centurion empêcha que cela n'arrive,
surtout à cause de Paul, afin qu'il le sauvât.
Or il ordonna à ceux qui pouvaient nager
de gagner les premiers la terre,

44 et aux autres, les uns sur des planches, les
autres sur quelques épaves du bateau.
Et ainsi il arriva que tous furent sauvés
(en atteignant) la terre.

aux autres de se sauver sur des planches.

LE SÉJOUR À MALTE

28 1 *Et,* ayant été sauvés, alors ils reconnurent
que l'île *s'appelait Malte.*

*Et, étant descendus à terre, ils reconnurent
la région, qu'elle s'appelait Malte.*

(27,17 ⇐)

2 *Et les barbares* nous *[leur] manifestaient
une humanité peu banale,*
ayant en effet allumé du feu,
ils nous reçurent tous,
à cause de la pluie qui était survenue
et à cause du froid.

Or les barbares

nous recevaient ayant allumé du feu

à cause du froid.

3 Tandis que Paul avait ramassé une certaine
quantité de bois mort et l'avait mise sur le
feu, une vipère, étant sortie à cause de la
chaleur, s'attacha à sa main.

Tandis que Paul avait ramassé une
quantité de bois mort et l'avait mise sur le
feu, une vipère, étant sortie à cause de la
chaleur, s'attacha à sa main.

4 Lorsque les barbares virent la bête pendue à
sa main, ils se disaient entre eux: «Sûrement
il est un meurtrier cet homme que, sauvé
de la mer, la Justice n'a pas laissé vivre.»

Ayant vu, les barbares
disaient: «Sûrement
il est un meurtrier cet homme que, sauvé
de la mer, la Justice n'a pas laissé vivre.»

5 Lui donc, ayant secoué la bête dans le feu,
ne souffrit aucun mal.

Mais lui la secoua dans le feu.

6 Mais eux s'attendaient à ce qu'il allait enfler

Mais eux s'attendaient à ce qu'il allait

ou tomber soudain mort. Mais tandis qu'ils attendaient longtemps et qu'ils voyaient que rien d'anormal ne lui arrivait, ayant changé d'avis, ils disaient qu'il était dieu.	soudain mourir et, voyant qu'il était sauvé, ils le disaient dieu.

28 7

Or, dans les parages de cet endroit, un domaine appartenait au notable de l'île, du nom de Poplius, qui, nous ayant reçus durant trois jours, nous hébergea avec des sentiments d'amitié.	Or il y avait quelqu'un, du nom de Poplius, de leurs notables, qui nous reçut durant trois jours.

8

Or il arriva (que) le père de Poplius, en proie à la fièvre et à la dyssenterie, était couché, auprès duquel Paul étant entré et ayant prié, lui ayant imposé les mains, le guérit.	Et le père de Poplius était malade de la dyssenterie. Et, étant entré, Paul pria pour lui et cet homme-là fut guéri.

9

Cela étant arrivé, les autres, qui, dans l'île, avaient des maladies, s'approchaient et étaient guéris,	Beaucoup ayant des maladies s'approchaient de Paul et ils étaient guéris,

10

<u>eux qui nous honorèrent de nombreux honneurs</u> *et à (eux) qui prenaient le large ils mirent (à bord) de quoi (subvenir) à (leurs) besoins.*	<u>eux qui nous honorèrent de nombreux honneurs</u> *et ils mirent (à bord) de quoi (subvenir) à* (nos) *besoins.*

DE MALTE À ROME

11

Après trois mois, <u>nous prîmes le large sur un bateau qui avait hiverné dans l'île, alexandrin,</u> à l'enseigne des Dioscures.	<u>Nous prîmes le large sur un bateau qui avait hiverné dans l'île, alexandrin,</u>

12

Et ayant relâché à Syracuse, nous (y) demeu-râmes trois jours.	

13

De là, ayant navigué autour, nous arrivâmes à Rhegium. Et après un jour, un vent du sud étant arrivé, en deux jours nous vînmes à Pouzzoles	

14

où, ayant trouvé des frères, nous fûmes invités à demeurer chez eux sept jours. <u>Et</u> ainsi <u>nous vînmes à Rome.</u>	<u>et nous vînmes à Rome.</u>

28 15 Et de là des <u>frères</u>, ayant entendu (parler) de | Et les frères, (l')ayant entendu (dire),
nos affaires, <u>vinrent à notre rencontre</u> | <u>vinrent à notre rencontre.</u>[1]
jusqu'au forum d'Appius et aux Trois Taver- |
nes; Paul, les ayant vus | Paul, les ayant vus,
et ayant rendu grâces à Dieu, |
prit confiance. | prit confiance.

16 *Lorsque* nous entrâmes *[ils vinrent]* | *Lorsque* nous vînmes *[ils vinrent]*
à Rome, | *à Rome,*
    | le centurion remit les prisonniers au
    | stratopédarque.
il fut permis à Paul | Mais Paul trouva grâce auprès de lui
de demeurer chez lui | pour demeurer hors de la caserne
avec le soldat qui le gardait. | tandis qu'un soldat le gardait.

17 *Or il arriva, après trois jours, qu'il* | *Or il arriva, après trois jours, qu'il*
convoqua ceux qui étaient les notables | *convoqua ceux qui étaient les notables*
des Juifs. | *des Juifs.*
Eux s'étant rassemblés, |
il leur disait: «Moi, hommes | Il conférait avec eux en disant: «Moi, hommes
(mes) frères, n'ayant rien fait de contraire au | (mes) frères, n'ayant rien fait de contraire au
peuple ou aux coutumes des pères, lié, à | peuple ou aux coutumes des pères, lié, à
Jérusalem j'ai été livré aux mains | Jérusalem, j'ai été livré aux mains
des Romains | des Romains

18 qui, m'ayant interrogé, voulaient me libérer | qui, m'ayant interrogé, voulaient me libérer
du fait qu'il n'y avait en moi aucun motif | du fait qu'il n'y avait en moi aucun motif
de mort. | de mort.

19 Mais, comme les Juifs disaient le contraire, | Mais, comme les Juifs disaient le contraire,
je fus contraint d'en appeler à César, pas | je fus contraint d'en appeler à César, pas
comme si j'avais à accuser ma nation | comme si j'avais à accuser ma nation
en quelque chose. | en quelque chose,
    | mais afin que je rachète ma vie de la mort.

20 Pour cette raison donc j'ai demandé à vous | Pour cette raison donc j'ai demandé à vous
voir et à (vous) parler | voir et à (vous) parler(.»)
car, à cause de l'espérance | car, à cause de l'espérance
d'Israël je porte cette chaîne.» | d'Israël je porte cette chaîne.»

21 Eux lui dirent: «Nous, ni nous n'avons reçu | Eux lui dirent: «À nous, ni il ne fut écrit
de Judée des lettres à ton sujet, ni l'un des | à ton sujet, ni ils ne nous envoyèrent
frères, étant arrivé, n'a annoncé ou n'a dit | (des gens) de Judée, ni nous n'avons entendu
quelque chose de mal à ton sujet. | quelque chose de mal à ton sujet.

[1] Fin du Journal de voyage.

28 22 Mais nous voudrions entendre de toi ce que | Mais nous voudrions entendre ce que
tu penses; de cette secte en effet il nous est | tu penses; de cette secte en effet il nous est
connu que partout elle est contredite.» | connu que partout elle est contredite.»

23 Lui ayant fixé un jour, ils vinrent à lui | Ayant fixé un jour, ils vinrent à lui,
en son logement en plus grand nombre,
auxquels | auxquels
il exposait, ayant rendu témoignage, | *il exposait, ayant rendu témoignage,*
le royaume de Dieu(.) | *le royaume de Dieu(.)*
et les persuadant au sujet de Jésus, et à | les persuadant au sujet de Jésus à
partir de la Loi de Moïse et des prophètes, | partir de la Loi et des prophètes,
du matin jusqu'au soir. | du matin jusqu'au soir.

24 Et les uns étaient persuadés par ce qui était | Les uns étaient persuadés par ce qui était
dit, les autres ne croyaient pas. | dit, les autres ne croyaient pas.

25 *Étant en désaccord* entre eux, *ils se reti-* | *Étant en désaccord* entre eux, *ils se reti-*
raient(.) | *raient(.)*
tandis que Paul disait une seule parole: | tandis que Paul disait une seule parole:
«(C'est) à juste titre (que) l'Esprit saint | «(C'est) à juste titre (que) l'Esprit
a parlé par Isaïe le prophète à vos pères | a parlé par Isaïe aux pères

26 en disant: "Va vers ce peuple et dit: | en disant: "Va vers ce peuple et dit:
De l'ouïe vous entendrez et vous ne | De l'ouïe vous entendrez et vous ne
comprendrez pas, et en regardant | comprendrez pas, et en regardant
vous regarderez et vous ne verrez pas. | vous regarderez et vous ne verrez pas.

27 Car le cœur de ce peuple s'est épaissi et ils | Car le cœur de ce peuple s'est appesanti et ils
ont difficilement entendu de leurs oreilles | ont difficilement entendu de leurs oreilles
et ils ont bouché leurs yeux | et ils ont bouché leurs yeux
de peur qu'ils ne voient des yeux | de peur qu'ils ne voient des yeux
et qu'ils n'entendent des oreilles | et qu'ils n'entendent des oreilles
et qu'ils ne comprennent du cœur | et qu'ils ne comprennent du cœur
et qu'ils ne se convertissent | et qu'ils ne se convertissent
et que je ne les guérisse." | et que je ne les guérisse."

28 Qu'il vous soit donc connu que (c'est) aux | Qu'il vous soit donc connu que (c'est) aux
gentils (que) fut envoyé ce salut | gentils (que) fut envoyé ce salut de la part
de Dieu. | de Dieu.»
Eux, oui, ils entendront.»

29 | Et, comme il disait cela, les Juifs s'en allèrent,
| ayant entre eux une grande discussion.

30 Il demeura deux années entières dans son | Il demeura deux années entières dans son
(logement) loué | (logement) loué,
et il recevait tous ceux qui entraient chez lui,

28 31 proclamant le royaume de Dieu et ensei- | proclamant le royaume de Dieu et ensei-
gnant ce qui concernait le Seigneur Jésus | gnant ce qui concernait le Seigneur Jésus
Christ avec beaucoup d'assurance, | avec assurance.
sans empêchement.

INDEX

I. RÉFÉRENCES BIBLIQUES

II. AUTEURS CITÉS

TABLE DES MATIÈRES

ACHEVÉ D'IMPRIMER
LE 24 NOVEMBRE 1989
PAR L'IMPRIMERIE
DE LA MANUTENTION
A MAYENNE
N° 379-89